LE

SIÉGE DE PARIS

1870-1871

PARIS. — TYPOGRAPHIE ALCAN-LÉVY, RUE LAFAYETTE, 61.

LE
SIÉGE DE PARIS

1870-1871

AVEC UN APERÇU DES ÉVÈNEMENTS QUI ONT PRÉCÉDÉ
ET SUIVI LE SIÉGE, DEPUIS LA DÉCLARATION
DE GUERRE JUSQU'AUX PRÉLIMINAIRES DE PAIX DE VERSAILLES

PAR

ADOLPHE MICHEL

PARIS

LIBRAIRIE A. COURCIER, ÉDITEUR

13, BOULEVARD SAINT-MICHEL, 13,

—

(Tous droits réservés)

AVANT LE SIÉGE

DE LA DÉCLARATION DE GUERRE A L'INVESTISSEMENT DE PARIS

C'est le 15 juillet 1870 que le Corps législatif vota la déclaration de guerre à la Prusse, dans une séance tristement célèbre, où l'on vit une majorité servile refuser d'écouter M. Thiers et les membres de la gauche, pour se jeter d'un « cœur léger » suivant l'expression d'un des ministres d'alors, dans la plus formidable aventure. Pour cette majorité soumise aux caprices du pouvoir, les appréhensions portées à la tribune par M. Thiers étaient un manque de patriotisme; les paroles attristées de l'historien du *Consulat et de l'Empire* furent couvertes sous les murmures impatients, mais les applaudissements éclataient, quand M. de Gramont, ministre des affaires étrangères, lançait des fanfaronnades singulières dans la bouche d'un ministre; quand le maréchal Lebœuf déclarait, avec une une remarquable assurance, que nous étions prêts, « cinq fois prêts; » quand une partie de la presse faisait éclater une joie puérile de la déclaration de guerre; quand M. de Girardin parlait de chasser les Prussiens à coups de crosse.

Ces sentiments, empreints d'un chauvinisme aveugle, se donnaient libre carrière sur les boulevards.

Tous les soirs, des bandes d'ouvriers et de gamins portant des drapeaux, allaient de la Madeleine à la Bastille et de la Bastille à la Madeleine, en criant : *A Berlin ! à Berlin !* et si des citoyens, moins échauffés, osaient crier : *La paix ! la paix !* on leur faisait volontiers un mauvais parti.

Cependant s'opéraient de grands mouvements de troupes. Nuit et jour, des régiments de ligne et de cavalerie étaient dirigés de Paris vers les régions de l'Est par les voies rapides. Les troupes devaient former cinq corps, dont le commandement était confié à MM. Mac-Mahon, Bazaine, Canrobert, de Failly, Frossard. M. Lebœuf, ministre de la guerre, était major-général, l'empereur, généralissime.

De grandes concentrations se firent à Metz et à Strasbourg. Les journaux étaient remplis du récit des manifestations touchantes dont nos braves soldats étaient l'objet, dans les pays où s'arrêtaient les trains. On leur donnait du pain, des rafraîchissements, des cigares. Les dames et les jeunes filles offraient des fleurs à ceux qui allaient verser leur sang pour la patrie.

Vers la fin de juillet, Napoléon III et son fils quittèrent le château de Saint-Cloud pour se rendre auprès de l'armée; ils évitèrent Paris. Le préfet de police avait prévenu le souverain que l'enthousiasme était si grand que la foule détellerait les chevaux de la voiture impériale et la traînerait en triomphe jusqu'à la gare. Napoléon III crut M. Piétri sur parole, et ne voulut pas savourer l'étonnant triomphe qu'on lui promettait si généreusement.

Il établit à Metz son grand quartier-général ; là, enveloppé, dit-on, dans une somnolence perpétuelle, plus préoccupé de sa personne que de son armée, il perdit à la fois la force de penser et la force de vouloir. Les troupes manquaient de tout, cela a été attesté plus tard par des dépêches authentiques des chefs de corps ; — elles s'épuisaient en marches et contre-marches pour exécuter des ordres contradictoires : le pain, le biscuit, les tentes-abris, les munitions manquaient à la fois ; les généraux cherchaient vainement à rejoindre leurs divisions dans ce chaos inextricable ; les officiers n'avaient pas de cartes. Les trois cent mille hommes que le généralissime des armées françaises mettait en présence d'un million d'Allemands, se trouvaient livrés, dès l'entrée en campagne, à un désordre dont l'histoire n'offre pas d'exemple.

Lebœuf, Frossard, de Failly, Mac-Mahon, jettent un rideau de troupes sur une frontière de quarante lieues, émiettant leurs trois cent mille soldats par divisions de trente ou quarante mille hommes, dans un pays coupé de profondes vallées, devant d'épaisses forêts, dont on néglige d'explorer les profondeurs. Grâce à cette déplorable incurie, notre brave armée est toujours battue par des forces supérieures. Les corps isolés fondent et disparaissent sous les masses ennemies qui sortent de ces bois sinistres, et c'est ainsi que les noms de Forbach, Wœrth, Wissembourg, Reischoffen se gravent successivement en lettres sanglantes au cœur de tous les Français. Étonnés à la vue de ces nuées d'ennemis qui se renouvelaient sans cesse et s'avançaient contre eux avec une artillerie formidable, nos soldats se jetèrent sur les champs de bataille avec la sombre grandeur du désespoir. L'histoire dira un jour les sublimes épopées de ces luttes héroïques de trente mille hommes contre cent mille ; les cuirassiers de Reischoffen sont déjà glorieusement entrés dans la légende.

Le maréchal Mac-Mahon était revenu à Châlons, où il avait recomposé à la hâte une nouvelle armée avec les débris des batailles perdues et les renforts envoyés de tous les points du territoire. Non loin de Metz, le maréchal Bazaine commandait des forces respectables ; on pouvait espérer une revanche par la jonction de leurs corps, on l'espéra. La réunion de ces deux armées commandées par des hommes en qui l'on avait une grande confiance devint la seule, la terrible pensée de Paris et de la France entière.

On était alors au commencement de septembre.

Dans la matinée du 4, à Paris, on se pressait de toutes parts devant une grande affiche blanche, où on lisait ce qui suit :

Français !

Un grand malheur frappe la patrie.
Après trois jours de luttes héroïques soutenues par l'armée du maréchal Mac-Mahon contre trois cent mille ennemis, quarante mille hommes ont été faits prisonniers.
Le général Wimpffen, qui avait pris le commandement de l'armée en remplacement du maréchal Mac-Mahon, grièvement blessé, a signé une capitulation.
Ce cruel revers n'ébranle pas notre courage.
Paris est aujourd'hui en état de défense.
Les forces militaires du pays s'organisent.
Avant peu de jours, une armée nouvelle sera sous les

murs de Paris; une autre armée se forme sur les rives de la Loire.

Votre patriotisme, votre union, votre énergie sauveront la France.

L'empereur a été fait prisonnier dans la lutte.

Le gouvernement, d'accord avec les pouvoirs publics, prend toutes les mesures que comporte la gravité des événements.

Le conseil des ministres,

Comte DE PALIKAO, HENRI CHEVREAU, amiral RIGAULT DE GENOUILLY, JULES BRAME, PRINCE DE LA TOUR-D'AUVERGNE, CLÉMENT DUVERNOIS, MAGNE, BUSSON-BILLAULT, JÉRÔME DAVID.

A la consternation et surtout à l'indignation des groupes, on put entrevoir que des événements décisifs se passeraient dans la journée, et qu'en rendant son épée à la tête de quatre-vingt mille hommes (car l'affiche ne disait pas toute la vérité), Napoléon III avait brisé sa couronne.

Vers dix heures, les boulevards prennent un aspect houleux, et le même cri s'élève de toutes les poitrines :

— A bas l'empire! vive la République! Allons tous au Corps législatif!

Le mot d'ordre est donné à la plupart des bataillons de la garde nationale de se rendre au Palais-Bourbon en armes. Les tambours battent le rappel dans tous les quartiers.

A midi, la place de la Concorde est presque entièrement envahie. Les colonnes civiques ont de la peine à se frayer un passage à travers les flots épais, sans cesse grossissants, de la foule. Ici, on porte les armes devant la statue de Strasbourg, ornée de fleurs et de drapeaux tricolores; là, c'est un orateur monté sur un tas de sable et haranguant la foule ; ailleurs, un ouvrier, sur le piédestal d'une statue, chante la *Marseillaise*, et vingt mille poitrines entonnent le refrain : *Aux armes, citoyens!*

Un clair soleil d'automne inonde cette foule enthousiaste et joyeuse des flots d'une douce lumière.

A l'entrée du pont de la Concorde, une double rangée de gendarmes à cheval semble vouloir s'opposer à la marche des gardes nationaux ; l'autre extrémité du pont est occupée par des gardes de Paris à cheval ; sur le quai, un peu au-dessous du Palais-Bourbon, est campé un régiment de ligne, dont on voit les armes en faisceaux.

La foule grossit toujours, de nouveaux bataillons de la garde nationale débouchent sur la place de la Concorde. Chacun d'eux, à son arrivée, est salué du du même cri : Vive la République !

Une heure après, la haie des gardes de Paris était franchie sans résistance aux cris de : Vive la République ! vive l'armée ! Et la foule se répandait sous le péristyle du Corps législatif.

Du sommet du grand escalier du Palais-Bourbon, on eut alors un spectacle unique peut-être dans l'histoire : l'accomplissement joyeux d'une révolution, sans une goutte de sang et sans un cri de colère. Il y eut comme un immense soulagement de la conscience française devant l'écroulement de cet empire, né dans le sang de la France et tombé dans la honte de Sedan. Les témoins de cette grande journée, éclairée par le plus beau soleil, n'oublieront jamais l'explosion de joie de cette foule se répandant de tous côtés pour annoncer la bonne nouvelle, les bataillons traversant le pont de la Concorde aux cris de : Vive la République ! ces baïonnettes inoffensives luisant au soleil, ces effusions fraternelles entre des citoyens trop longtemps tenus à l'écart des uns des autres.

Pendant que cette scène splendide se déroulait au dehors, l'enceinte du Corps législatif était envahie, et les cris répétés de : A bas l'empire, la déchéance ! éclataient comme un orage sur la tête des députés. Trois propositions, dont l'une émane du Gouvernement, l'autre de M. Thiers, la troisième de la gauche, sont soumises à l'Assemblée au milieu d'un tumulte indescriptible. Les députés se retirent pour délibérer dans leurs bureaux et ne reparaissent plus. La République est proclamée ; on acclame les noms des membres du pouvoir nouveau, et tandis que M. Jules Favre marche sur l'Hôtel de Ville à la tête d'une colonne immense, les gardes nationaux se répandent dans la ville portant des rameaux verts à la boutonnière et au bout du fusil. Le drapeau qui flottait sur les Tuileries vient d'être replié, l'impératrice a pris la fuite ; on arrache de toutes parts les insignes impériaux.

Le Gouvernement de la défense nationale adressé à Paris et à la France les proclamations suivantes :

Français,

Le peuple a devancé la Chambre, qui hésitait. Pour sauver la patrie en danger, il a demandé la République.

Il a mis ses représentants non au pouvoir, mais au péril.

Citoyens, veillez à la Cité qui vous est confiée ; demain vous serez, avec l'armée, les vengeurs de la patrie !

> Emmanuel Arago, Crémieux, Dorian, Jules Favre, Jules Ferry, Guyot-Montpayroux, Léon Gambetta, Garnier-Pagès, Magnin, Ordinaire, A. Tachard, E. Pelletan, Ernest Picard, Jules Simon.

—

Citoyens de Paris,

La République est proclamée.

Un Gouvernement a été nommé d'acclamation.

Il se compose des citoyens :

Emmanuel Arago, Crémieux, Jules Favre, Jules Ferry, Gambetta, Garnier-Pagès, Glais-Bizoin, Pelletan, Picard, Rochefort, Jules Simon, représentants de Paris.

Le général Trochu est chargé des pleins pouvoirs militaires pour la défense nationale.

Il est appelé à la présidence du Gouvernement.

Le Gouvernement invite les citoyens au calme ; le peuple n'oubliera pas qu'il est en face de l'ennemi.

Le Gouvernement est, avant tout, un Gouvernement de défense nationale.

> Le Gouvernement de la défense nationale,
> Arago, Crémieux, Jules Favre, Ferry, Gambetta, Glais-Bizoin, Garnier-Pagès, Pelletan, Picard, Rochefort, Simon, général Trochu.

—

A LA GARDE NATIONALE DE PARIS.

La République est proclamée.

La patrie est en danger.

Le nouveau Gouvernement est avant tout un Gouvernement de défense nationale.

Les gardes nationaux de Paris, c'est-à-dire tous les électeurs inscrits sur les listes électorales, sont convoqués pour le mardi 6 septembre, à midi, à l'effet de procéder à la nomination des sous-officiers et officiers, dans les mairies de leur arrondissements respectifs.

Paris, le 5 septembre 1870.

> Le membre du Gouvernement de la défense nationale, délégué au ministère de l'intérieur,
> Léon Gambetta.

Le Gouvernement de la défense nationale decrète :
La fabrication, le commerce et la vente des armes sont absolument libres.

—

Le Corps législatif est dissous ;
Le Sénat est aboli.

Le gros nuage à cette joie populaire, c'est l'invasion, la marche de l'ennemi au cœur de la patrie, le désastre de Sedan qui dépasse tout ce qu'on a vu depuis le commencement de la campagne. Les pensées se tournent promptement vers les Prussiens; on a maintenant plus de foi dans l'élan national; le pays ne va plus combattre pour une dynastie, mais pour lui-même, et pour sa propre indépendance.

Le général Trochu publie la proclamation suivante :

L'ennemi est en marche sur Paris ; la défense de la capitale est assurée. Le moment est venu d'organiser celle des départements qui l'environnent. Des ordres sont expédiés aux préfets de la Seine, de Seine-et-Oise et de Seine-et-Marne pour réunir tous les défenseurs du pays ; ils seront appuyés par les compagnies franches, ou par les nombreuses troupes de cavalerie réunies aux environs. Les commandants de corps francs se rendront immédiatement chez le président du Gouvernement, gouverneur de Paris, pour y recevoir des instructions.

Chaque citoyen s'inspirera des devoirs que la patrie lui impose.

Le Gouvernement de la défense nationale compte sur le courage et le patriotisme de tous.

Le président du Gouvernement de la défense nationale, gouverneur de Paris,

Général Trochu.

Toute l'énergie dont les membres du Gouvernement étaient capables fut concentrée aussitôt sur les mesures à prendre pour soulever le pays contre les armées envahissantes qui se répandaient dans l'Est, dans la Champagne, et s'avançaient sur Paris à marches forcées, n'ayant plus devant elles aucune armée assez puissante pour leur barrer la route.

Le maréchal Bazaine, bloqué dans Metz, retenait environ deux cent mille Allemands sous les murs de cette ville ; mais, entre Metz et Paris, aucune force organisée pour la défense du sol. Le général Vinoy, à la tête de soixante mille hommes, débris des armées vaincues, était obligé de se replier en toute hâte vers Paris, serré de près par l'armée ennemie. L'avalanche avançait, menaçante; il fallait de grands efforts pour faire lever de nouvelles armées au milieu d'un pays plongé dans la stupeur.

Les membres du Gouvernement ayant conscience de l'immense responsabilité qu'ils avaient assumée, cherchaient à associer la nation tout entière à l'œuvre de la résistance par l'élection d'une Assemblée.

Le 8 septembre ils publiaient la proclamation suivante :

Français,

En proclamant il y a quatre jours le Gouvernement de la défense nationale, nous avons nous-mêmes défini notre mission.

Le pouvoir gisait à terre ; ce qui avait commencé par un attentat finissait par une désertion. Nous n'avons fait que ressaisir le gouvernail échappé à des mains impuissantes.

Mais l'Europe a besoin qu'on l'éclaire. Il faut qu'elle connaisse par d'irrécusables témoignages que le pays tout entier est avec nous. Il faut que l'envahisseur rencontre sur sa route non-seulement l'obstacle d'une ville immense résolue à périr plutôt que de se rendre, mais un peuple entier, debout, organisé, représenté, une Assemblée enfin qui puisse porter en tous lieux, et en dépit de tous les désastres, l'âme vivante de la Patrie.

En conséquence,

Le Gouvernement de la défense nationale décrète :

Art. 1er. Les colléges électoraux sont convoqués pour le dimanche 16 octobre, à l'effet d'élire une Assemblée nationale constituante.

Art. 2. Les élections auront lieu au scrutin de liste, conformément à la loi du 15 mars 1849.

Art. 3. Le nombre des membres de l'Assemblée constituante sera de sept cent cinquante.

Art. 4. Le ministre de l'intérieur est chargé de l'exécution du présent décret.

Fait à l'Hôtel-de-Ville de Paris, le 8 septembre 1870.

Les événements qui s'accomplirent du 8 septembre à la date fixée pour les élections modifièrent malheureusement les bonnes intentions des membres du Gouvernement, et les élections n'eurent pas lieu. A la date du 16 octobre, Paris se trouvait investi presque depuis un mois, sans communication avec la province. Un tiers du territoire était occupé par les armées allemandes ; les élections auraient rencontré d'énormes difficultés ; comment les députés de Paris auraient-ils pu se joindre aux députés des départements ? Les choses restèrent donc en l'état où elles étaient au 4 septembre. La province fut abandonnée à elle-même, tandis que Paris organisait la résistance pour son compte, armait ses remparts, équipait et exerçait ses soldats, coupait les ponts abattait les bois et les habitations qui faisaient obstacle à sa défense, recueillait dans ses murs les émigrants des localités voisines et s'enfermait enfin dans son ardente et majestueuse solitude.

Le 11 septembre, les Prussiens sont signalés à La Ferté, se dirigeant sur Meaux, à Rebais, à Coulommiers, à Crécy et sous les murs de Soissons. Le 12, ils entrent à Nogent-sur-Seine et à Provins. Les gares sont évacuées en toute hâte. Le 14, les fils télégraphiques sont coupés entre Melun et Mormant ; des lanciers ennemis se présentent dans cette dernière ville. Le 15, le chef de gare de Joinville télégraphie au ministre de l'intérieur :

Ennemis, au nombre de 10,000 environ, se dirigent sur Joinville. La troupe se concentre dans les forts. Dans une heure, l'ennemi sera ici.

Les Prussiens ont tiré sur des trains à Senlis et à Chantilly ; des uhlans arrivent entre Créteil et Neuilly-sur-Marne ; le 16, des coureurs se présentent à Villeneuve-Dammartin, à Athis et à Juvisy ; la voie est coupée entre Ablon et Athis ; le 17, un grand mouvement de troupes est signalé sur Villeneuve-Saint-Georges, des uhlans paraissent à Choisy-le-Roi ; au Nord, à l'Est, à l'Ouest, le cercle se resserre ; le canon des forts, dont la grande voix plane sur Paris dans le silence de la nuit, annonce que notre séparation d'avec le reste de la France est accomplie et que le siége commence.

LE SIÉGE

PREMIÈRE JOURNÉE

18 septembre.

Les télégraphes sont abattus, les chemins de fer coupés, les routes interceptées, Paris est entièrement investi. Dans le silence de la nuit, une sourde et lointaine détonation arrive parfois au cœur de la grande ville; c'est un pont qui saute, un gouffre de plus qui s'ouvre entre Paris et la province. Pour combien de temps faisons-nous nos adieux au reste de la France ? Combien de jours, combien de semaines allons-nous voir s'écouler avant que les limites extrêmes de la patrie s'étendent au-delà des coteaux de Meudon, des peupliers d'Argenteuil, des bois de Neuilly-sur-Marne et de Choisy-le-Roi ?

C'est le poignant secret du temps.

La route aventureuse des airs est la seule qui reste

à Paris pour parler à la province; à la province pour répondre à Paris. Les ballons iront dire au loin notre lutte et nos espérances; nous recueillerons sous l'aile des pigeons voyageurs les baisers et les encouragements des absents, le bruit de l'appel aux armes sonné de ville en ville et de village en village, les palpitations du grand cœur meurtri de la Patrie. Espérons, espérons!

Les habitants des localités voisines se réfugient dans Paris, refoulés par le flot montant de l'invasion. Quel triste défilé! De toutes les avenues arrivent, dans une confusion inexprimable, des voitures chargées de mobiliers entassés à la hâte. On a ramassé précipitamment les objets les plus précieux; on a dit adieu au foyer paisible, aux jardins accoutumés, aux mille riens familiers qu'on aime par le souvenir et par l'espérance. On fuit éperdu devant l'effroyable tempête qui gronde à l'horizon prochain.

Sur la charrette encombrée, le vieillard abattu tient entre ses genoux l'enfant que ce voyage égaie. La mère et les filles marchent en pleurant au bord de la route; le père, sombre, pousse le cheval.

On regarde passer avec attendrissement cette avalanche de désolés.

Un train parti de la gare d'Orléans pour déménager les gares d'Ablon et de Choisy-le-Roi, a été assailli par des uhlans à coups de fusil. Les Prussiens sont signalés à Saint-Germain, Chelles, Montfermeil, Villeneuve-Saint-Georges.

Un décret fixe au 28 septembre les élections municipales de Paris. Le Conseil à élire se composera de quatre-vingts membres.

Arrestation du général Ambert par des officiers de la garde nationale. Invité à crier : « Vive la République ! » le général aurait répondu qu'il ne reconnaissait pas le Gouvernement du 4 septembre.

On prête au général Trochu le propos suivant :
— Si jamais, a-t-il dit à M. Rochefort, les Prussiens forçaient la première enceinte, je vous nommerais général des barricades et vous remettrais le soin de la défense de Paris.

M. Rochefort est en effet nommé président d'une Commission des barricades, chargé de construire autour de Paris une seconde enceinte.

DEUXIÈME JOURNÉE

19 septembre.

Combat de Châtillon. — Engagée dès le matin, la lutte a duré jusqu'au soir autour de Vitry, Villejuif, Arcueil, Bagneux, Clamart et Châtillon. Des deux côtés, l'artillerie a joué le rôle principal dans cette journée où Paris a vu l'écœurant spectacle de l'arrivée désordonnée d'un certain nombre de fuyards. Ces indignes soldats, zouaves pour la plupart, se sont répandus dans les rues et sur les boulevards, semant l'effroi et criant à la trahison. D'énergiques citoyens les ont arrêtés.

M. Gambetta était au fort de Bicêtre au moment où cette lâche débandade a commencé. Rouge de colère, il tire un carnet de sa poche, et d'une main tremblante d'indignation, rédige la proclamation suivante, affichée aussitôt sur les murs de Paris :

Citoyens,

Le canon tonne. Le moment suprême est arrivé.

Depuis le jour de la Révolution, Paris est debout et en haleine. Tous, sans distinction de classes ni de partis, vous avez saisi vos armes pour sauver à la fois la Ville, la France et la République.

Vous avez donné dans ces derniers jours la preuve la plus manifeste de vos mâles résolutions : vous ne vous êtes laissé troubler ni par les lâches ni par les tièdes ; vous ne vous êtes laissé aller ni aux excitations ni à l'abattement ; vous avez envisagé avec sang-froid la multitude des assaillants.

Les premières atteintes de la guerre vous trouveront également calmes et intrépides, et si les fuyards venaient, comme aujourd'hui, porter dans la cité le désordre, la panique et le mensonge, vous resteriez inébranlables, assurés que *la Cour martiale, qui vient d'être instituée par le Gouvernement pour juger les lâches et les déserteurs*, saura efficacement veiller au salut public et protéger l'honneur national.

Restons donc unis, serrés les uns contre les autres,

prêts à marcher au feu, et montrons-nous les dignes fils de ceux qui, au milieu des plus effroyables périls, n'ont jamais désespéré de la Patrie !

Paris, le 19 septembre 1870.

Le membre du Gouvernement, ministre de l'intérieur,

LÉON GAMBETTA.

Les résultats de cette première bataille sont constatés dans le rapport militaire qui suit :

Avant-hier, dans la journée, la division d'Exéa, du 13ᵉ corps, était sortie de ses lignes en avant de Vincennes, dirigeant une reconnaissance contre des colonnes ennemier signalées du côté de Choisy-le-Roi. L'opération, conduite par le général Vinoy, commandant le 13ᵉ, avait un engagement à distance où l'avantage nous était resté.

Nos pertes ont été de six hommes tués et trente-sept blessés. Celles de l'ennemi, d'après des renseignements que le général Vinoy a lieu de croire exacts, auraient été de quatre cents hommes environ, dont cinquante-huit tués. Les troupes prussiennes engagées formaient l'arrière-garde (trois ou quatre mille hommes) d'un corps qui se dirigeait de Choisy-le-Roi sur Versailles, contournant les positions de Châtillon et de Clamart, et il a été acquis que l'ennemi opérait, dans ce sens, un mouvement très considérable que put constater, dès hier soir, une reconnaissance de cavalerie ordonnée par le général Ducrot.

Cet officier général occupait ces positions avec quatre divisions d'infanterie, qui s'étendaient des hauteurs de Villejuif à celles de Meudon.

Aujourd'hui 19, dès la pointe du jour, le général a fait une reconnaissance offensive en avant de ses positions. Il a rencontré des masses importantes dissimulées dans les bois et dans les villages, et surtout un très grand déploiement d'artillerie. Après un engagement assez vif, les troupes ont dû se replier en arrière. Une partie de la droite a effectué ce mouvement avec une regrettable précipitation. L'autre partie s'est concentrée en bon ordre autour de la redoute en terre qui avait été élevée sur le plateau de Châtillon. La gauche, faiblement attaquée, a pu tenir sur les hauteurs de Villejuif.

A ce moment, le feu d'artillerie de l'ennemi a pris des proportions qu'il n'avait pas atteintes jusqu'alor . Vers quatre heures, le général Ducrot, après une lutte qui avait duré presque toute la journée, a dû prendre la résolution de porter ses troupes en arrière sur les points où elles devaient rencontrer la protection des forts. Après avoir assuré la marche vers Paris des attelages et avant-trains des huit pièces en position dans la redoute de Châtillon, il a fait enclouer ses pièces sous ses yeux et s'est retiré le dernier au fort de Vanves.

Il avait fait pendant toute la journée des preuves personnelles de résolution et de constance, dignes de la grande réputation qu'il a dans l'armée.

L'artillerie a montré la plus grande solidité, au milieu d'une crise dont elle a porté presque tout le poids. La garde nationale mobile, représentée au feu par deux bataillons qui voyaient l'ennemi pour la première fois, a montré de l'équilibre et du calme.

Des ordres sont donnés pour que les troupes se concentrent définitivement dans Paris.

Nos pertes, encore mal connues, ne paraissent pas être considérables. On est fondé à croire que l'ennemi a sérieusement souffert du feu de notre artillerie.

Pour copie conforme :

Le ministre de l'intérieur,
Léon Gambetta.

Le commandant du fort de Rosny signale l'apparition de vingt mille Prussiens dans la vallée de la Marne; le commandant de Vincennes annonce, de son côté, qu'une reconnaissance d'infanterie ennemie s'est avancée par la route de Champigny jusqu'à cinq cents mètres du pont de Joinville.

Du fort d'Issy, l'ennemi est signalé sur la lisière du bois de Meudon, derrière le moulin d'Argent-Blanc et derrière Vitry.

Les uhlans font leur entrée à Versailles et vont droit au château.

TROISIÈME JOURNÉE

20 septembre.

A la garde nationale, à la garde mobile, aux troupes en garnison à Paris.

Dans le combat d'hier, qui a duré presque toute la journée, et où notre artillerie, dont la solidité ne peut être trop louée, a infligé à l'ennemi des pertes énormes, des incidents se sont produits que vous devez connaître dans l'intérêt de la grande cause que nous défendons en commun.

Une injustifiable panique, que n'ont pu arrêter les efforts d'un excellent chef de corps et de ses officiers, s'est emparée du régiment provisoire des zouaves qui tenait notre droite. Dès le commencement de l'action, la plupart des soldats se sont repliés en désordre dans la ville et s'y sont répandus en semant l'alarme.

Pour excuser leur conduite, ces fuyards ont déclaré qu'on les avait menés à une perte certaine, alors que leur effectif était intact et qu'ils étaient sans blessures; qu'ils avaient manqué de cartouches, alors qu'ils n'avaient pas fait usage, je l'ai constaté moi-même, de celles dont ils étaient encore pourvus; qu'ils avaient été trahis par leurs chefs, etc. La vérité, c'est que ces indignes ont compromis, dès son début, une affaire de guerre dont, malgré eux, les résultats sont considérables. D'autres soldats d'infanterie de divers régiments se sont joints à eux.

Déjà les malheurs que nous avons éprouvés dans le commencement de cette guerre avaient fait refluer sur Paris des soldats indisciplinés et démoralisés qui y portent l'inquiétude et le trouble et échappent, par le fait des circonstances, à l'autorité de leurs chefs et à toute répression.

Je suis fermement résolu à mettre fin à de si graves désordres.

J'ordonne à tous les défenseurs de Paris de saisir les hommes isolés, soldats de toutes armes ou gardes mobiles, qui errent dans la ville en état d'ivresse, répandant des propos scandaleux et déshonorant, par leur attitude, l'uniforme qu'ils portent.

Les soldats et gardes mobiles arrêtés seront conduits à l'état-major de la place, 7, place Vendôme; les habitants arrêtés dans le même cas, à la préfecture de police.

Ils seront traduits devant les conseils de guerre qui jugent en permanence et subiront la rigoureuse application des dispositions ci-après édictées par la loi militaire:

Art. 213. Est puni de mort tout militaire qui abandonne son poste en présence de l'ennemi ou de rebelles armés.

Art. 218. Est puni de mort, avec dégradation militaire, tout militaire qui refuse d'obéir lorsqu'il est commandé pour marcher à l'ennemi.

Art. 250. Est puni de mort, avec dégradation militaire, tout pillage ou dégât de denrées, marchandises ou effets, commis par des militaires en bande, soit avec armes ou à force ouverte, soit avec violence envers les personnes.

Art. 253. Est puni de mort, avec dégradation militaire, tout militaire qui détruit des moyens de défense, approvisionnements en armes, vivres, minutions, etc., etc.

C'est un égal devoir pour le gouverneur de défendre Paris qui va subir directement les épreuves du siége, et d'y maintenir l'ordre.

Par les présentes dispositions, il associe à son effort tous les hommes de cœur et de bon vouloir, dont le nombre est grand dans la cité.

A Paris, le 20 septembre 1870.

Le président du Gouvernement de la défense nationale, gouverneur de Paris,

Général Trochu.

M. Jules Favre s'est rendu au quartier général du roi de Prusse, à Ferrières. Approuvée des uns, cette démarche est chaudement critiquée des autres. Les premiers regardent cette tentative comme très heureuse, parce qu'elle dégage la cause de la France républicaine et pacifique de la cause de l'empire. Les autres regardent la démarche comme humiliante et indigne des fières traditions de la République.

On lit dans le *Journal officiel* et sur tous les

murs de Paris, cette déclaration qui met fin à bien des conjectures :

On a répandu le bruit que le Gouvernement de la défense nationale songeait à abandonner la politique pour laquelle il a été placé au poste de l'honneur et du péril.

Cette politique est celle qui se formule en ces termes :

Ni un pouce de notre territoire, ni une pierre de nos forteresses.

Le Gouvernement la maintiendra jusqu'à la fin.
Fait à l'Hôtel de Ville, le 20 septembre 1780.

  Général Trochu, Emmanuel Arago, Jules Favre, Jules Ferry, Gambetta, Garnier - Pagès, Pelletan, Ernest Picard, Rochefort, Jules Simon.

 Le ministre de la guerre, général Le Flô ;

  Le ministre de l'agriculture et du commerce, M. Magnin ;

  Le ministre des travaux publics, M. Dorian.

L'ennemi s'établit à Bondy et place des batteries aux abords de l'ancien parc du Raincy.

Quelques vedettes paraissent sur les hauteurs de Pierrefitte et des environs.

Ville-d'Avray et Saint-Cloud sont occupés par les Prussiens. Les ponts de Saint-Cloud et de Billancourt ont sauté dans la journée.

Prussiens aperçus à Sèvres et sur la terrasse du château de Meudon.

Énormes et tumultueux rassemblements aux abords de la brasserie Dreher, dans la rue Lafayette, où l'on dit avoir vu des signaux partis du plus haut étage, au moyen de verres de couleur.

Très grande surexcitation dans la ville à cause de ces signaux réels ou imaginaires. Nombreuses perquisitions dans les maisons suspectes.

Le bulletin hebdomadaire de la santé publique constate les décès suivants :

Variole 168, scarlatine 12, rougeole 14, fièvre typhoïde 45, érysipèle 6, bronchite 55, pneumonie 66, diarrhée 65, dyssenterie 10, choléra 2, angine couenneuse 9, croup 6, affections puerpérales 7.

QUATRIÈME JOURNÉE

21 septembre.

M. de Bismark a, dit-on, répondu à M. Jules Favre : « Il y a deux cents ans que la France attaque l'Al« lemagne et cherche à lui enlever les provinces du « Rhin ; je veux mettre un terme à ces agressions et, « pour cela, il me faut *l'anéantissement de la France* « *comme puissance européenne.*

« Je garderai l'Alsace ; Strasbourg est la porte de « ma maison. La résistance de Paris ne me fait pas « peur ; je mettrai le temps nécessaire pour prendre

« un fort, et j'*entrerai dans la ville, quand j'en de-*
« *vrais pour cela brûler la moitié.*

« Quant à un armistice, je vous l'accorderai très
« volontiers, mais à une condition, c'est que vous me
« livrerez immédiatement Metz et Strasbourg. »

La proclamation du ministre de l'intérieur est
comme une réponse, universellement applaudie, à ces
prétentions insolentes :

Citoyens,

C'est aujourd'hui le 21 septembre.

Il y a soixante-dix-huit ans, à pareil jour, nos pères
fondaient la République, et se juraient à eux-mêmes, en
face de l'étranger qui souillait le sol sacré de la patrie,
de vivre libres ou de mourir en combattant.

Ils ont tenu leur serment; ils ont vaincu, et la République de 1792 est restée dans la mémoire des hommes
comme le symbole de l'héroïsme et de la grandeur nationale.

Le Gouvernement installé à l'Hôtel de Ville aux cris
enthousiastes de : Vive la République ! ne pouvait laisser
passer ce glorieux anniversaire sans le saluer comme un
grand exemple.

Que le souffle puissant qui animait nos devanciers
passe sur nos âmes, et nous vaincrons.

Honorons aujourd'hui nos pères, et demain sachons
comme eux forcer la victoire en affrontant la mort.

Vive la France ! vive la République !

Paris, le 21 septembre 1870.

Le ministre de l'intérieur,
Léon Gambetta.

Les éclaireurs prussiens sont signalés à Bougival, Rueil, Nanterre, Port-à-l'Anglais. Quelques coups de fusil dans les dernières maisons de Vitry. L'Hay, Chevilly, Cachan sont occupés par l'ennemi; de forts détachements passent par la route de Choisy-le-Roi, se dirigeant vers Sceaux.

On mande du fort d'Issy qu'on a distingué des vedettes prussiennes sur la route de Châtillon à Chevreuse. On a vu de Romainville l'ennemi établissant un ouvrage entre la Courneuve et le Bourget. Le fort de Nogent signale des forces importantes au pont de Bry-sur-Marne.

On essaie d'incendier le bois de Boulogne en jetant du pétrole sur le tronc des arbres. Le feu ne prend pas. Quelques milliers de mobiles, armés de haches et de scies, abattent, pour le besoin de la défense, la partie du bois qui gêne le tir des bastions.

La désolation règne dans ces lieux charmants, qui étaient, naguère encore, le rendez-vous de la société élégante de toute l'Europe et le jardin préféré de l'empire en ses beaux jours de luxe effréné et de dépravation. Le fer vengeur et la flamme expiatoire y passent. Est-ce là le juste retour des choses d'ici-bas?

Mort d'Auguste Villemot, écrivain plus spirituel que fécond.

CINQUIÈME JOURNÉE

22 septembre.

La note suivante, publiée au *Journal officiel*, est commentée avec passion dans les groupes :

« Avant que le siége de Paris commençât, le ministre des affaires étrangères a voulu connaître les intentions de la Prusse, jusque-là silencieuse.

« Nous avions proclamé hautement les nôtres, le lendemain de la révolution du 4 septembre.

« Sans haine contre l'Allemagne, ayant toujours condamné la guerre que l'empereur lui a faite dans un intérêt exclusivement dynastique, nous avons dit :

« Arrêtons cette lutte barbare qui décime les peu-
« ples au profit de quelques ambitieux. Nous acceptons
« des conditions équitables. Nous ne cédons ni un
« pouce de notre territoire, ni une pierre de nos for-
« teresses. »

« La Prusse répond à ces ouvertures en demandant à garder l'Alsace et la Lorraine par droit de conquête.

« Elle ne consentirait même pas à consulter les populations ; elle veut en disposer comme d'un troupeau.

« Et quand elle est en présence de la convocation d'une Assemblée qui constituera un pouvoir définitif et votera la paix ou la guerre,

« La Prussse demande comme condition préalable

d'un armistice l'occupation des places assiégées, le fort du mont Valérien et la garnison de Strasbourg prisonnière de guerre.

« Que l'Europe soit juge !

« Pour nous, l'ennemi s'est dévoilé. Il nous place entre le devoir et le déshonneur; notre choix est fait.

« Paris résistera jusqu'à la dernière extrémité. Les départements viendront à son secours, et, Dieu aidant, la France sera sauvée. »

« Résistance à outrance, » tel est le cri général.

M. Jules Favre s'occupe de rédiger le récit de l'entrevue de Ferrières.

Aucun événement militaire important. Une reconnaissance, partie de Charenton pour Créteil et le carrefour Pompadour, a échangé une vive fusillade avec les tirailleurs ennemis.

De Saint-Denis, le général de Bellemare annonce que les Prussiens établissent des batteries à la butte Pinson et en avant de Montmorency.

Coups de fusil aux abords du Raincy, et vers le sud, au Bas-Meudon et à Brimborion.

Le général Trochu, dont l'esprit semble plus préoccupé des soins de la défense que de la nécessité de l'attaque, donne des instructions utiles à la population, en vue d'éviter les accidents et les malheurs, en cas de bombardement :

« Pendant la nuit, dit-il paternellement, les défenseurs peuvent et doivent être groupés sur les terre-pleins, dans la rue du rempart et aux abords, afin de repousser les attaques que l'ennemi tenterait par surprise.

« Dans le jour, au contraire, le rempart ne doit être occupé que par le nombre d'hommes nécessaire pour le service des pièces et pour la mousqueterie. La rue de rempart, où tomberont les projectiles rejetés par les maisons qui la bordent, doit être vide. Les postes, les réserves et tous les groupes de service devront être formés derrière ces maisons, dans les rues parallèles aux remparts, à l'abri du feu de l'ennemi.

« Là où la rue de rempart n'est pas bordée de maisons, seront établis des abris formés avec des madriers et des planches recouverts d'un mètre de terre. En un mot, il faut que dans un siége auquel les habitants s'associent directement, chacun s'industrie en vue de servir autant qu'il est en lui les intérêts de la défense et de la sécurité communes.

« Je dirai encore quelques mots des paniques imprévues qui s'emparent des foules, particulièrement la nuit, et qui donnent lieu toujours à une dangereuse confusion, quelquefois à de grands malheurs.

« Quelques coups de fusil tirés mal à propos, des clameurs subites, de faux bruits répandus par l'ignorance ou par la malveillance suffisent à déterminer ces paniques..

« Il faut que chacun des défenseurs, se pénétrant des avertissements que je donne ici, sache se soustraire, par un effort de sa volonté propre, à ces impressions irréfléchies.

« Dans ces conditions, la panique disparaît comme

elle est venue, et son plus redoutable effet, qui consiste ordinairement en une fusillade désastreuse pour les défenseurs eux-mêmes, est écarté.

« Enfin, je recommande aux préoccupations de tous le soin des cartouches, qui, par leur nature même, sont si facilement détériorées. C'est là un objet d'importance capitale devant la grande consommation que nous sommes appelés à en faire pour la défense, et je considère tout abus ou tout gaspillage de munitions de canon ou de fusil comme l'un des actes les plus coupables qui se puisse commettre pendant la durée de la crise.

« Je répète ici en terminant, que si l'esprit public, sans se laisser intimider par les souffrances du siége, soutient les défenseurs, la ville ne pourra pas être prise. Tous les efforts de l'ennemi tendront à frapper les imaginations, à troubler les cœurs, à soulever contre la défense les sentiments de la population qui ne combat pas. J'adjure tous les bons citoyens de réagir énergiquement autour d'eux, par leurs conseils et par leurs exemples, contre de tels entraînements; de relever par leur attitude les courages chancelants, et de persuader à tous que seule la constance peut abréger la durée de l'épreuve et assurer le succès. »

M. Etienne Arago, maire de Paris, fait rétablir au fronton de tous les monuments publics la devise républicaine : *Liberté, Egalité, Fraternité*.

C'est peu, si l'on veut, mais on a remarqué que les représentants de la République semblent avoir peur du mot de République, et l'on dit qu'ils sont saisis d'un saint tremblement, quand ils le prononcent. Au dire des gens bien informés, M. Picard en a la chair de poule.

· La taxe du pain est provisoirement rétablie.

Le ministre de l'agriculture, arrête :

A dater du vendredi 23 septembre jusqu'au jeudi 29 septembre inclusivement, la viande de bœuf et la viande de mouton seront payées, dans la ville de Paris, aux prix suivants :

Viande de bœuf

1re catégorie.	Tende de tranche..... Culotte.......... Gîte à la noix......... Tranche grasse....... Aloyau...............	2 fr. 10 le kil.
2e catégorie.	Paleron............. Côtes .... Talon de collier....... Bavette d'aloyau...... Rognons de graisse...	1 fr. 70 le kil.
3e catégorie.	Collier............. Pis .... Gîtes.............. Plats de côtes........ Surlonges........... Joues...............	1 fr. 30 le kil.

Viande de mouton

1re catégorie.	Gigots............. Carrés.............	1 fr. 80 le kil.
2e catégorie.	Épaules............	1 fr. 30 le kil.
3e catégorie.	Poitrine .... Collet .... Débris de côtelettes ..	1 fr. 10 le kil.

SIXIÈME JOURNÉE

23 septembre.

Combat de Villejuif. — A la suite d'un sérieux engagement d'artillerie, les troupes du général Vinoy ont occupé le village de Villejuif. Les mitrailleuses, les pièces de campagne et les canons des forts paraissent avoir causé des pertes très sensibles à l'ennemi.

Du côté de Saint-Denis, une vigoureuse reconnaissance est poussée à Pierrefitte. Les troupes chassent les Prussiens du village avec un entrain auquel le général de Bellemare rend un éclatant hommage.

Publication du rapport de M. Jules Favre sur l'entrevue de Ferrières.

*A messieurs les membres du Gouvernement
de la défense nationale.*

Mes chers collègues,

L'union étroite de tous les citoyens, et particulièrement celle des membres du Gouvernement, est plus que jamais une nécessité de salut public. Chacun de nos actes doit la cimenter. Celui que je viens d'accomplir, de mon chef, m'était inspiré par ce sentiment ; il aura ce résultat. J'ai eu l'honneur de vous l'expliquer en détail. Cela ne suffit point. Nous sommes un gouvernement de publicité. Si, à l'heure de l'exécution, le secret est indispensable, le fait, une fois consommé, doit être entouré de la plus grande lumière. Nous ne sommes quelque chose que par l'opinion de nos concitoyens ; il faut qu'elle nous juge à chaque heure, et, pour nous juger, elle a le droit de tout connaître.

J'ai cru qu'il était de mon devoir d'aller au quartier général des armées ennemies ; j'y suis allé. Je vous ai rendu compte de la mission que je m'étais imposée à moi-même ; je viens dire à mon pays les raisons qui m'ont déterminé, le but que je me proposais, celui que je crois avoir atteint.

Je n'ai pas besoin de rappeler la politique inaugurée par nous et que le ministre des affaires étrangères était plus particulièrement chargé de formuler. Nous sommes avant tout des hommes de paix et de liberté. Jusqu'au dernier moment, nous nous sommes opposés à la guerre que le gouvernement impérial entreprenait dans un intérêt exclusivement dynastique, et quand ce gouvernement est tombé, nous avons déclaré persévérer plus énergiquement que jamais dans la politique de la paix.

Cette déclaration, nous la faisions, quand par la criminelle folie d'un homme et de ses conseillers, nos armées étaient détruites ; notre glorieux Bazaine et ses vaillants soldats bloqués devant Metz; Strasbourg, Toul, Phalsbourg écrasés par les bombes ; l'ennemi victorieux en marche sur notre capitale. Jamais situation ne fut plus cruelle ; elle n'inspira cependant au pays aucune pensée de défaillance, et nous crûmes être son interprète fidèle en posant nettement cette condition : Pas un pouce de notre territoire, pas une pierre de nos forteresses.

Si donc à ce moment, où venait de s'accomplir un fait aussi considérable que celui du renversement du promoteur de la guerre, la Prusse avait voulu traiter sur les bases d'une indemnité à déterminer, la paix était faite; elle eût été accueillie comme un immense bienfait; elle fût devenue un gage certain de réconciliation entre deux nations qu'une politique odieuse seule a fatalement divisées.

Nous espérions que l'humanité et l'intérêt bien entendus remporteraient cette victoire, belle entre toutes, car elle aurait ouvert une ère nouvelle, et les hommes d'État qui y auraient attaché leur nom auraient eu comme guides : la philosophie, la raison, la justice ; comme récompense : les bénédictions et la prospérité des peuples.

C'est avec ces idées que j'ai entrepris la tâche périlleuse que vous m'aviez confiée.

Je devais tout d'abord me rendre compte des dispositions des cabinets européens et chercher à me concilier leur appui. Le gouvernement impérial l'avait complètement négligé, ou y avait échoué.

Il s'est engagé dans la guerre sans une alliance, sans une négociation sérieuse; tout, autour de lui, était hostilité ou indifférence ; il recueillait ainsi le fruit amer d'une politique blessante pour chaque État voisin, par ses menaces ou ses prétentions.

A peine étions-nous à l'Hôtel de Ville, qu'un diplomate, dont il n'est point encore opportun de révéler le nom, nous demandait à entrer en relations avec nous. Dès le lendemain, votre ministre recevait les représentants de toutes les puissances. La République des États-Unis, la République helvétique, l'Italie, l'Espagne, le Portugal reconnaissaient officiellement la République française. Les autres gouvernements autorisaient leurs agents à entretenir avec nous des rapports officieux qui nous permettaient d'entrer de suite en pourparlers utiles.

Je donnerais à cet exposé, déjà trop étendu, un développement qu'il ne comporte pas. si je racontais avec détail la courte, mais instructive histoire des négociations qui ont suivi. Je crois pouvoir affirmer qu'elle ne sera pas tout à fait sans valeur pour notre crédit moral.

Je me borne à dire que nous avons trouvé partout d'honorables sympathies. Mon but était de les grouper, et de déterminer les puissances signataires de la ligue des neutres, à intervenir directement près de la Prusse en prenant pour base les conditions que j'avais posées. Quatre de ces puissances me l'ont offert, je leur en ai, au nom de mon pays, témoigné ma gratitude, mais je voulais le concours des deux autres. L'une m'a promis une action individuelle dont elle s'est réservé la liberté, l'autre m'a proposé d'être mon intermédiaire vis-à-vis de la Prusse. Elle a même fait un pas de plus : sur les instances de l'envoyé extraordinaire de la France, elle a bien voulu recommander directement mes démarches. J'ai demandé beaucoup plus, mais je n'ai refusé aucun concours, estimant que l'intérêt qu'on nous montrait était une force à ne pas négliger.

Cependant, le temps marchait ; chaque heure rapprochait l'ennemi. En proie à de poignantes émotions, je m'étais promis à moi-même de ne pas laisser commencer le siège de Paris sans essayer une démarche suprême, fussè-je seul à la faire. L'intérêt n'a pas besoin d'en être démontré. — La Prusse gardait le silence et nul ne consentait à l'interroger. Cette situation était intenable ; elle permettait à notre ennemi de faire peser sur nous la responsabilité de la continuation de la lutte ; elle nous condamnait à nous taire sur ses intentions.

Il fallait en sortir.

Malgré ma répugnance, je me déterminai à user des bons offices qui m'étaient offerts, et le 10 septembre, un télégramme parvenait à M. de Bismark, lui demandant s'il voulait entrer en conversation sur des conditions de transaction.

Une première réponse était une fin de non-recevoir, tirée de l'irrégularité de notre Gouvernement. Toutefois, le chancelier de la Confédération du Nord n'insista pas, et me fit demander quelles garanties nous présentions pour l'exécution d'un traité.

Cette seconde difficulté levée par moi, il fallait aller plus loin.

On me proposa d'envoyer un courrier, ce que j'acceptai. En même temps, on télégraphiait directement à M. de Bismark, et le premier ministre de la puissance qui nous servait d'intermédiaire disait à notre envoyé extraordinaire que la France seule pouvait agir ; il ajoutait qu'il serait à désirer que je ne reculasse pas devant une démarche au quartier général. Notre envoyé, qui connaissait le fond de mon cœur, répondit que j'étais prêt à tous les sacrifices pour faire mon devoir, qu'il y en avait peu d'aussi pénibles que d'aller au travers des lignes ennemies chercher notre vainqueur, mais qu'il supposait que je m'y résignerais. Deux jours après, le courrier revenait. Après mille obstacles, il avait vu le chancelier, qui lui dit être disposé volontiers à causer avec moi.

J'aurais voulu une réponse directe au télégramme de notre intermédiaire, elle se faisait attendre. L'investissement de Paris s'achevait. Il n'y avait plus à hésiter, je me résolus à partir.

Seulement, il m'importait que pendant qu'elle s'accomplissait, cette démarche fût ignorée ; je recommandai le secret, et j'ai été douloureusement surpris en rentrant, hier soir, d'apprendre qu'il n'a pas été gardé. Une indiscrétion coupable a été commise. Un journal, l'*Électeur libre,* déjà désavoué par le Gouvernement, en a profité; une enquête est ouverte, et j'espère pouvoir réprimer ce double abus.

J'avais poussé si loin le scrupule de la discrétion, que je l'ai observée même vis-à-vis de vous, mes chers collègues. Je ne m'y suis pas résolu sans un vif déplaisir. Mais je connaissais votre patriotisme et votre affection ; j'étais sûr d'être absous. Je croyais obéir à une nécessité impérieuse.

Une première fois, je vous avais entretenus des agitations de ma conscience, et je vous avais dit qu'elle ne serait en repos que lorsque j'aurais fait tout ce qui était humainement possible pour arrêter honorablement cette abominable guerre. Me rappelant la conversation provoquée par cette ouverture, je redoutais des objections, et j'étais décidé ; d'ailleurs, je voulais, en abordant M. de Bismark, être libre de tout engagement, afin d'avoir le droit de n'en prendre aucun. Je vous fais ces aveux sincères, je les fais au pays pour écarter de vous une responsabilité que j'assume seul. Si ma démarche est une faute, seul j'en dois porter la peine.

J'avais cependant averti M. le ministre de la guerre, qui avait bien voulu me donner un officier pour me conduire aux avant-postes.

Nous ignorions la situation du quartier général. On le supposait à Grosbois. Nous nous acheminâmes vers l'ennemi par la porte de Charenton.

Je supprime tous les détails de ce douloureux voyage, pleins d'intérêt cependant, mais qui ne seraient point ici à leur place. Conduit à Villeneuve-Saint-Georges, où se trouvait le général en chef commandant le 6e corps, j'appris assez tard, dans l'après-midi, que le quartier général était à Meaux. Le général, des procédés duquel je n'ai qu'à me louer, me proposa d'y envoyer un officier porteur de la lettre suivante, que j'avais préparée pour M. de Bismark.

« Monsieur le comte,

« J'ai toujours cru qu'avant d'engager sérieusement les hostilités sous les murs de Paris, il était impossible qu'une transaction honorable ne fût pas essayée. La personne qui a eu l'honneur de voir Votre Excellence il y a deux jours, m'a dit avoir recueilli de sa bouche l'expression d'un désir analogue.

« Je suis venu aux avant-postes me mettre à la disposition de Votre Excellence. J'attends qu'elle veuille bien me faire savoir comment et où je pourrai avoir l'honneur de conférer quelques instants avec elle.

« J'ai l'honneur d'être avec une haute considération,
De Votre Excellence,
« Le très humble et très obéissant serviteur,
« JULES FAVRE. »

18 septembre 1870.

Nous étions séparés par une distance de 48 kilomètres. Le lendemain matin, à six heures, je recevais la réponse que je transcris :

« Meaux, 18 septembre 1870.

« Je viens de recevoir la lettre que Votre Excellence a eu l'obligeance de m'écrire, et ce me sera extrêmement agréable, si vous voulez bien me faire l'honneur de venir me voir, demain, ici à Meaux.

« Le porteur de la présente, le prince Biron, veillera à ce que Votre Excellence soit guidée à travers nos lignes.

« J'ai l'honneur d'être, avec la plus haute considéraration, de Votre Excellence, le très obéissant serviteur,
« DE BISMARK. »

A neuf heures, l'escorte était prête, et je partais avec elle. Arrivé près de Meaux, vers trois heures de l'après-midi, j'étais arrêté par un aide-de-camp venant m'annoncer que le comte avait quitté Meaux avec le roi pour aller coucher à Ferrières. Nous nous étions croisés ; en revenant l'un et l'autre sur nos pas nous devions nous rencontrer.

Je rebroussai chemin, et descendis dans la cour d'une ferme entièrement saccagée, comme presque toutes les maisons que j'ai vues sur ma route. Au bout d'une heure, M. de Bismark m'y rejoignit. Il nous était difficile de causer dans un tel lieu. Une habitation, le château de la Haute-Maison, appartenant à M. le comte de Rillac, était à notre proximité ; nous nous y rendîmes. Et la conversation s'engagea dans un salon où gisaient en désordre des débris de toute nature.

Cette conversation, je voudrais vous la rapporter tout entière, telle que le lendemain je l'ai dictée à un secrétaire. Chaque détail y a son importance. Je ne puis ici que l'analyser.

J'ai tout d'abord précisé le but de ma démarche. Ayant fait connaître par ma circulaire les intentions du Gouvernement français, je voulais savoir celle du premier ministre prussien. Il me semblait inadmissible que deux nations continuassent, sans s'expliquer préalablement, une guerre terrible qui, malgré ses avantages, infligeait au vainqueur des souffrances profondes. Née du pouvoir d'un seul, cette guerre n'avait plus de raison d'être, quand la France redevenait maîtresse d'elle-même ; je me portais garant de son amour pour la paix, en même temps de sa résolution inébranlable de n'accepter aucune condition qui ferait de cette paix une courte et menaçante trève.

M. de Bismark m'a répondu que, s'il avait la conviction qu'une pareille paix fût possible, il la signerait de suite. Il a reconnu que l'opposition avait toujours condamné la guerre. Mais le pouvoir que représente aujourd'hui cette opposition est plus que précaire. Si, dans quelques jours, Paris n'est pas pris, il sera renversé par la populace...

Je l'ai interrompu vivement pour lui dire que nous n'avons pas de populace à Paris, mais une population intelligente, dévouée, qui connaissait nos intentions, et qui ne se ferait pas complice de l'ennemi en entravant notre mission de défense. Quant à notre pouvoir, nous étions prêts à le déposer entre les mains de l'Assemblée, déjà convoquée par nous.

« Cette Assemblée, a repris le comte, aura des desseins que rien ne peut faire pressentir. Mais si elle obéit au sentiment français, elle voudra la guerre. Vous n'oublierez pas plus la capitulation de Sedan que Waterloo, que Sadowa, qui ne vous regardait pas. »

Puis il a insisté longuement sur la volonté bien arrêtée de la nation française d'attaquer l'Allemagne et de lui enlever une partie de son territoire. Depuis Louis XIV jusqu'à Napoléon III, ses tendances n'ont pas changé, et quand la guerre a été annoncée, le Corps législatif a couvert les paroles du ministre d'acclamations.

Je lui ai fait observer que la majorité du Corps législatif avait, quelques semaines avant, acclamé la paix ; que cette majorité, choisie par le prince, s'était malheureusement crue obligée de lui céder aveuglément, mais que, consultée deux fois, aux élections de 1869 et au vote du plébiscite, la nation avait énergiquement adhéré à une politique de paix et de liberté.

La conversation s'est prolongée sur ce sujet, le comte maintenant son opinion, alors que je défendais la mienne ; et comme je le pressais vivement sur ses conditions, il m'a répondu nettement que la sécurité de son pays lui commandait de garder le territoire qui la garantissait. Il m'a répété plusieurs fois :

« — Strasbourg est la clef de la maison, je dois l'avoir. »

Je l'ai invité à être plus explicite encore :

« — C'est inutile, objectait-il, puisque nous ne pouvons nous entendre, c'est une affaire à régler plus tard. »

Je l'ai prié de le faire de suite ; il m'a dit alors que les deux départements du Bas et du Haut-Rhin, une partie de celui de la Moselle avec Metz, Château-Salins et Soissons lui étaient indispensables, et qu'il ne pouvait y renoncer.

Je lui ai fait observer que l'assentiment des peuples dont il disposait ainsi était plus que douteux, et que le droit public européen ne lui permettait pas de s'en passer. « Si fait, m'a-t-il répondu. Je sais fort bien qu'ils ne veulent pas de nous. Ils nous imposeront une rude corvée ; mais nous ne pouvons pas ne pas les prendre. Je suis sûr que dans un temps prochain nous aurons une nouvelle guerre avec vous. Nous voulons la faire avec tous nos avantages. »

Je me suis récrié, comme je le devais, contre de telles solutions. J'ai dit qu'on me paraissait oublier deux éléments de discussion : l'Europe d'abord, qui pourrait bien trouver ces prétentions exorbitantes et y mettre obstacle ; le droit nouveau ensuite, le progrès des mœurs, entièrement antipathique à de telles exigences. J'ai ajouté que, quant à nous, nous ne les accepterions jamais. Nous pouvions périr comme nation, mais non nous déshonorer ; d'ailleurs, le pays était seul compétent pour se prononcer sur une cession territoriale. Nous ne doutons pas de son sentiment, mais nous voulons le consulter. C'est donc vis-à-vis de lui que se trouve la Prusse. Et, pour être net, il est clair que, entrainée par l'enivrement de la victoire, elle veut la destruction de la France.

Le comte a protesté, se retranchant toujours derrière des nécessités absolues de garantie nationale. J'ai poursuivi : « Si ce n'est de votre part un abus de la force, cachant de secrets desseins, laissez-nous réunir l'Assemblée, nous lui remettrons nos pouvoirs, elle nommera un gouvernement définitif qui appréciera vos conditions. »

« Pour l'exécution de ce plan, m'a répondu le comte, il faudrait un armistice, et je n'en veux à aucun prix. »

La conversation prenait une tournure de plus en plus pénible. Le soir venait. Je demandai à M. de Bismark un second entretien à Ferrières, où il allait coucher, et nous partimes chacun de notre côté.

Voulant remplir ma mission jusqu'au bout, je devais revenir sur plusieurs des questions que nous avions traitées, et conclure.

Aussi, en abordant le comte vers neuf heures et demie du soir, je lui fis observer que les renseignements que j'étais venu chercher près de lui étant destinés à être communiqués à mon Gouvernement et au public, je résumerais, en terminant, notre conversation pour n'en publier que ce qui serait bien arrêté entre nous.

« — Ne prenez pas cette peine, me répondit-il, je vous la livre tout entière ; je ne vois aucun inconvénient à sa divulgation. »

Nous reprimes alors la discussion, qui se prolongea jusqu'à minuit. J'insistai particulièrement sur la nécessité de convoquer une Assemblée. Le comte parut se laisser peu à peu convaincre et revint à l'armistice. Je demandai quinze jours. Nous discutâmes les conditions. Il ne s'en expliqua que d'une manière très incomplète, se réservant de consulter le roi. En conséquence, il m'ajourna au lendemain onze heures.

Je n'ai plus qu'un mot à dire ; car, en reproduisant ce douloureux récit, mon cœur est agité de toutes les émotions qui l'ont torturé pendant ces trois mortelles journées, et j'ai hâte de finir. J'étais au château de Ferrières à onze heures. Le comte sortit de chez le roi à midi moins le quart, et j'entendis de lui les conditions qu'il mettait à l'armistice ; elles étaient consignées dans un texte écrit en langue allemande et dont il m'a donné communication verbale.

Il demandait pour gage l'occupation de Strasbourg, de Toul et de Phalsbourg ; et comme, sur sa demande, j'avais dit, la veille, que l'Assemblée devait être réunie à Paris, il voulait, dans ce cas, avoir un fort dominant la ville... celui du mont Valérien, par exemple...

Je l'ai interrompu pour lui dire :

« — Il est bien plus simple de nous demander Paris. Comment voulez-vous admettre qu'une Assemblée française délibère sous votre canon ? J'ai eu l'honneur de vous dire que je transmettrais fidèlement notre entretien au Gouvernement ; je ne sais vraiment si j'oserai lui dire que vous m'avez fait une telle proposition. »

« — Cherchons une autre combinaison, » m'a-t-il répondu.

Je lui ai parlé de la réunion de l'Assemblée à Tours, en ne prenant aucun gage du côté de Paris.

Il m'a proposé d'en parler au roi ; et, revenant sur l'occupation de Strasbourg, il a ajouté :

« — La ville va tomber entre nos mains, ce n'est plus qu'une affaire de calcul d'ingénieur. Aussi, je vous demande que la garnison se rende prisonnière de guerre. »

A ces mots, j'ai bondi de douleur, et me levant, je me suis écrié :

« — Vous oubliez que vous parlez à un Français, monsieur le comte : sacrifier une garnison héroïque qui fait notre admiration et celle du monde, serait une lâcheté ; — et je ne vous permets pas de dire que vous m'avez posé une telle condition. »

Le comte m'a répondu qu'il n'avait pas l'intention de me blesser, qu'il se conformait aux lois de la guerre ; qu'au surplus, si le roi y consentait, cet article pourrait être modifié.

Il est rentré au bout d'un quart d'heure. Le roi acceptait la combinaison de Tours, mais insistait pour que la garnison de Strasbourg fût prisonnière.

J'étais à bout de forces et craignis un instant de défaillir. Je me retournais pour dévorer les larmes qui m'étouffaient, et, m'excusant de cette faiblesse involontaire, je prenais congé par ces simples paroles :

« — Je me suis trompé, monsieur le comte, en venant ici ; je ne m'en repens pas, j'ai assez souffert pour m'excuser à mes propres yeux ; d'ailleurs, je n'ai cédé qu'au sentiment de mon devoir.

« Je rapporterai à mon Gouvernement tout ce que vous m'avez dit, et, s'il juge à propos de me renvoyer près de vous, quelque cruelle que soit cette démarche, j'aurai l'honneur de revenir.

« Je vous suis reconnaissant de la bienveillance que vous m'avez témoignée, mais je crains qu'il n'y ait plus qu'à laisser les événements s'accomplir.

« La population de Paris est courageuse et résolue aux derniers sacrifices ; son héroïsme peut changer le cours des événements. Si vous avez l'honneur de la vaincre, vous ne la soumettrez pas. La nation tout entière est dans les mêmes sentiments. Tant que nous trouverons en elle un élément de résistance, nous vous combattrons. C'est une lutte indéfinie entre deux peuples qui devraient se tendre la main. J'avais espéré une autre solution. Je pars bien malheureux et néanmoins plein d'espoir. »

Je n'ajoute rien à ce récit, trop éloquent par lui-même. Il me permet de conclure et de vous dire quelle est à mon sens la portée de ces entrevues. Je cherchais la paix, j'ai rencontré une volonté inflexible de conquête et de guerre. Je demandais la possibilité d'interroger la France représentée par une Assemblée librement élue, on m'a répondu en me montrant les Fourches Caudines sous lesquelles elle doit préalablement passer. Je ne récrimine point. Je me borne à constater les faits, à les signaler à mon pays et à l'Europe.

J'ai voulu ardemment la paix, je ne m'en cache pas; et en voyant pendant trois jours la misère de nos campagnes infortunées, je sentais grandir en moi cet amour avec une telle violence, que j'étais forcé d'appeler tout mon courage à mon aide pour ne pas faillir à ma tâche. J'ai désiré non moins vivement un armistice, je l'avoue encore; je l'ai désiré pour que la nation pût être consultée sur la redoutable question que la fatalité pose devant nous.

Vous connaissez maintenant les conditions préalables qu'on prétend nous faire subir. Comme moi, et sans discussion, vous avez été unanimement d'avis qu'il fallait en repousser l'humiliation. J'ai la conviction profonde que, malgré les souffrances qu'elle endure et celles qu'elle prévoit, la France indignée partage notre résolution, et c'est de son cœur que j'ai cru m'inspirer en écrivant à M. de Bismark la dépêche suivante, qui clôt cette négociation :

« Monsieur le comte,

« J'ai exposé fidèlement à mes collègues du Gouvernement de la défense nationale la déclaration que Votre Excellence a bien voulu me faire. J'ai le regret de faire connaître à Votre Excellence que le Gouvernement n'a pu admettre vos propositions. Il accepterait un armistice ayant pour objet l'élection et la réunion d'une Assemblée nationale; mais il ne peut souscrire aux conditions auxquelles Votre Excellence le subordonne.

« Quant à moi, j'ai la conscience d'avoir tout fait pour que l'effusion du sang cessât et que la paix fût rendue à nos deux nations, pour lesquelles elle serait un grand bienfait. Je ne m'arrête qu'en face d'un devoir impérieux, m'ordonnant de ne pas sacrifier l'honneur de mon pays, déterminé à résister énergiquement. Je m'associe sans réserve à son vœu ainsi qu'à celui de mes collègues. Dieu, qui nous juge, décidera de nos destinées. J'ai foi dans sa justice.

« J'ai l'honneur d'être, monsieur le comte,
   « De Votre Excellence,
    « Le très humble et très obéissant serviteur,

   « JULES FAVRE. »

21 septembre 1870.

J'ai fini, mes chers collègues, et vous penserez comme moi que, si j'ai échoué, ma mission n'aura pas été cependant tout à fait inutile. Elle a prouvé que nous n'avons pas dévié.

Comme les premiers jours, nous maudissons une guerre par nous condamnée à l'avance; comme les premiers jours aussi, nous l'acceptons plutôt que de nous déshonorer. Nous avons fait plus : nous avons tué l'équivoque dans laquelle la Prusse s'enfermait, et que l'Europe ne nous aidait pas à dissiper.

En entrant sur notre sol, elle a donné au monde sa parole qu'elle attaquait Napoléon et ses soldats, mais qu'elle respectait la nation. Nous savons aujourd'hui ce qu'il faut en penser. La Prusse exige trois de nos départements, deux villes fortes, l'une de cent, l'autre de soixante-quinze mille âmes ; huit à dix autres également fortifiées. Elle sait que les populations qu'elle veut nous ravir la repoussent, elle s'en saisit néanmoins, opposant le tranchant de son sabre aux protestations de leur liberté civique et de leur dignité morale.

A la nation qui demande la faculté de se consulter elle-même, elle propose la garantie de ses obusiers établis au mont Valérien et protégeant la salle des séances où nos députés voteront. Voilà ce que nous savons, et ce qu'on m'a autorisé à vous dire. Que le pays nous entende et qu'il se lève, ou pour nous désavouer quand nous lui conseillons de résister à outrance, ou pour subir avec nous cette dernière et décisive épreuve. Paris y est résolu.

Les départements s'organisent et vont venir à son secours. Le dernier mot n'est pas dit dans cette lutte où maintenant la force se rue contre le droit. Il dépend de notre constance qu'il appartienne à la justice et à la liberté.

Agréez, mes chers collègues, le fraternel hommage de mon inaltérable dévouement.

Le vice-président du Gouvernement de la défense nationale, ministre des affaires étrangères.

JULES FAVRE.

Le ministre de l'instruction publique abolit la censure théâtrale.

SEPTIÈME JOURNÉE

24 septembre.

Calme général autour de Paris.

Le Mont-Valérien a tiré, à grande distance, sur des convois prussiens en avant de Montesson.

Le fort d'Issy contrarie l'ennemi, qui paraît établir des batteries du côté de Sèvres.

Le pont de Chatou a sauté à trois heures.

Par décision du Gouvernement de la défense nationale et à raison des obstacles matériels apportés à l'exercice des droits électoraux par les événements militaires, les élections municipales de Paris, fixées au 28 septembre, n'auront pas lieu à cette date.

Pour les mêmes motifs, les élections à l'Assemblée nationale constituante, fixées au 2 octobre, sont également ajournées.

Comment songer, en effet, à élire une Assemblée nationale, quand Paris est investi, quand huit ou dix départements sont au pouvoir des Prussiens? Où se réunirait cette assemblée? En province? Mais les représentants de Paris n'y figureraient pas? A Paris? Mais M. de Bismark donnerait-il aux représentants la faculté de traverser les lignes prussiennes? La nomination d'une Assemblée à l'heure présente est une utopie; mieux encore, un danger. Ce serait faire la partie trop belle à ces députés de l'ancienne Chambre qui rêvent encore une restauration bonapartiste et conspirent à leur aise contre la République, pendant que les républicains ne songent qu'à maintenir intact l'honneur de la France.

Quant aux élections municipales de Paris, est-il sage, est-il prudent de les renvoyer? Bien que Paris ait investi les membres du Gouvernement de pleins pouvoirs et d'une véritable dictature, dans l'intérêt de sa défense, on ne voit pas le danger que présenterait l'adjonction de représentants librement élus. Est-ce une rivalité d'influence que l'on redoute, ou bien la prépondérance d'un conseil puisant ses pouvoirs dans le suffrage universel, alors que les gouvernants actuels tiennent exclusivement leurs pouvoirs de l'acclamation populaire? Quelle petitesse d'esprit s'il en était ainsi, et que cette question d'amour-propre serait misérable dans le péril où nous sommes!

Il est à remarquer, d'ailleurs, que la grande majorité de Paris ne conçoit pas, à proprement parler, d'inquiétude de l'ajournement indéfini des élections. Elle a confiance dans les hommes du gouvernement, les sachant honnêtes. Reste à savoir si l'honnêteté suffit et si l'adjonction de tels ou tels citoyens éminents du pays n'aurait pas apporté un précieux concours à la défense de Paris. Le Gouvernement, s'enfermant dans sa dédaigneuse solitude, se condamne à toujours réussir et assume la plus redoutable responsabilité. Puisse-t-il ne pas regretter un jour sa fâcheuse décision, et puissions-nous ne pas en gémir, quand il sera trop tard!

Chacun sait que nous avions sous le second empire une magistrature que « l'Europe nous enviait. » M. Devienne, premier président de la Cour de cassation, était un des plus beaux ornements de cette magistrature ; or, voici ce qu'on lit dans le *Journal officiel* :

Le Gouvernement de la défense nationale,

Considérant que, de documents d'une nature probante et devenus publics, il résulte que M. Devienne, premier président de la Cour de cassation, aurait gravement compromis la dignité du magistrat dans une négociation d'un caractère scandaleux ;

Considérant que M. Devienne, mandé pour donner ses explications, ne s'est pas rendu à l'invitation qui lui a été adressée ;

Considérant que, placé à la tête du premier corps judiciaire de la République, M. Devienne est absent de Paris à l'heure du péril national ;

Décrète :

M. le premier président Devienne est déféré disciplinairement à la Cour de cassation, qui statuera conformément aux lois.

Fait à Paris, le 23 septembre 1870.

Pour le garde des sceaux, ministre de la justice,

Par délégation,

Le membre du Gouvernement de la défense nationale,

EMMANUEL ARAGO.

Quelle est donc la « négociation d'un caractère scandaleux » reprochée au premier président Devienne?

Une piquante petite série de démarches tentées au nom de l'ex-empereur auprès de mademoiselle Marguerite Bellanger. Cette demoiselle trompait l'homme des Tuileries, cet homme se fâchait, mademoiselle Marguerite s'en désolait, et M. Devienne faisait la navette du boudoir de la courtisane au palais du souverain qui a tant défendu la religion et la famille.

Le Gouvernement, qui ne s'est pas encore montré bien méchant contre les gens de la bande bonapartiste, a donné là une éclatante satisfaction à l'opinion publique.

La première livraison des papiers saisis aux Tuileries initie le public à certains trafics de convictions bonapartistes qui se faisaient sous l'empire, dans les bureaux du ministre de l'intérieur. On débitait, dans ce magasin, des articles aux journaux et des espèces sonnantes aux journalistes. Le plus convaincu de la troupe, celui qui paradait, jonglait et gambadait le mieux sur les tréteaux du dévouement, c'était le mieux payé. On s'en doutait bien un peu, mais nul n'avait eu connaissance des registres de la boutique. Le rapport cite le *Figaro*, la *France*, le *Peuple*, la *Patrie*, le *Messager de Paris*, le *Constitutionnel*, le *Pays* et le *Dix Décembre*.

HUITIÈME JOURNÉE

25 septembre.

Aucun incident militaire qui mérite d'être cité. Les commandants des forts signalent des mouvements de corps prussiens sur les hauteurs. Pas d'engagements.

Du dehors, aucune nouvelle : toutes les pensées sont fixées sur Metz et Strasbourg. Quel touchant spectacle, à toute heure de la journée, autour de la statue de cette dernière ville ! La place de la Concorde ne désemplit pas. L'image de la vaillante cité, dont l'exemple anime tous les cœurs d'espoir et de reconnaissance, est couverte de fleurs, de couronnes d'immortelles, de rubans aux couleurs éclatantes et de drapeaux. La foule se presse autour d'elle avec une patriotique émotion qui se trahit par des larmes. On semble vouloir s'unir à elle d'autant plus étroitement qu'elle incline vers sa ruine.

Autour du piédestal, des femmes et des enfants crient la photographie du général Uhrich. Des bourgeois, de simples ouvriers inscrivent leurs noms sur le grand registre de reconnaissance déposé parmi les fleurs. Des mains furtives suspendent entre les couronnes des adresses poétiques qui respirent le plus pur enthousiasme.

Parfois, un roulement de tambours arrive par la rue de Rivoli, et l'on voit déboucher sur la place un bataillon de gardes nationaux; ils viennent, des fleurs au bout du fusil, offrir à Strasbourg le tribut de leur gratitude. Les soldats-citoyens entourent la statue, dans une attitude grave et recueillie, les tambours battent aux champs, un officier s'avance et prononce de chaleureuses paroles en déposant l'offrande du bataillon. Puis un immense cri s'élève : Vive Strasbourg ! Vive la République !

Et le bataillon reprend sa marche vers la rue de Riyoli. La touchante et patriotique cérémonie se renouvelle plusieurs fois dans la journée.

NEUVIÈME JOURNÉE

26 septembre.

INCIDENTS MILITAIRES. — RAPPORTS DE LA JOURNÉE

Le commandant d'Ivry au gouverneur de Paris.

La nuit a été très tranquille dans les environs du fort ; au point du jour, il y avait quelques tirailleurs ennemis à 400 mètres de la redoute Saquet ; l'ennemi continue à se retrancher dans Choisy-le-Roi ; il fait des fossés en avant du cimetière et tous les murs sont crénelés.

> Fort de Nogent, 26 septembre,
> 8 heures 38, matin.

Le commandant de Nogent au général commandant Vincennes.

La nuit a été des plus calmes autour du fort ; vers neuf heures et demie, nous avons entendu une centaine de coups de fusil et quelques coups de canon sur les rives de la Marne, au bas de Nogent.

RAPPORT DES GUETTEURS

Ce matin, à quatre heures, un ballon à feu blanc a été lancé par les Prussiens au-dessus de Neuilly-sur-Marne.

La reconnaissance a fouillé Neuilly et n'a vu l'ennemi qu'à son retour dans la Pépinière dite de la ville de Paris, sur la rive gauche de la Marne ; quelques coups de feu ont été échangés.

Une reconnaissance de cavalerie est passée en vue du fort, allant vers Neuilly-sur-Marne.

> 26 septembre, 10 heures et
> demie, matin.

D'après les renseignements des forts du sud, de grands mouvements de troupes se sont produits cette nuit en arrière du plateau de Châtillon, dans la direction de Sceaux à Versailles.

Il y a d'ailleurs sur tout notre front un calme absolu, à peine quelques coups de fusil aux avant-postes.

A cinq heures et demie du matin, quatre obus ont été envoyés du Mont-Valérien dans les taillis de Croissy, où étaient établis trois mille fantassins, et un obus dans le parc de la Malmaison.

De suite on a constaté un mouvement de retraite bien prononcé sur Bougival.

—

Tour Solférino, 26 septembre,
1 heure du matin.

L'ingénieur de la tour Solférino à l'amiral Cosnier-Laroncière et au gouverneur de Paris.

L'ennemi semble se fortifier dans Dugny. Deux ouvrages en terre sont en construction pour couvrir les deux entrées sud du village.

Un convoi composé d'infanterie, deux cents hommes environ, et d'un peloton de cavalerie se dirige de Grossey sur Montmorency.

—

26 septembre, 7 heures, soir.

L'ennemi ne semble dessiner d'attaque accusée sur aucun point ; il établit des lignes de circonvallation et occupe les hauteurs à grande distance.

La défense veille activement sur tous les points.

Toutes les fois que l'on aperçoit un convoi ou une reconnaissance, les forts y envoient des obus et les coups portent presque toujours heureusement.

Le gouverneur de Paris,
Par son ordre : le général d'état-major,
SCHMITZ.

On a promené dans Paris vingt-deux soldats déserteurs ; ils avaient leurs képis à l'envers et portaient sur la poitrine un écriteau constatant qu'ils avaient abandonné lâchement leur poste devant l'ennemi.

Une foule de femmes et d'enfants les poursuivaient de huées.

Il y a malheureusement dans l'armée de Paris un certain nombre de ces soldats, débris échappés des armées impériales. Sous des généraux comme de Failly et Frossard, incapables de prévoyance et toujours surpris par l'ennemi, le soldat ne comptant que sur lui-même a contracté une déplorable facilité à oublier la discipline. Symptôme alarmant, si les chefs n'y tiennent la main.

Sur la demande de quelques sociétaires du Théâtre-Français et de divers membres très pudibonds de la Société de Saint-Vincent-de-Paul, M. Ed. Thierry avait jeté un voile noir sur la statue de Voltaire, placée au foyer de la Comédie-Française.

L'administration, ayant eu vent de cet accès de pudeur, dépêche M. Henri Brisson, adjoint au maire de Paris, auprès du directeur trop effarouché. M. Brisson administre une verte réprimande à M. Thierry ; le voile est arraché. Voltaire réapparaît dans le modeste vêtement, dont l'a couvert Houdon. Les messieurs de Saint-Vincent-de-Paul sont fort scandalisés, mais les blessés auxquels le théâtre offre un lit ne s'en porteront pas plus mal.

Incendie de pétrole dans le parc des Buttes-Chaumont ; d'immenses tourbillons d'une fumée noire s'élèvent lentement vers l'azur du ciel par un clair et beau soleil et étonnent toute la ville. Une foule énorme se dirige vers les Buttes-Chaumont.

DIXIÈME JOURNÉE

Vincennes, 27 septembre, 8 h. 58 m.

RAPPORT MILITAIRE

Le général Ribourt au gouverneur de Paris.

Journée et nuit très calmes. Hier, de Nogent et de la Faisanderie, on a tiré quelques coups de canon pour inquiéter les travaux qui s'exécutent au-dessus de Bry-sur-Marne.

Les guetteurs de nuit croient avoir entendu, une partie de la nuit, le roulement des voitures d'artillerie dans la direction de Brie. La reconnaissance n'a rien signalé.

Le général Trochu institue des cours martiales à Vincennes et à Saint-Denis, dans le but de « réprimer les attentats à la propriété, le maraudage, le vol, l'espionnage, qui se propagent dans les banlieues de Paris. »

Dans cette nuée de défenseurs de la famille et de la religion que le second empire avait donnés à la France, on remarquait M. Bernier, juge d'instruction, homme dévoré d'un zèle extraordinaire. M. Bernier poussait très avant l'amour de la justice. Il découvrait des coupables parmi les innocents, et savait même échafauder un complot contre la sûreté de l'État, pour le malheur des gens qui n'avaient pas le don de plaire à M. Bonaparte, ou à M. Pietri, ou même à M. Bernier. M. Pietri comptait beaucoup sur M. Bernier, et, de son côté, M. Bernier s'efforçait de mériter la confiance de M. Pietri.

Naturellement M. Bernier s'envola de Paris, le 4 septembre, avec tous les oiseaux de proie qui s'éloignèrent de France en ce jour mémorable. On fait une descente chez lui. L'intègre magistrat habitait un appartement de la rue La Bruyère. Le commissaire de police découvre là des objets fort édifiants : sur la table d'un salon somptueux, une statue de la Vierge, des vignettes pieuses, des ouvrages approuvés par les prélats ; mais passons à côté, dans un boudoir...

M. Bernier avait compris l'empire.

Les papiers saisis chez lui révèlent la correspondance active qu'il entretenait avec les personnages intimes de l'ex-empereur, Fleury, Conti, Pietri et consorts. On attend quelques lumières de cette correspondance.

Deux arrêtés de M. Magnin, ministre de l'agriculture et du commerce :

Le ministre du commerce et de l'agriculture arrête :
Article premier. A partir du mercredi 28 septembre, la

vente de 500 bœufs et de 4,000 moutons sera mise chaque jour à la disposition des habitants de Paris.

Art. 2. La viande provenant de ces animaux sera vendue au détail directement aux consommateurs pour le compte de l'État, par les bouchers ayant étal qui se seront fait inscrire dans leur mairie, et se conformeront au tarif établi par la taxe ainsi qu'aux conditions qui seront fixées par le ministre de l'agriculture et du commerce.

Art. 3. La mairie de Paris et la préfecture de police sont chargées d'assurer l'exécution du présent arrêté.

—

Le ministre de l'agriculture et du commerce, pendant la durée du siége,

Vu l'arrêté en date de ce jour,

Arrête :

Article premier. Dans chaque abattoir, la viande abattue sera délivrée aux bouchers qui, conformément à l'arrêté ministériel du 26 septembre, se seront fait inscrire dans leur mairie. Cette distribution sera faite proportionnellement à la clientèle dont ils auront justifié.

Art. 2. Chaque boucher ne pourra s'approvisionner que dans l'abattoir de sa circonscription.

Art. 3. La viande sera livrée à l'abattoir et vendue comptant à chaque boucher, au prix déterminé par la taxe, déduction faite de 20 centimes par kilogramme pour tous frais.

Art. 4. Les bouchers seront autorisés à se constituer en syndicat, pour faciliter l'exécution du présent arrêté.

ONZIÈME JOURNÉE

28 septembre.

Les événements militaires n'offrent aucun caractère saillant.

Ce matin, nous dit le général Schmitz, une reconnaissance a été faite par un escadron du 9ᵉ régiment de chasseurs à cheval. Elle a fouillé Neuilly-sur-Marne et le plateau d'Avron. Elle a surpris, à Neuilly, un poste d'infanterie, et, dans le parc de la Maison-Blanche, elle a sabré les Prussiens, dont six ont été tués; elle n'a eu qu'un cheval de blessé.

Une autre reconnaissance, composée d'infanterie et de spahis, a parcouru plus tard les mêmes points; l'ennemi était revenu en forces à Nogent.

Le général Blanchard a fait exécuter une reconnaissance avec un bataillon du 13ᵉ régiment de marche. Elle s'est avancée, par la route de Clamart, jusqu'au parc de Fleury et s'est approchée à environ 700 mètres du château de Meudon; aucun mouvement ne s'est produit dans le château; on n'a vu ni un homme ni un canon sur la terrasse.

Le gouverneur est allé visiter le fort de Charenton, qu'il a trouvé dans les conditions de défense les plus remarquables.

Rien de nouveau sur tous les autres points.

L'irrésolution sera-t-elle un des caractères du gouvernement actuel? On le dirait, à voir le soin qu'il prend à s'enfoncer toujours plus avant dans le pied l'épine des élections municipales. Il a commencé par fixer un jour pour ces élections ; puis il est revenu sur sa décision ; il embrouille encore plus la question par la note suivante qui va servir d'aliment aux récriminations :

L'intention du Gouvernement, souvent manifestée, est toujours de faire procéder, dans le plus bref délai possible, à toutes les élections, et notamment aux élections municipales de Paris. Dans ce but et afin que ces élections aient lieu dans les conditions de régularité indispensables, il importe de dresser immédiatement les listes électorales complémentaires et de préparer les cartes d'électeurs. On sait qu'un très grand nombre de citoyens ont été, sous le régime déchu, omis des listes où ils avaient droit de figurer. C'est pourquoi les articles 1er du décret du 14 septembre et 3 du décret du 18 septembre ont prescrit la formation des listes complémentaires.

En conséquence, les citoyens sont invités à présenter leurs réclamations aux mairies.

Les mairies de Paris et les mairies provisoires des communes rurales, dont les populations sont rentrées à Paris, recevront ces réclamations et y statueront, sauf le recours ordinaire devant le juge de paix. Des mesures sont prises pour que les justices de paix des cantons ruraux soient installées à proximité des mairies provisoires.

Les réclamations seront reçues jusqu'au jour qui sera indiqué dans le nouveau décret de convocation des électeurs.

On a quelque raison dans le public de soupçonner que ces tergiversations trahissent des dissentiments parmi les hommes qui sont au pouvoir. Les uns, républicains sincères, désirent marcher à l'unisson de l'opinion publique; les autres, modérés, hésitants, ont peur d'aller trop vite, comme si l'on pouvait trop se hâter de délivrer Paris et de sauver la France! On murmure, et l'on ne tardera pas à crier que M. Ernest Picard, ministre des finances, jette, comme on dit vulgairement, des bâtons dans les roues. M. Picard ne se présenterait jamais à l'Hôtel de Ville, sans un seau d'eau qu'il dissimule derrière son fauteuil, et qu'il verse à propos sur les motions qui lui paraissent trop ardentes. Beaucoup de gens, d'ailleurs, se font honneur de remplir le seau de M. Picard, à commencer par les bonapartistes.

Le général Trochu adresse les deux proclamations suivantes à la population parisienne :

La ville de Paris tout entière sous les armes offre au pays le grand exemple d'une population que rien n'a pu entrainer au désordre. Mais l'esprit public qui a déjoué, sous ce rapport, l'espoir de l'ennemi, paraît céder à une fièvre de défiance qui a ses périls.

Devant de vaines apparences, et sous les prétextes les plus futiles, de véritables violations de domicile ont eu lieu et des sévices ont été exercés contre les personnes. Il est même arrivé que le drapeau de nations amies, notoirement sympathiques à la République française, n'a pu suffire à faire respecter les demeures qu'il protégeait, et que les officiers de la garde nationale ont méconnu leur devoir au point de compter parmi les fauteurs de désordre.

J'ordonne qu'une enquête soit ouverte à ce sujet, et je prescris l'arrestation des personnes qui seront reconnues coupables de ces graves abus Le service de vigilance est organisé de manière à rendre vaines les intelligences que l'ennemi voudrait entretenir dans la place, et je rappelle à tous, qu'en dehors des cas prévus par la loi, le domicile des citoyens est inviolable

De tels actes troublent la paix publique, atteignent tous les principes de justice et de droit, et sont contraires aux plus chers intérêts, comme à la dignité des défenseurs de Paris.

Paris, le 28 septembre 1870.
Le gouverneur de Paris,
Général Trochu.

Cette fièvre d'arrestation n'a pas épargné le préfet de police en personne. M. de Kératry a été bel et bien conduit au poste, où il a passé trois quarts d'heure avant de pouvoir constater son identité. Cette formalité remplie, il a recouvré sa liberté, non sans adresser des félicitations aux gardes nationaux, pour l'ardeur de leur zèle.

La seconde proclamation du gouverneur de Paris roule sur des faits autrement graves :

Il est de notoriété publique que des hommes, des femmes, des enfants, franchissent à toute heure les avant-postes au-delà des forts.

Beaucoup de ces individus se livrent, dans l'extrême banlieue, à la dévastation des maisons abandonnées.

D'autres pénètrent jusque dans les camps ennemis, où ils sont accueillis et où ils entretiennent des relations criminelles.

Pour mettre un terme à de si graves désordres, les

commandants des troupes ne laisseront franchir les lignes avancées qu'aux personnes munies d'un laissez-passer émanant du gouverneur de Paris ou du général chef d'état-major général.

Tout individu qui chercherait à se soustraire à l'exécution du présent ordre sera saisi, conduit à l'autorité militaire et déféré par elle à la cour martiale.

Si, malgré les injonctions qui lui auraient été faites, il cherchait à fuir, les sentinelles de l'avancée feraient feu sur lui.

En assurant l'accomplissement rigoureux de ces prescriptions, les commandants des avant-postes ne perdront pas de vue qu'ils doivent protection aux courriers des agents diplomatiques et à toutes personnes munies d'un laissez-passer régulier.

Les Italiens sont entrés à Rome, enfin! Il n'y a eu que quelques coups de fusil échangés.

La nouvelle livraison des papiers de la correspondance impériale nous apprend que M. Granier de Cassagnac touchait 160,000 fr. par an pour insulter les honnêtes gens.

Il passe pour n'avoir pas volé son argent.

DOUZIÈME JOURNÉE

29 septembre, soir.

RAPPORT MILITAIRE

Ce matin, plusieurs reconnaissances ont été très vigoureusement poussées par les francs-tireurs, l'une par les chasseurs de Neuilly, en avant de nos positions de Villejuif, l'autre par les francs-tireurs des Lilas, vers Drancy. Cette dernière a surpris les avant-postes de l'ennemi et lui a tué trois hommes.

Vers le milieu du jour, le général de Bellemare a fait lancer quelques obus sur les travaux qu'exécutait l'ennemi vers Stains, Garges, et, plus à l'est, vers Orgemont et Saint-Gratien.

La redoute des Hautes-Bruyères a canonné un long convoi ennemi entre Chevilly et L'Hay.

En avant du fort de Nogent, à environ 3,000 mètres de l'avancée, trois obus ont forcé à une retraite précipitée un parti ennemi.

—

Saint-Denis, 29 septembre, 6 h. du soir.

Le général commandant supérieur au gouverneur de Paris.

Quelques coups de canon tirés du fort de l'Est et de la Double-Couronne ont fait déloger l'ennemi du moulin de Bomaincourt et du château de Stains, et ont incendié le Bourget.

Les travailleurs ont continué à hauteur de Dugny, à droite et à gauche. Demain, je les ferai canonner par des pièces qui seront mises en batterie cette nuit en bonne position. Quelques mouvements de cavalerie entre Garges et Dugny.

—

Hier, le capitaine de vaisseau Thomasset, commandant la flottille des canonnières de la Seine, a fait appuyer par une batterie et deux chaloupes-vedettes les troupes du général Blanchard, chargées de déboiser l'île de Billancourt.

Nos tirailleurs ont échangé une vive fusillade avec les Prussiens établis dans les jardins de l'orphelinat du Bas-Meudon. La batterie n° 3, capitaine Chopart, a lancé quelques obus qui ont promptement fait taire le feu de l'ennemi.

Nous avons eu deux hommes blessés légèrement. La batterie n° 1, capitaine Rocomaure, a lancé deux obus sur les ouvrages que l'ennemi cherche à établir sur les hauteurs de Sèvres.

Le général chef d'état-major a visité ce matin le fort d'Ivry et les positions du moulin Saquet, de Villejuif et des Hautes-Bruyères ; sur tous ces points la défense est dans les meilleures conditions.

Calme complet autour de Paris.

—

Ingénieur, tour Solférino, au gouverneur de Paris.

Engagement très vif de mousqueterie en avant de Saint-Denis. Le brouillard empêche de distinguer le point où a lieu l'action.

Allons-nous laisser les Prussiens s'installer tranquillement à nos portes, ouvrir des tranchées, se fortifier dans les bois et placer des batteries à notre barbe, sans que nous songions à les inquiéter ? N'est-ce pas assez de leur avoir laissé toute liberté d'occuper les hauteurs qui dominent Paris, et souffrira-t-on qu'ils transforment tous ces points en autant de forteresses redoutables ?

Les soldats, les mobiles, les gardes nationaux ne demandent qu'à marcher. On dit généralement qu'il vaudrait mieux les utiliser à harceler l'ennemi que de les laisser se morfondre sur les remparts dans le sentiment de leur inutilité.

Ne serait-il pas bon, dit-on partout, de s'assurer des points faibles de l'investissement, de tâter l'ennemi, de couper les communications entre les assiégeants, d'écraser les corps isolés ?

Le général Trochu n'a pas l'air d'entendre les voix qui le pressent d'agir.

TREIZIÈME JOURNÉE

30 septembre.

Combat de Chevilly. — Ce matin, Paris se réveille au bruit d'une violente canonnade vers le sud. Enfin ! avons-nous pris l'offensive ? Une foule énorme se porte sur les hauteurs de Montmartre d'où l'on entend très distinctement les détonations sourdes du canon, mais un brouillard épais rend tout à fait impossible la vue du champ de bataille. Le combat a lieu à l'extrémité opposée de Paris.

Foule immense et fiévreuse à la porte d'Orléans, où commence le navrant défilé des blessés. On se découvre avec une profonde émotion devant les soldats couchés dans les voitures d'ambulance. Quelques-uns de ces braves essaient de sourire et de relever la tête, et saluent de la main.

Tout va bien, disent-ils, s'oubliant eux-mêmes pour ne songer qu'à la patrie.

Voici le rapport officiel :

Le chef d'état-major général au gouverneur de Paris.

A la suite de l'occupation, par la division de Maud'huy, des positions voisines de Villejuif, l'ennemi était resté maitre des villages de l'Hay, Chevilly, Thiais et Choisy-le-Roi, protégeant ainsi sa ligne de communication sur Versailles.

Depuis quelques jours on lui voyait faire sur cette ligne des travaux de terrassement et créneler les villages. Il fut alors décidé par le gouverneur qu'une action combinée sur les deux rives de la Seine, serait tentée pour reconnaitre exactement les forces établies dans ces positions.

Dans ce but, pendant la nuit dernière, nos troupes, aux ordres du général Vinoy, se massèrent vers les forts d'Ivry, de Bicêtre et de Montrouge, en arrière de nos postes avancés. Sorties de leurs lignes à la pointe du jour, nos troupes furent accueillies immédiatement par un feu très vif de mousqueterie et de canon, auquel elles répondirent avec énergie. Bientôt l'engagement devint général sur tout le plateau de Villejuif, et ne dura pas moins de trois heures. Pendant que les troupes aux ordres du général Guilhem (35ᵉ et 45ᵉ) refoulaient avec une rare vigueur l'ennemi hors de Chevilly, la tête de colonne du général Blaise (division de Maud'huy) pénétrait dans le village de Thiais et s'emparait d'une batterie de position, qui n'a pu être enlevée faute d'attelages. Mais à ce moment l'ennemi appelait à lui les masses concentrées à sa portée, qui ne s'élevaient pas à moins de 30,000 hommes.

Le général Vinoy, jugeant avec raison que l'entreprise ne devait pas être poussée plus loin, ordonna la retraite. Elle s'est effectuée sous le feu, avec un calme qui a été fort remarqué et qui fait le plus grand honneur aux troupes.

L'artillerie, toujours solide, a, par la précision de son tir, efficacement appuyé les mouvements; enfin, les jeunes bataillons de gardes mobiles, à l'exemple de l'infanterie de ligne, ont eu, de leur côté, la plus ferme contenance.

Nos pertes, non encore évaluées, ont été considérables pour les brigades qui ont directement attaqué les positions fortifiées de l'ennemi.

Nous avons à regretter la mort du général Guilhem, vaillant officier qui a bien mérité du pays.

Le général d'Exéa, qui a marché à l'extrême gauche sur Créteil, avec une seule brigade, bien que très vivement engagé, paraît n'avoir eu qu'une trentaine d'hommes hors de combat.

Cet officier général se loue également beaucoup de l'attitude de ses troupes; le feu de ses mitrailleuses a éprouvé l'ennemi, qui a fait là, comme sur le plateau de Villejuif, des pertes importantes.

L'intendance militaire et les services dont elle dispose, la Société internationale de secours aux blessés, avec un matériel et un personnel considérables, ont rempli leurs missions avec dévouement.

En résumé, les combats du 30 septembre ont montré à nos soldats ce qu'ils valent, à leurs chefs ce qu'ils peuvent attendre d'eux. Et cette journée honore les efforts de la défense.

Le gouverneur de Paris,
P. O. Le général chef d'état-major.
Schmitz.

Oui, bonne journée pour les soldats, pour la garde mobile, pour les 35ᵉ et 42ᵉ de ligne, dont l'intrépidité a été au-dessus de tout éloge; mais mauvaise journée pour les généraux qui courent à des retraites certaines, faute de lancer des forces suffisantes et manquent d'attelages pour emmener les canons pris à l'ennemi.

L'opération a réussi, mais elle a coûté cher.

L'artillerie a manqué pour attaquer les redoutes de l'Hay et de Thiais.

L'agitation causée dans certains quartiers de Paris par l'ajournement des élections municipales se manifeste dans les journaux et les clubs. Quelques feuilles radicales proposent de passer outre sur le décret d'ajournement et de procéder aux élections les 2 et 3 octobre; au dernier moment, elles se ravisent : le *Réveil* demande « un nouveau crédit pour le Gouvernement, » dans l'espoir qu'il activera la publication des listes supplémentaires et ne fera pas attendre la convocation des électeurs.

Dans les clubs, le Gouvernement trouve des adversaires véhéments et de chauds défenseurs. Au club des Folies-Bergère, un orateur est très applaudi en rappelant tout ce que le Gouvernement a fait depuis trois semaines.

Un autre demande qu'il soit formé une armée de deux cent mille gardes nationaux volontaires qui, disséminés par vingt mille hommes, feront une trouée. (Le bruit couvre sa voix.)

Le trop fameux Delesvaux, président de la 6ᵉ chambre, s'est donné la mort, et tout le monde de dire que c'est la première fois qu'il a rendu la justice. Le *Siècle* cite, à propos de cette mort, une lettre curieuse pour l'histoire morale de la magistrature sous le second empire. Elle est d'un magistrat qui demande la croix d'honneur à un personnage haut placé :

« Je pourrais invoquer, en sollicitant cette distinction, mes titres de magistrat. Je n'en parlerai pas. Mais, à son passage dans notre ville, S. A. le prince impérial a laissé tomber sur moi un regard.

« Ce regard, empreint d'une si gracieuse bienveillance, voilà mon seul titre, je n'en veux pas d'autre !... »

La direction de l'assistance publique est supprimée.

Taxe de la viande, ce treizième jour de siége, jusqu'au 6 octobre :

Viande de bœuf.

1re catégorie. — Tende de tranche, culotte, gîte à la noix, tranche grasse, aloyau : 2 fr. 10 c. le kil.

2e catégorie. — Paleron, côtes, talon de collier, bavette d'aloyau, rognons de graisse : 1 fr. 70 le kil.

3e catégorie. — Collier, pis, gites, plats de côtes, surlonges, joues : 1 fr. 30 le kil.

Le filet et le faux filet détachés, ainsi que le rognon de chair, sont taxés à 3 fr. le kil.

Viande de mouton.

1re catégorie. — Gigots, carrés : 1 fr. 80 le kil.

2e catégorie. — Épaules : 1 fr. 30 le kil.

3e catégorie. — Poitrine, collet, débris de côtelettes : 1 fr. 10 le kil.

Art. 2. Les différentes espèces et catégories de viande exposées en vente seront indiquées par des écriteaux.

Viande de porc.

Viande fraîche de porc : 2 fr. 30 le kil.

Lard de poitrine : 2 fr. 50 le kil.

Petit salé : 1 fr. 80 le kil.

Les viandes travaillées par les charcutiers ne sont pas soumises à la taxe.

QUATORZIÈME JOURNÉE

1ᵉʳ octobre.

RAPPORT MILITAIRE

Aujourd'hui, il n'y a pas eu d'hostilités en avant de nos positions de Villejuif. Ce matin, le général chef d'état-major général s'est présenté en parlementaire au village de l'Hay, pour régler les conditions de la convention à intervenir pour la remise des blessés et l'enterrement des morts. Il n'a pu obtenir une entrevue avec un général quelconque, et il reste convaincu que les Prussiens avaient à cacher une évacuation considérable de leurs blessés sur ce point. Il lui a été répondu à plusieurs reprises que, par ordre du roi, on ne pouvait plus parlementer que sur la route de Créteil.

Le corps du général Guilhem a été remis à la Société internationale des secours aux blessés, et les derniers honneurs lui ont été rendus hier par l'ennemi avec une grande solennité; son cercueil était recouvert de branchages et de fleurs au moment où les membres de cette Société l'ont reçu.

En avant de nos forts du nord-est, il y a eu plusieurs reconnaissances poussées très brillamment, de Noisy sur Bondy, par quatre compagnies des 3ᵉ et 4ᵉ bataillons des éclaireurs de la Seine (commandant Poulizac), et de Romainville sur Drancy et le chemin de fer de Soissons, par les francs-tireurs des Lilas (commandant Anquetil). La première de ces reconnaissances a dépassé Bondy, et s'est avancée vers la maison Blanche, forçant ainsi l'ennemi à découvrir, en ce point, une batterie de quatre pièces, qui a lancé sur elle cinq ou six obus ; l'infanterie ennemie s'était retranchée fortement dans les maisons environnantes, et une attaque prolongée aurait pu être payée chèrement sans grand résultat. La retraite s'est faite en bon ordre ; nous n'avons eu qu'un blessé ; l'ennemi doit avoir perdu une quinzaine d'hommes.

La reconnaissance des francs-tireurs des Lilas a traversé Bobigny et enlevé Drancy sous le feu des tirailleurs. Le sous lieutenant Lebesley a été, en ce moment, atteint à l'épaule. Au-delà de Drancy, l'ennemi a été poursuivi jusqu'à la ligne du chemin de fer, où il s'est retranché dans une maison de garde ; des forces sérieuses se montrant du côté du Bourget et d'Aunay, le commandant Anquetil fit replier sa troupe, rapportant des casques, fusils et revolvers abandonnés sur le terrain ; de ce côté l'ennemi a perdu une dizaine d'hommes.

Hier, pendant le combat de Chevilly, la brigade Susbielle, sous les ordres du général Blanchard, a fait, en avant d'Issy et sur le Bas-Meudon, une brillante reconnaissance qui a duré cinq heures et demie.

Nos troupes ont rencontré trois régiments de la garde prussienne fortement soutenus, qui ont été forcés de se replier, laissant sur le terrain nombre d'armes et de casques.

Un bataillon de la Côte-d'Or a pris part à l'action ; son attitude a été très bonne ; il a eu une quarantaine d'hommes hors de combat, dont huit officiers. La flottille du commandant Thomasset a soutenu cette opération de la manière la plus efficace en couvrant de ses obus les positions de l'ennemi.

Le gouverneur a été visiter les troupes du 13e corps qui ont pris part aux combats d'hier ; il a été extrêmement satisfait de leur contenance résolue et de leur excellent esprit.

Le général Trochu adresse l'ordre du jour suivant aux troupes du 13ᵉ corps :

Dans la journée d'hier, le 13ᵉ corps s'est hautement honoré devant le pays, qui lui en témoigne, par moi, toute sa gratitude, et hautement honoré devant l'ennemi qui ne dissimule pas l'impression que lui a faite la vaillance des troupes.

Elles ont eu de la vigueur dans l'attaque de positions préparées de longue main pour la défense ; elles ont eu le calme et l'aplomb dans la retraite.

Soldats !

Nous sommes engagés dans une lutte suprême où vous n'êtes plus les appuis d'une politique que la France a répudiée. La Prusse avait solennellement déclaré qu'elle ne prenait les armes que pour combattre cette politique. Mais elle a depuis longtemps levé le masque. C'est l'honneur de la nation qu'elle veut humilier, et son existence même qu'elle veut détruire.

Vous l'avez compris. La grandeur de votre mission vous apparait. Vous venez de vous montrer, et vous vous montrerez jusqu'au terme de nos efforts communs, dans l'esprit de dévouement et de sacrifices, les dignes soldats de la nation.

À Paris, le 1ᵉʳ octobre 1870.

Le gouverneur de Paris,

Général TROCHU.

Un rapport du ministre de la guerre constate qu'à cette heure 288 bataillons de gardes nationales sédentaires de Paris sont armés de fusils de divers modèles répartis comme suit :

Fusils transformés au chargement par la culasse (dits à tabatière)............................	95.000
Fusils à percussion rayés............................	120.000
Fusils à percussion à canon lisse..................	55.000
Carabines, armes anglaises, de divers modèles.	10.000
	280.000

Le total des armes distribuées à Paris s'élève à près de 406.000, savoir :

Garde nationale de la Seine......................	280.000
Corps francs, bataill. isol., francs-tireurs, etc.	20.000
Garde nationale mobile.............................	90.000
	390.000

Ce chiffre est encore au-dessous de la vérité, car il ne tient pas compte de toutes les armes délivrées aux corps de l'armée régulière.

Le Gouvernement de la défense nationale décrète que les objets engagés au Mont-de-Piété, depuis le 19 juillet 1870, consistant en vêtements, sommiers, couvertures, pour un prêt n'excédant pas 15 fr., seront rendus aux déposants.

La campagne en faveur des élections municipales continue avec acharnement et menace de dégénérer en tempête. Les tergiversations du gouvernement indisposent les partisans de la Commune, d'autant plus impérieux dans leurs réclamations que les gouvernants de l'Hôtel de Ville paraissent moins prêter l'oreille à leurs désirs. La question s'envenime, et l'on est déjà arrivé à ce point que les adversaires du Gouvernement ne voient de salut que dans la Commune ; dans le camp opposé, la Commune est considérée comme une substitution pure et simple de quelques individualités bruyantes aux hommes acclamés le 4 septembre ; pour ceux-ci, la Commune signifie désorganisation de l'œuvre laborieuse accomplie depuis la révolution.

On s'injurie, on s'irrite, l'entente ne sera bientôt plus possible. Il faut bien le reconnaître, le Gouvernement a eu grand tort de s'exposer au reproche de manquer de franchise par ses atermoiements. Toutefois, dans les termes où la question est posée par ses adversaires, l'immense majorité de Paris est décidée à l'appuyer, sans fermer les yeux sur ses torts.

Quelle triste nouvelle se répand ce soir ! Le bruit court que Strasbourg a capitulé, étant à bout de vivres et de munitions.

QUINZIÈME JOURNÉE

2 octobre.

Hélas ! la douloureuse nouvelle était fondée. Strasbourg a capitulé après une résistance héroïque de deux mois, et Toul, comme la noble cité de l'Alsace, est au pouvoir des Prussiens. O patrie ! vois avec une fermeté digne de ton grand nom ces deux nouveaux coups de la fortune !

Paris est plongé dans le deuil; on se rencontre, on se serre la main; on dépose en pleurant au pied de la statue de Strasbourg des couronnes d'immortelles, et l'on jure, à la face du ciel, d'imiter l'exemple des deux villes qui ont conservé intact l'honneur de la France, au milieu de tant de désastres.

Hommes et femmes, groupés dans une douloureuse émotion à tous les coins de rue, lisent la proclamation du ministre de l'intérieur sur ce douloureux événement :

Citoyens,

Le Gouvernement vous doit la vérité sans détours, sans commentaires.

Les coups redoublés de la mauvaise fortune ne peuvent plus déconcerter vos esprits ni abattre vos courages.

Vous attendez la France; mais vous ne comptez que sur vous-mêmes.

Prêts à tout, vous pouvez tout apprendre. Toul et Strasbourg viennent de succomber.

Cinquante jours durant, ces deux héroïques cités ont essuyé avec la plus mâle constance une véritable pluie de boulets et d'obus.

Épuisées de munitions et de vivres, elles défiaient encore l'ennemi.

Elles n'ont capitulé qu'après avoir vu leurs murailles abattues crouler sous le feu des assaillants.

Elles ont, en tombant, jeté un regard vers Paris pour affirmer une fois de plus l'unité et l'intégrité de la patrie.

l'indivisibilité de la République, et nous léguer, avec le devoir de les délivrer, l'honneur de les venger !

Vive la France ! Vive la République !

Léon Gambetta.

La capitulation des deux glorieuses cités était prévue ; elle n'en est pas moins un deuil cruel pour toute âme française, un malheur de plus parmi les malheurs de la patrie.

Chez les Gaulois, quand un brave tombait au champ d'honneur, ses frères se penchaient sur sa dépouille et juraient de le venger.

Inclinons-nous sur la glorieuse poussière de Strasbourg et de Toul, et jurons de les venger ou de mourir.

Le monde nous croit un peuple d'histrions, montrons lui que nous sommes un peuple de braves !

Allons, Paris, debout ! ton tour est venu, debout !

Aux acclamations universelles, le gouvernement décrète que Strasbourg a bien mérité de la patrie, et voulant tout à la fois perpétuer le souvenir du glorieux dévouement de cette ville et des villes de l'Est à l'indivisibilité de la République et des généreux sentiments du peuple de Paris, il décide que la statue de Strasbourg, qui se trouve actuellement sur la place de la Concorde, sera coulée en bronze et maintenue sur le même emplacement, avec inscription commémorative des hauts faits de la résistance des départements de l'Est.

M. Thiers est à Saint-Pétersbourg. « Nous croyons, dit le *Journal officiel*, qu'il y trouvera l'opinion publique très émue en faveur de la France. Même à la cour de l'empereur on juge avec sévérité l'obstination de la Prusse, et l'on se prononce de plus en plus pour le maintien absolu de l'intégrité de notre territoire. » Ce sentiment est aussi celui du public, mais sur quoi se fonde-t-il ? C'est ce qu'on oublie de nous dire.

SEIZIÈME JOURNÉE

3 octobre.

Singulier débat, dans un pays écrasé par un ennemi en possession d'une puissante artillerie, et dans l'enceinte d'une ville assiégée qui n'a pas, que l'on sache, trop de canons pour se défendre ! Il s'agit de savoir si, oui ou non, l'industrie privée sera admise à fondre des pièces, nouveau modèle, se chargeant par la culasse. Toute la presse, tous les hommes de bon sens, tous les patriotes crient par dessus les toits : Oui, fabriquons des canons ; oui, il est nécessaire d'avoir une formidable artillerie ; oui, les canons se chargeant par la culasse sont supérieurs aux autres ; oui, il faut se hâter, se hâter jour et nuit, car le temps presse et l'ennemi est à nos portes.

— Non, répondent certains routiniers saupoudrés

de la poussière des vieux cartons entassés dans les vieilles armoires des vieux comités. Cela paraît un conte et cela est pourtant. Il existe, dit-on, quelque part, un antique comité, dit comité d'artillerie, lequel a décidé, un jour, que le système des canons se chargeant par la culasse est mauvais, par conséquent condamnable; et il l'a condamné. On ose espérer, moins encore pour l'honneur du comité d'artillerie que pour le salut de Paris, que la condamnation n'est pas irrévocable; on veut bien croire que l'amour-propre cèdera le pas à l'amour de la patrie. Mais la routine a l'oreille si dure! Heureusement, M. Dorian, ministre des travaux publics, brûle la politesse à la routine.

Journée dénuée d'intérêt au point de vue militaire : deux reconnaissances sur Argenteuil et Bondy; quelques coups de feu; cinq ou six ennemis tués et blessés.

Une commission est instituée par M. Etienne Arago, maire de Paris, pour l'étude des questions qui se rattachent à l'enseignement communal à tous les degrés dans la capitale.

La mortalité qui, la semaine dernière, était de 1,272 décès, arrive cette semaine à 1,344. La variole et la fièvre typhoïde ont donné cet accroissement dans le nombre des morts.

DIX-SEPTIÈME JOURNÉE

4 octobre.

C'est un curieux et rassurant spectacle celui qu'offrent au promeneur les fortifications, couvertes d'une nuée d'ouvriers, avec leurs travaux qui s'élèvent, et ce mouvement extraordinaire de chariots allant et venant, chargés de terre, de planches, d'affûts et de canons. Quelle immense activité dans cette ruche humaine menacée de tous les côtés! Les abords des remparts se sont dégarnis de constructions; la hache frappe les arbres qui gêneraient le tir des bastions, et l'on voit commencer autour de la grande ville la morne solitude et les ruines inévitables de la guerre.

Si l'on jette un regard sur ces villages hier encore animés et bruyants, sur ces routes sillonnées de voitures, sur ces campagnes qui sont autant d'utiles jardins pour Paris, on est saisi d'une profonde tristesse. Çà et là de rares passants, des pauvres gens qui ramassent en toute hâte les derniers débris de leurs cultures, des maraudeurs poussant vers Paris des voitures à bras chargées de légumes, des émigrants amenant le reste de leur mobilier. Sur toutes ces riantes collines, dans tous ces bois charmants, échos accoutumés de la gaîté parisienne, le Prussien est aux aguets comme une bête fauve. Meudon, Saint-Cloud, Argenteuil, Montfermeil, Ville-Évrard, autant de nids à bombes. Des profondeurs de ces beaux ombrages, l'ennemi convoite cette grande « Babylone » dont il aperçoit les dômes et les flèches. Mais il y a plus loin qu'il ne pense de la pointe de son casque aux tours de Notre-Dame.

Paris n'est pas cependant sans inquiétude quand il jette ses regards sur le reste de la France et cherche à deviner ce qui se passe là-bas, au-delà des lignes prussiennes. Les nouvelles de la province manquent et, comme toujours, des fabricants de fausses rumeurs hasardent, au milieu de ce fâcheux silence, les récits les plus aventurés. Le bruit court que le général de Polhès, battu par les Prussiens dans sa marche sur Paris, aurait perdu sept mille hommes. Ce n'est qu'un bruit, qui vient on ne sait d'où et repose on ne sait sur quoi. Le Gouvernement, invité à dire ce qu'il sait de la province, répond ce matin, dans le *Journal officiel*, qu'il n'a reçu aucune nouvelle, et il engage la population à se mettre en garde contre des rumeurs dont on ignore la source. Il sait que les généraux qui opèrent au midi de la Loire et dans l'Ouest ont déjà rassemblé « des forces respectables. » Il est heureux de l'ardeur témoignée par la garde nationale. « Ayons confiance, dit-il, restons unis, et nous abrégerons ainsi la durée d'une épreuve que la vaillance de Paris, celle des départements, auront bientôt fait tourner à la confusion de nos ennemis. »

Ce sont là de bonnes paroles ; mais les Prussiens n'en continuent pas moins à dresser leurs batteries, et on ne voit pas qu'il soit fait de grands efforts pour les en empêcher.

Le rapport militaire ne contient rien de sérieux.

4 octobre, 7 h. du soir.

Le général Ducrot fait savoir qu'il s'est produit des mouvements de troupes ennemies en avant de ses lignes ; les Prussiens qui étaient à la Malmaison ont été remplacés par des Wurtembergeois. Pareil fait a été signalé, à la suite du combat du 30 septembre, vers Sèvres, Châtillon et le plateau de Villejuif.

Ce matin, une reconnaissance faite en avant du fort de Nogent, par trois compagnies du bataillon de la Drôme et un peloton de spahis, s'est heurtée, presque à la sortie du village de Neuilly-sur-Marne, contre des avant-postes prussiens, qui se sont repliés vivement sur un petit bois où cinq cents hommes environ étaient embusqués. Accueillis à une petite distance par une fusillade très nourrie, mais que le brouillard rendait peu meurtrière, nos spahis ont chargé jusqu'à la lisière du bois et tiré à bout portant : leur décharge a renversé une vingtaine d'hommes ; nous n'avons eu que deux chevaux tués et un blessé ; nos cavaliers, en se repliant sur l'infanterie, n'ont pas été poursuivis.

Nos forts du sud ont lancé quelques obus sur les travailleurs et les colonnes de marche de l'ennemi.

Rien de nouveau sur tous les autres points.

L'absence de nouvelles de la province jette, ai-je dit, une certaine anxiété dans Paris. Un autre sujet d'inquiétude est la conviction où l'on est de plus en plus que la délégation de Tours est notoirement insuffisante et incapable d'enflammer les esprits. On parle même d'intrigues bonapartistes dont M. Émile de Girardin, le brouillon légendaire, serait l'agent principal. On accuse MM. Crémieux et Glais-Bizoin de subir l'influence d'un groupe d'anciens députés, tels que MM. Daru et Talhouet. M. Gambetta est pressé par les journaux républicains de s'en aller en province.

Un aperçu du prix des denrées aux halles centrales :
Les brochets passables valent de 7 à 14 fr. la pièce.
Les barbillons moyens montent de 4 à 7 fr.
Les anguilles belles de 12 à 15 fr.
Les tanches petites, 1 fr.
Le goujon vaut de 1 fr. 50 à 3 fr. l'assiettée, et le poisson blanc 20 centimes la pièce.
Le beurre frais est à 5 fr. la livre, mais en très petite quantité. Le salé se tient à 3 fr. 50 et 3 fr. 75 c.
Les beaux légumes sont aussi en hausse :
Le chou-fleur varie de 75 c. à 1 fr. 20 c.
Le haricot vert très fin 1 fr. 50 et 1 fr. 25 c.
Le haricot flageolet, 2 fr. le litre.
Le pois vert, assez rare, 2 fr. 50 le litre, assez fin.
Les beaux choux, 1 fr. 20 c. et 1 fr. 50 c.
Les oies de 16 à 24 fr.
Les dindons 15 fr.
Le lapin de 6 à 8 francs.

DIX-HUITIÈME JOURNÉE

5 octobre.

La question de la *Commune* se complique. Dans diverses réunions tenues à Belleville, il avait été décidé que les bataillons du quartier se rendraient *en armes* sur la place de l'Hôtel-de-Ville pour soumettre plusieurs questions au gouvernement.

En conséquence, cinq bataillons sont venus aujourd'hui au lieu désigné, sous la conduite du major Flourens, musique en tête. Flourens, accompagné des capitaines, demande à être introduit auprès des membres du Gouvernement. La députation est reçue par MM. Trochu, Dorian, Jules Ferry, Garnier-Pagès, Pelletan, Etienne Arago, maire de Paris, et ses adjoints :

FLOURENS. — Messieurs, vous qui avez en ce moment la défense de l'humanité, nous venons avec des citoyens qui n'ont point hésité à quitter leurs travaux pour venir avec ordre et avec calme vous demander de passer en revue ces défenseurs de la patrie.

Mais il importe de bien nous concerter et de bien nous entendre, afin que nous ne soyons pas sans vêtements et sans armes convenables devant un ennemi redoutable. Nous nous demandons si une population vaillante comme la nôtre peut rester ainsi inactive et menacée de la famine sans essayer la moindre action sur l'ennemi.

Il est aussi un point important, c'est la pensée qu'on pourrait voir à tort qu'on a réservé à la garde nationale les plus mauvaises armes, comme si on avait à son égard une sorte de méfiance. Il faut donc qu'on nous délivre des chassepots qui sont restés entre les mains du ministre de la guerre, et nous en ferons un bon, courageux et loyal usage.

Il faut aussi bien nous comprendre ; nous sommes les représentants d'un quartier qui, dans toute autre ville, serait une masse considérable ; nous sommes donc un parti, en présence des ministres qui nous semblent ne pas vouloir discuter la levée en masse.

Vous êtes sans doute les représentants du peuple de Paris ; vous avez aidé à renverser l'empire, mais il n'est pas de forces qui ne s'usent, si elles ne sont pas utilisées ; le vœu unanime est donc que l'on procède immédiatement et séance tenante aux élections municipales, qui seules peuvent éviter les désordres résultant des subsistances et du rationnement indispensable.

Il faut aussi faire la guerre à tous les trônes, à toutes les monarchies et accepter le concours du grand citoyen Garibaldi.

On s'inquiète aussi de voir dans les administrations des hommes connus par leurs antécédents monarchiques et qui dissimulent mal leurs efforts réactionnaires.

Nous voulons marcher en avant, mais nous voulons assurer et être sûrs que derrière nous nous n'avons pas d'ennemis. Voilà des questions qui exigent une réponse nette et immédiate.

Si maintenant nous examinons la question militaire, nous voyons, malgré la vaillance de notre armée, la vieille tactique coutumière nous entraîner de défaite en défaite. Il faut donc former des colonnes d'attaque formidables pour arriver à jeter trois hommes contre un. Voilà ce qui relèvera le moral de la France encore endormie.

Il faut absolument rouvrir nos communications, accabler l'ennemi et affaiblir son moral par nos attaques.

Voilà ce que nous vous soumettons, non pas seulement au nom de la garde nationale de Belleville, mais au nom de la garde nationale tout entière, car la place de l'Hôtel-de-Ville n'aurait pu suffire à contenir tous ceux qui pensent comme nous.

M. LE GÉNÉRAL TROCHU. — Je suis un vieil officier qui peut être le doyen de beaucoup d'entre vous. Personne donc mieux que moi ne peut apprécier les sentiments exprimés et que je demande à faire ressortir sous un jour un peu différent.

Ce matin le canon a grondé autour de Paris; j'allais me rendre à mon devoir, lorsque j'ai été averti de la manifestation des citoyens de Belleville; j'ai été partagé entre mon devoir de gouvernant et mon devoir de soldat; je ne sais donc pas ce qui se passe en ce moment, ce qui est excessivement grave.

Si dans un accès de hardiesse contenue jusqu'ici on nous attaque... (Nous n'acceptons pas ces reproches ! — Bruit.)

M. FLOURENS demande à dire quelques mots.

M. LE GÉNÉRAL TROCHU. — Je ne vous fais point de reproche, vous n'avez donc point à vous excuser; mais je demande à parler librement et franchement comme républicain; l'ennemi est venu ici, comptant sur des émeutes; il y comptait si bien qu'il n'a pas mis un seul canon de siège en batterie. Si donc votre démarche était prise à tort comme un signe de division, il en pourrait tirer un parti considérable, et j'en frémis.

Il est, en effet, une chose sur laquelle nous devons être tous d'accord; c'est de montrer qu'il n'existe pas en ce moment une pensée de divergence, ou mieux une nuance entre nous.

Quant aux questions d'ordre extra-militaire, je ne puis les aborder, car une réunion de mon état-major devait avoir lieu aujourd'hui à midi, et je n'ai pas autorité pour vous répondre.

En ce qui concerne la question des armes, on a accusé le Gouvernement. Eh bien ! nous avions 200,000 fusils, nous avons porté ce chiffre à 400,000. Le plus clair des réserves en armes étaient dirigées vers l'armée du Rhin, et ces armes ne pouvaient être ressaisies. Donc nous avons distribué toutes nos armes ; il nous reste 10,000 fusils chassepots ; il en faudrait 20,000 pour représenter les remplacements et pour la classe de 1870.

Quant à vous mener à l'ennemi, messieurs, croyez bien que nous sommes aussi préoccupés que vous-mêmes de vous introduire dans les combats qui ont été assez heureux jusqu'ici pour interdire toute offensive, et c'est là un résultat inappréciable !

Mais il faut avant assurer l'équipement et l'unité d'armement pour éviter les dangers devant l'ennemi. Il faut que les conditions de combat soient, je ne dirai pas égales, mais pas trop inégales.

Avec un armement insuffisant, des armes inférieures, c'est se vouer à la mort que de tenter l'engagement. Nous avons toujours eu devant nous des masses profondes, armées de canons : un par 1,000 hommes. C'est-à-dire que leurs forces d'artillerie sont aux nôtres comme un 10, un 15 et peut-être un 20 à 1.

Voyez ce qui est arrivé. J'ai mis en avant de petits groupes, et j'ai toujours éprouvé des pertes sensibles. Je vous parle de tout cela avec une entière liberté d'esprit, parce que j'ai le sentiment que je porte des responsabilités sérieuses devant vous, devant la France, et je les accepte ; mais le jour où nous serons sortis de ce drame terrible, je rentrerai dans la foule, heureux d'avoir pu rendre service avec votre concours.

Si les grands problèmes ne sont pas résolus avec la rapidité que vous désirez, c'est que nous voyons peut-être plus nettement l'ensemble des situations, bien que nous partagions toutes vos aspirations, tous vos désirs.

M. LE MAJOR FLOURENS explique que son bataillon n'a pas quitté le rempart où il est de garde et que les hommes venus avec lui n'étaient pas de service.

M. LE GÉNÉRAL TROCHU dit qu'il n'a entendu parler que d'un devoir qui l'appelle ailleurs, lui, et non faire des personnalités à l'égard de M. Flourens.

M. FLOURENS lui propose sa démission.

M. LE GÉNÉRAL TROCHU refuse. Il fait appel à l'union et à la conciliation.

M. FLOURENS insiste pour donner sa démission, « car il y a une différence entre notre manière de voir. »

M. LE GÉNÉRAL TROCHU. — Quelle différence donc existe-t-il? J'ai répondu comme militaire et gouverneur de Paris. Vous demandez à aller à l'ennemi. Eh bien, vous irez. Quant aux armes, je vous ai dit la vérité, et le gouvernement aura à voir s'il doit partager ses quelques chassepots entre la garde nationale et l'armée, sans quoi il y aurait un privilège.

Il insiste de nouveau sur le danger de faire connaître à l'ennemi ces spectacles qui feraient croire à des divisions.

M. LAVAUX, capitaine, signale le danger de laisser faire les Prussiens. Les vivres s'épuisent. Nous avons soixante-trois jours de vivres. Nous ne venons pas faire de la division, nous venons demander nos ressources, nos armements, nos vivres.

M. GARNIER-PAGÈS. — Nous sommes ici pour sauver la France, avec de l'audace, du courage. Vous croyez que chaque jour est perdu; eh bien! chaque jour est un succès, car nous nous perfectionnons. Quant aux armes, nous avons un homme qui est un héros, Dorian : il vous improvise une artillerie qui fera taire celle de l'ennemi.

Nous ne doutons pas de vous, ne doutez pas de nous. Nous agissons, et si nous ne disons rien, c'est que nous ne voulons pas informer l'ennemi de nos moyens et de nos actions.

De l'union, de l'union !

M. FLOURENS. — Pas de paroles, des faits; je dirai à ceux qui m'ont envoyé que vous ne m'avez rien répondu sur les questions militaires, et je m'adresse au citoyen Gambetta pour lui demander sa réponse sur ma question relative aux élections municipales.

M. GAMBETTA. — Voici ma réponse. Les élections étaient pour le 28; vous savez par suite de quelles circonstances on a dû les retarder. On prépare les listes, mais elles sont ajournées et demeurent ajournées. Ces questions sont de gouvernement et elles se résolvent sous la responsabilité personnelle de ses membres. Ces questions se discutent et ne se décident pas en réunion, elles se décident en conseil. La nécessité de révision des listes est évidente pour tous. Or, on ne vient pas même se faire inscrire. J'étais partisan des élections : l'indifférence des électeurs m'a ébranlé. Si vous voulez que les élections aient lieu bientôt, pressez-vous de vérifier les listes électorales. Ce n'est que lorsque ces listes seront prêtes que les élections pourront avoir lieu, car il faut assurer l'origine pure du suffrage universel.

M. DORIAN donne des explications sur les armes. Il s'engage à fournir d'ici quinze jours dix mille fusils à tabatière, soixante mitrailleuses et un grand nombre d'obusiers. Chaque jour il en fabriquera et remplacera rapidement tous les fusils à percussion par des tabatières. Malheureusement, il n'a pas à Paris d'acier pour faire des chassepots, mais il fait des mitrailleuses qui seront données comme des armes d'honneur aux compagnies qui donneront le plus de garanties qu'elles en sauront faire un bon usage.

M. FLOURENS. — N'ayant aucune réponse à porter à mes hommes, je persiste dans l'offre de ma démission. (Vives réclamations.)

M. GAMBETTA. — Vous êtes au péril, vous n'avez pas le droit d'offrir votre démission. (Oui! oui!) Je vous parle comme un d'entre vous... Je n'ai autorité ni pour recevoir ni pour accepter votre démission, mais j'ai le droit de vous exprimer ma pensée : Eh bien! je trouve qu'à l'heure du péril, vous ne devez pas donner votre démission.

M. ÉTIENNE ARAGO, maire de Paris, parle dans le même sens.

M. JULES FERRY résume les réponses que les officiers pourront reporter à leurs hommes en ces termes : « Vous leur direz que nous les mènerons au feu dès que ce ne sera plus les mener à la boucherie; que tous auront des fusils à tabatière, à défaut de chassepots qu'on ne peut fabriquer à Paris; que des mitrailleuses, des obusiers, des canons sont prêts à leur être livrés, et que les élections municipales auront lieu dès que les listes électorales seront mises en état. »

M. GUSTAVE FLOURENS persistant à répéter qu'il va remettre sa démission entre les mains du général Tamisier, les officiers présents s'élèvent vivement contre cette résolution.

La députation se retire sur cet incident, et les capitaines vont reprendre la tête de leurs compagnies, qui reprennent en bon ordre et avec un calme parfait le chemin de Belleville.

La manifestation du major Flourens est condamnée par l'immense majorité de Paris et avec d'autant plus de sévérité qu'elle s'est faite en armes.

Flourens demande une action énergique au dehors, il a raison ; des armes perfectionnées pour les bataillons, rien de plus juste ; l'acceptation du concours de Garibaldi, rien de mieux ; la destitution des bonapartistes en place, bravo ! En toutes ces demandes, il est l'interprète des républicains et des patriotes.

Pourquoi faut-il que cette malencontreuse idée d'arriver avec des fusils retienne l'approbation sur les lèvres et présente à l'esprit du grand nombre l'image de vagues dangers pour l'avenir ?

Dans la soirée, l'agitation a été plus vive que jamais.

Dans une réunion tenue à Bataclan et où figurait M. Ledru-Rollin, il a été décidé :

« Que les élections municipales de Paris auraient lieu les dimanches 9 et lundi 10 ;

« Que le comité central républicain serait chargé de la convocation des électeurs, si elle n'était pas faite immédiatement par le gouvernement ;

« Que le nombre des conseillers municipaux serait d'un par dix mille habitants.

« Que les élections auraient lieu par vote d'arrondissement. »

Conflit à l'horizon.

DIX-NEUVIÈME JOURNÉE

6 Octobre.

Dieu soit loué ! Des nouvelles nous arrivent de province et redoublent notre espoir, bien qu'elles soient vagues. On affiche sur tous les murs la dépêche suivante :

Le Gouvernement reçoit à l'instant les lignes suivantes, qu'il transcrit textuellement :
 « La province se lève et se met en mouvement ;
 « Les départements s'organisent ;
 « Tous les hommes valides accourent au cri : « Ni un
« pouce de terrain, ni une pierre de nos forteresses ; sus
« à l'ennemi ! guerre à outrance !

« Signé Glais-Bizoin. »
 Pour copie conforme :
Le ministre de l'intérieur,
Léon Gambetta.

Un numéro du *Journal de Rouen*, parvenu au *Gaulois*, contient le décret porté par la délégation de Tours pour la levée en masse :

Article 1er. — Les préfets organiseront immédiatement en compagnies de gardes nationaux mobilisés :
 1º Tous les volontaires qui n'appartiennent ni à l'armée régulière, ni à la garde nationale mobile.
 2º Tous les Français de 21 à 40 ans, non mariés ou veufs sans enfants, résidant dans le département.

Article 2. — Ceux qui sont appelés à faire partie de l'armée active appartiendront à la garde nationale mobilisée jusqu'au jour où le ministre de la guerre les réclamera pour le service de l'armée.

Article 3. — Les préfets soumettront immédiatement les gardes nationaux mobilisés aux exercices militaires.

Article 4. — Les compagnies de gardes nationaux mobilisés pourront, leur organisation faite, être mises à la disposition du ministre de la guerre.

Article 5. — Les préfets pourront, si les armes manquent pour l'armement des gardes nationaux sédentaires, et au besoin, requérir toutes armes de chasse et autres.

Le même journal nous apprend que les Prussiens ont dû occuper Orléans, malgré un combat près d'Arthenay, où nous aurions eu l'avantage :

Orléans, 27 septembre, 7 heures matin.

Préfet à guerre et intérieur, à Tours.

Après un engagement victorieux hier, à Arthenay, les généraux d'Orléans, reconnaissant qu'ils ne peuvent plus tenir devant un corps d'armée nombreux, qui serait commandé, dit-on, par le **prince Albert**, quittent Orléans en bon ordre.

Une correspondance adressée de Metz au *Times* mentionne deux vigoureuses sorties de Bazaine. Nos troupes se sont avancées jusqu'à Ars ; mais là elles ont dû rebrousser chemin.

Aucun événement militaire à signaler sous Paris.

Un rapport du préfet de police, M. de Kératry, conclut à la suppression de la préfecture de police.

Un grand nombre de bataillons de la garde nationale protestent contre la manifestation d'hier.
Le commandant supérieur publie l'ordre du jour qui qui suit :

Gardes nationaux,

La défense de Paris repose sur le service régulier de l'armée et de la garde nationale.

Toute infraction aux règles du service, toute atteinte à la discipline nuirait à la défense, chaque citoyen doit le comprendre.

Des manifestations de gardes nationaux, armés et rassemblés, sans ordres réguliers de service, sont des faits contraires à toute discipline.

C'est avec douleur que j'ai vu des faits de ce genre signalés dans la note suivante, insérée en tête du *Journal officiel* de ce jour. Si le bon esprit et le patriotisme de l'immense majorité n'éclairaient pas ceux qui se laissent entraîner à des actes de ce genre, la défense en serait affaiblie, et c'est ce que personne ne veut parmi nous.

Paris, le 6 octobre 1870.

Le général commandant supérieur
de la garde nationale,

A. Tamisier.

VINGTIÈME JOURNÉE

7 octobre.

M. Gambetta est parti ce matin en ballon, de la place Saint-Pierre, à Montmartre, accompagné de M. Spuller, son secrétaire. Temps brumeux; pendant les préparatifs, le brouillard se dissipe et le soleil paraît. Un second ballon est gonflé en même temps que celui qui doit emporter le ministre de l'intérieur; il est réservé à des citoyens américains qui vont acheter des armes en Angleterre pour le compte de la République française.

Le moment du départ approche; voici les pigeons voyageurs apportés dans un panier en osier, recouvert de serge verte; l'éleveur donne des instructions au ministre sur les soins qu'il doit avoir des pauvres bêtes, sur l'heure où il faut leur donner à manger et les lancer, sur la manière d'enrouler la dépêche à une des plumes de la queue.

Scène aussi curieuse que touchante : le jeune ministre de la République française, représentant à cette heure les intérêts suprêmes de la patrie, va s'élever au-dessus de Paris bloqué, sur l'aile incertaine des vents, pour aller en province souffler dans tous les cœurs français la flamme du patriotisme; et là, auprès d'une petite baraque, il écoute religieusement les recommandations d'un éleveur de pigeons; il note l'heure où il donnera du grain aux oiseaux voyageurs, l'instant matinal où il lancera les charmants messagers dans les airs, et il apprend à enrouler une dépêche à la queue du pigeon effarouché.

La minutie naïve du détail contraste étrangement avec la grandeur de l'entreprise.

Le ballon s'est élevé à dix heures; tous les assistants se sont spontanément découverts, et de toutes les poitrines est sortie cette acclamation immense : « Vive Gambetta! vive la République! vive la France! » Les voyageurs saluent, agitant le drapeau de la France.

M. Gambetta a porté à la province la proclamation suivante :

Français,

La population de Paris offre en ce moment un spectacle unique au monde :

Une ville de deux millions d'âmes, investie de toutes parts, privée jusqu'à présent, par la criminelle incurie du dernier régime, de toute armée de secours, et qui accepte avec courage, avec sérénité, tous les périls, toutes les horreurs d'un siége.

L'ennemi n'y comptait pas. Il croyait trouver Paris sans défense : la capitale lui est apparue hérissée de travaux formidables, et, ce qui vaut mieux encore, défendue par 400,000 citoyens qui ont fait d'avance le sacrifice de leur vie.

L'ennemi croyait trouver Paris en proie à l'anarchie : il attendait la sédition, qui égare et qui déprave; la sédition, qui, plus sûrement que le canon, ouvre à l'ennemi les places assiégées.

Il l'attendra toujours. Unis, armés, approvisionnés, résolus, pleins de foi dans la fortune de la France, les

Parisiens savent qu'il ne dépend que d'eux, de leur bon ordre et de leur patience, d'arrêter pendant de longs mois la marche des envahisseurs.

Français ! c'est pour la patrie, pour sa gloire, pour son avenir, que la population parisienne affronte le fer et le feu de l'étranger.

Vous qui nous avez déjà donné vos fils, vous qui nous avez envoyé cette vaillante garde mobile dont chaque jour signale l'ardeur et les exploits, levez-vous en masse, et venez à nous : isolés, nous saurions sauver l'honneur ; mais, avec vous et par vous, nous jurons de sauver la France !

Paris, le 7 octobre 1870.

Les membres du Gouvernement
de la défense nationale,

Général TROCHU, EMMANUEL ARAGO, JULES FAVRE, JULES FERRY, GAMBETTA, GARNIER-PAGÈS, PELLETAN, E. PICARD, ROCHEFORT, JULES SIMON.

VINGT-UNIÈME JOURNÉE

8 octobre.

On lit dans le *Journal officiel :*

« Le gouvernement avait pensé qu'il était opportun et conforme aux principes de faire procéder aux élections de la municipalité de Paris. Mais, depuis cette résolution prise la situation ayant été profondément modifiée par l'investissement de la capitale, il est devenu évident que les élections faites sous le canon seraient un danger pour la République. Tout doit céder à l'accomplissement du devoir militaire et à l'impérieuse nécessité de la concorde. Les élections ont donc été ajournées ; elles ont dû l'être.

« D'ailleurs, en présence des sommations que le Gouvernement a reçues, et dont il est encore menacé de la part des gardes nationaux en armes, son devoir est de faire respecter sa dignité et le pouvoir qu'il tient de la confiance populaire.

« En conséquence, convaincu que les élections porteraient une dangereuse atteinte à la défense, le Gouvernement a décidé leur ajournement jusqu'à la levée du siége. »

Manifestation en faveur de la Commune, sur la place de l'Hôtel-de-Ville. Foule immense, malgré la pluie ; des bataillons de gardes nationales arrivent de toutes parts et se rangent devant l'édifice ; irritation chez les partisans de la Commune, exaspération chez les opposants, qui accusent les premiers de compromettre la défense de Paris par leurs manifestations intempestives.

Dans les groupes, on discute avec une grande véhémence ; un citoyen crie-t-il : Vive la Commune ! dix voix répondent : A bas la Commune ! C'est encore une manifestation avortée. Le Gouvernement était dans son tort en différant les élections, après les avoir promises ;

en voulant lui forcer la main, les manifestations l'ont fait absoudre.

D'ailleurs, certains partisans de la Commune ne montrent pas assez d'intelligence pour recruter des prosélytes parmi les indécis. Un homme ayant l'apparence d'un ouvrier discute avec une animation incroyable dans un groupe qui stationnne à l'entrée de l'avenue Victoria :

— Pourquoi voulez-vous tant la Commune, lui demande un des interlocuteurs ?

Le malheureux répond :

— Parce que je suis communiste !

Ce soir, à l'issue de l'agitation de cette fameuse journée, M. Jules Favre a écrit la lettre suivante au commandant de la garde nationale :

Paris, le 8 octobre 1870.

A Monsieur le général Tamisier, commandant en chef des gardes nationales de la Seine.

Mon cher général,

Je vous remercie avec effusion, vous et la garde nationale, dont vous êtes le digne chef, du concours que vous venez de nous prêter. Au premier signal, vos bataillons sont accourus et, par leurs acclamations patriotiques, ont protesté contre les imprudents qui cherchent à nous diviser devant l'ennemi. Vous leur avez prouvé qu'ils n'y réussiront pas.

Nous resterons unis pour combattre et pour vaincre.

Nous le serons encore après, car nous n'avons qu'une volonté : fonder une République durable, décrétée par la nation dans sa souveraineté.

C'est pour l'accomplissement de cette double tâche que nous sommes debout, ne formant qu'un faisceau, maintenant avec fermeté le Gouvernement établi le 4 septembre, ne demandant d'autre récompense que l'honneur insigne de remettre à la France délivrée par l'héroïsme de ses enfants les pouvoirs que nous avons reçus pour la défendre.

Agréez, mon cher général, l'expression de mes sentiments affectueux et dévoués.

Le vice-président du Gouvernement, ministre de l'intérieur par intérim,

Jules FAVRE.

VINGT-DEUXIÈME JOURNÉE

9 octobre.

Récit *officiel* de la journée d'hier :

« Une affiche placardée sur tous les murs de la capitale et reproduite par quelques journaux invitait les gardes nationaux et les citoyens à se réunir le samedi 8 octobre sur la place de l'Hôtel-de-Ville, pour demander l'élection immédiate de la Commune de Paris.

« Le gouvernement, confiant dans le bon sens et dans le patriotisme de la population parisienne, n'avait cru devoir faire à cette occasion aucun déploiement de forces inaccoutumé.

« Vers une heure et demie, se formait sur la place de l'Hôtel-de-Ville, un groupe de trois ou quatre cents personnes criant : « Vive la Commune ! » A deux heures le 84ᵉ bataillon de la garde nationale, commandant Bixio, venait se déployer en cordon sur deux rangs le long de la façade de l'Hôtel de Ville. Ce mouvement provoqua une assez grande affluence de curieux, et les cris prirent une certaine intensité. Mais la masse des assistants restait indifférente à ces provocations ; bien plus, tout autour de la place et dans les rues adjacentes, on protestait avec une vive énergie contre les meneurs qui compromettent le succès de la défense nationale par des excitations factieuses.

« Sur ces entrefaites, le général Trochu arrivait à cheval. Seul, laissant loin en arrière son état-major, il parcourut la foule et fut accueilli par les cris les plus sympathiques. Un peu plus tard, le général Tamisier était également acclamé.

« Cependant le bruit se répandait dans Paris qu'une tentative était faite pour exercer une pression sur le Gouvernement de la défense nationale. On vit alors accourir bataillons sur bataillons. Les groupes hostiles, comprenant leur impuissance, se retirèrent, et la garde nationale ayant occupé la place dans toute son étendue, les membres du Gouvernement présents l'Hôtel de Ville descendirent pour la passer en revue.

« On ne saurait décrire l'enthousiasme des gardes nationaux et de la population. Les cris de : « Vive le République ! Vive le Gouvernement ! Pas de Commune ! » sortaient de mille poitrines.

« Après la revue, les officiers se rangèrent en cercle, et M. Jules Favre prononça les paroles suivantes :

« Messieurs,

« Cette journée est bonne pour la défense, car elle
« affirme une fois de plus et d'une manière éclatante
« notre ferme résolution de rester unis pour sauver
« la patrie. Cette **union intrépide**, dévouée dans une
« seule et même pensée, elle est la raison d'être du
« gouvernement que vous avez fondé le 4 septembre.
« Aujourd'hui vous consacrez de nouveau sa légiti-
« mité. Vous entendez le maintenir pour qu'avec vous
« il délivre le sol national de la souillure de l'étran-
« ger; de son côté, il s'engage envers vous à poursuivre
« ce noble but jusqu'à la mort, et, pour l'atteindre, il
« est décidé à agir avec fermeté contre ceux qui ten-
« teraient de l'en détourner.

« Par un redoutable hasard de la fortune, Paris a
« l'honneur de concentrer sur lui les efforts des agres-
« seurs de la France. Il est son boulevard. Il la sau-
« vera par votre abnégation, par votre courage, par
« vos vertus civiques, et si quelques téméraires es-
« saient de jeter dans son sein des germes de division,
« votre bon sens les étouffera sans peine.

« Tous, nous eussions été heureux de donner aux
« pouvoirs municipaux le fondement régulier d'une
« libre élection. Mais tous aussi nous avons compris
« que, lorsque les Prussiens menacent la cité, ses ha-
« bitants ne peuvent être qu'aux remparts, et même
« au dehors, où ils brûlent d'aller chercher l'ennemi.
« Quand ils l'auront vaincu, ils reviendront aux urnes

« électorales ; et, au moment où je vous parle, enten-
« dez-vous l'appel suprême qui m'interrompt? C'est
« la voix du canon qui tonne et qui nous dit à tous
« où est le devoir.

« Messieurs, un mot encore.

« Aux remerciements du Gouvernement, qui est
« votre œuvre, votre cœur, votre âme, qui n'est quel-
« que chose que par vous et pour vous, laissez-moi
« mêler un avis fraternel : Que cette journée ne fasse
« naître en nous aucune pensée de colère, ou même
« d'animosité. Dans cette grande et généreuse popula-
« tion, nous n'avons pas d'ennemis. Je ne crois pas
« même que nous puissions appeler adversaires ceux
« qui me valent l'honneur d'être maintenant au milieu
« de vous. Ils ont été entraînés ; ramenons-les par notre
« patriotisme. La leçon ne sera pas perdue pour eux ;
« ils verront par votre exemple combien il est beau
« d'être unis pour servir la patrie, et désormais c'est
« avec nous qu'ils voleront à sa défense. »

« Pendant ce discours, les acclamations de la garde
nationale se mêlaient au grondement lointain de la
canonnade.

« Une heure plus tard, malgré une pluie torrentielle
et la nuit tombante, de nouveaux bataillons remplis-
saient la place de l'Hôtel-de-Ville, et les membres du
Gouvernement durent passer une seconde revue au
milieu des mêmes démonstrations de sympathie et
d'enthousiasme.

« Ainsi s'est terminée cette grande journée, qui a
tourné à la confusion des agitateurs et qui a démontré

que le peuple de Paris est décidé à faire bonne justice de toute tentative de sédition. »

Nos troupes ont chassé l'ennemi de Bondy pendant la nuit. Des bois où ils s'étaient embusqués, les Prussiens ont dirigé un feu nourri de mousqueterie, soutenu de pièces de campagne et d'une mitrailleuse. Nos artilleurs les ont délogés des bois et les obus des forts ont éteint leur feu. Nous avons eu un homme tué et trois blessés.

M. Flourens sollicite vivement M. Rochefort de donner sa démission et de secouer la poussière de ses pieds sur la porte de l'Hôtel-de-Ville, qui n'est plus, selon l'auteur de la manifestation, qu'un affreux nid de réactionnaires. A cette proposition, Rochefort répond par une lettre, dont on loue l'esprit politique.

« Mon cher Flourens,

« Vous me pressez de donner ma démission de membre du Gouvernement. J'ai accepté à mon corps défendant la mission; mais la démission, ai-je bien le droit de la donner? Voilà la question.

« J'ai demandé les élections municipales et bien d'autres choses encore. Je regrette qu'on ne les ait pas faites dans les premiers jours de la République. Aujourd'hui, la question de la Commune est devenue un champ de bataille, et si j'avais soulevé sur cet incident une question de cabinet, qui vous dit qu'à cette heure on n'entendrait pas à la fois les coups de canon sur les remparts et des coups de fusil dans les rues ?

« Je suis descendu presque dans les sous-sols les

plus impénétrables de ma conscience, et je suis remonté en me disant que mon départ pouvait provoquer un conflit, et que provoquer un conflit c'était ouvrir une brèche aux Prussiens.

« Voilà pourquoi j'ai souscrit à l'ajournement des élections. Depuis vingt ans l'empire nous ajourne. Ayons la patience d'allonger la courroie jusqu'après la levée du siége.

« Vous m'objecterez, mon cher et excellent ami, que je capitule avec mes convictions; si cela est, vous m'excuserez, car c'est pour ne pas être obligé de capituler avec l'ennemi.

« Dans les circonstances actuelles, une démission serait peut-être le prélude d'un désastre. Vous le savez bien, vous qui avez patriotiquement retiré la vôtre.

« Je fais taire mes instincts politiques; que nos braves amis de la première circonscription laissent sommeiller les leurs. Le moment venu, c'est-à-dire le Prussien parti, nous saurons bien nous retrouver tous.

« Mille embrassements fraternels.

« HENRI ROCHEFORT. »

VINGT-TROISIÈME JOURNÉE

10 octobre.

Un pigeon apporte au Gouvernement une dépêche de M. Gambetta :

« Montdidier (Somme), 8 heures du soir.

« Arrivé après accident en forêt à Épineuse. Ballon dé-

« gonflé. Nous avons pu échapper aux tirailleurs prus-
« siens, et, grâce au maire d'Épineuse, venir ici, d'où
« nous partons dans une heure pour Amiens, d'où voie
« ferrée jusqu'au Mans et à Tours. Les lignes prussiennes
« s'arrêtent à Clermont, Compiègne et Breteuil, dans
« l'Oise. Pas de Prussiens dans la Somme. De toutes parts
« on se lève en masse. Le gouvernement de la défense
« nationale est partout acclamé. »

Pour copie conforme :
Le ministre de l'intérieur par intérim,
Jules Favre.

Calme dans Paris. Il ne faut citer que pour mémoire, les divers rassemblements qui ont lieu de nouveau sur la place de l'Hôtel-de-Ville. La tempête n'est pas entièrement apaisée dans les clubs ; les meneurs de la manifestation avortée ne s'avouent pas battus et essaient de ranimer la flamme mourante de la Commune ; ils rencontrent une opposition très caractéristique. Le citoyen Blanqui, commandant du 169ᵉ bataillon de la garde nationale, est hué dans la salle des Folies-Montmartre pour avoir approuvé la manifestation et appelé énergiquement le rétablissement de la Commune. L'orateur est obligé de quitter la tribune. Le Gouvernement triomphe, c'est bien : l'énergie de la résistance à l'ennemi ne pourrait que l'affaiblir dans le bruit de ces discordes intestines, mais le Gouvernement s'abuserait fort s'il prenait pour une approbation aveugle de ses actes, l'appui que beaucoup de citoyens lui ont donné, quoiqu'ils fussent très mécontents de ses hésitations. Entre un danger, les divisions, et une faute, les tergiversations, ils ont vu le danger et ont travaillé à le prévenir ; mais ils ne ferment pas les yeux sur les défauts des gouvernants, et de même qu'ils n'approuvent pas tout chez eux, ils ne blâment pas tout non plus chez les auteurs de la manifestation. Ils se révoltent surtout à la vue de ces feuilles naguère vendues à l'empire qui traitent de « Prussiens de l'intérieur » des hommes dont le patriotisme ne saurait être mis en doute que par les complaisances de la plus insigne mauvaise foi. Hé ! Messieurs, s'il y a des Prussiens ici, c'est vous qui avez voulu la guerre, vous qui avez applaudi les fanfaronnades de M. de Gramont, vous qui avez chanté le maréchal Le Bœuf, et Failly, et Frossard, et Bonaparte, vous qui n'avez pas eu assez d'outrages pour M. Thiers et ses amis de la gauche, le jour où les plats valets de l'empire se sont levés de leurs bancs de députés pour crier : Guerre à la Prusse !

RAPPORT MILITAIRE

10 octobre, 7 h. 20, soir.

Les compagnies de la ligne des redoutes de la Boissière, Montreuil et Noisy, en service aujourd'hui dans la plaine, pour la protection de nos travailleurs et celle des cultivateurs et maraichers, avec un bataillon de mobiles du Nord en réserve, ont eu cette après-midi un engagement très vif avec l'ennemi. Ce dernier n'a pas tardé à amener, à la sortie du bois, à notre gauche, deux pièces d'artillerie, qui ont pu tirer sur nos troupes une dizaine de coups à obus et à mitraille.

Ces pièces ont été promptement démontées par le feu

bien dirigé de quelques pièces des trois forts, et nous avons pu voir très distinctement l'une d'elles, sans chevaux, emmenée à bras, les chevaux fuyant ou errant blessés ; et, peu après, la seconde pièce retirée péniblement au parc par deux chevaux ; puis une quinzaine de blessés remontant par l'avenue de la Maison-Blanche vers la grande usine placée dans les bois.

Le feu de l'ennemi, cependant bien abrité près du pont de la Poudrette, s'est éteint successivement sous la précision de celui de la ligne qui s'est avancée jusqu'à la lisière des bois, à droite de la Maison-Blanche, avec entrain et habileté. La mitraille ennemie a tué un soldat de ligne et blessé six de ses camarades. Il est difficile de montrer plus de fermeté au feu, étant à découvert, contre un ennemi caché, que nos braves soldats de la ligne des redoutes viennent de le faire.

VINGT-QUATRIÈME JOURNÉE

11 octobre.

Bruits d'armistice. Les allées et venues du général américain Burnside, entre Versailles et Paris, laissent soupçonner des négociations entamées. Il n'y a qu'une voix pour les condamner. Le gouverneur de Paris a montré une excessive mollesse jusqu'à ce jour contre les assiégeants ; il les a laissés s'établir tout à leur aise sur les hauteurs environnantes ; cette inaction inexplicable a jeté un certain découragement. Le relâchement sera complet, si les bruits d'armistice continuent.

N'est-il pas évident, d'ailleurs, que l'ennemi repoussera un armistice dont nous pourrions bien profiter ? Nous avons tout à perdre à ces pourparlers ; ils paralysent les esprits et y sèment la lassitude. La défense perd en énergie ; elle perd également en durée, car, pendant que nous restons les bras croisés, nos vivres s'épuisent comme si nous agissions.

Le *Siècle* conseille au général Trochu de partir en ballon pour la province et d'aller prendre le commandement des armées. Le conseil ne sera probablement pas suivi.

RAPPORT MILITAIRE DU JOUR

11 octobre, 7 h., soir.

L'occupation de la maison Millaud, avant-poste ennemi menaçant Cachan, s'est opérée hier au soir après un signal donné par cinq coups de canon tirés contre elle du fort de Montrouge ; nos soldats se sont immédiatement élancés et sont entrés dans la maison, ainsi que dans les maisons voisines ; ils y ont trouvé de nombreux débris attestant la présence récente de l'ennemi et les traces de ses blessés.

La mise en défense a commencé immédiatement et s'est poursuivie toute la nuit avec régularité et entrain sans que l'ennemi songeât à l'inquiéter, bien que ses éclaireurs se soient rapprochés jusqu'à trois cents mètres.

Les maisons les plus voisines ont été incendiées ou détruites pour dégager les abords. Au jour, nos hommes étaient déjà partout abrités, le travail s'est poursuivi aujourd'hui.

Le Mont-Valérien la batterie Mortemart et la canonnière de Suresnes ont entretenu un feu assez vif sur Saint-Cloud. La batterie de Courbevoie a tiré sur Houilles, et celle de Saint-Ouen sur Orgemont.

On annonce que M. de Kératry s'est démis de ses fonctions de préfet de police, et que M. Edmond Adam est appelé à lui succéder.

Querelle de ménage, plus divertissante qu'intéressante, entre un rédacteur de l'*Electeur libre*, M. Portalis, et les frères Picard. Les frères Picard sont : M. Arthur Picard, ancien sous-préfet de l'empire, et M. Ernest Picard, membre réfrigérant du Gouvernement de la défense nationale et ministre des finances. M. Portalis se brouille avec M. Arthur Picard et lui jette à la tête un nouveau journal : *la Vérité*, dont le premier numéro contient les lignes suivantes :

« Nous rappelons au public que la *Vérité* a remplacé l'*Electeur libre, quotidien,* journal que nous avons fondé au mois d'août dernier avec le concours de M. Ernest Picard, aujourd'hui membre du Gouvernement de la défense nationale. C'est sans notre consentement et sans le consentement de son frère, que M. Arthur Picard a repris la publication de l'*Electeur libre*, qui ne devait plus reparaître.

« Les tribunaux vont être saisis de cette affaire. En attendant, le public jugera auquel des deux journaux il doit donner la préférence. »

M. Arthur Picard baisse la tête comme un coupable, mais M. Ernest Picard relève le gant et riposte au rédacteur de la *Vérité* :

« Monsieur le rédacteur,

« Permettez-moi de m'étonner de la note que vous avez publiée hier dans votre journal, en y faisant figurer mon nom.

« Je la désavoue complétement.

« Je puis laisser dire sans protestation que votre nouveau journal remplace l'*ELECTEUR LIBRE*, qui continue à paraître, suivant son droit.

« Les tribunaux sont saisis de questions d'intérêt auxquelles je suis tout à fait étranger ; je me borne donc à rectifier des assertions qui pourraient tromper le public.

« Recevez, monsieur, mes salutations distinguées.

« Ernest Picard. »

Morale de l'anecdote : M. Ed. Portalis gêne M. Arthur Picard, M. Arthur Picard gêne son frère, le frère gêne, dit-on, la défense.

Quarante-sept commissaires de police ont été révoqués depuis le 4 septembre. Cent cinquante employés relevant de la préfecture de police ont été révoqués également.

Ne pas se hâter d'applaudir : les fonctionnaires bonapartistes pullulent encore.

Le bruit court que les bataillons de gardes nationales vont être envoyés à tour de rôle dans les forts pour un service actif de cinq jours. Est-ce bien possible ? L'armement de beaucoup de ces bataillons est défectueux ; en outre, certains gardes remplissent des fonctions qui ne leur laisseraient pas cinq jours disponibles. Pourquoi ne pas organiser immédiatement des bataillons de guerre avec les éléments jeunes de la garde nationale ? N'a-t-on pas les éléments de ces corps dans les hommes de vingt-cinq à trente-cinq ans ?

Cette opinion court dans la presse, mais le Gouvernement n'a pas l'air de s'en apercevoir. Il en sera de cette excellente idée comme des canons se chargeant par la culasse. O routine, est-ce qu'on ne te cassera pas les reins une fois pour toutes ?

VINGT-CINQUIÈME JOURNÉE

12 octobre.

Le major Flourens a donné sa démission le 5 ; il l'a retirée le 7, pour l'offrir de nouveau le lendemain. Tels sont les tiraillements du chef des tirailleurs de Belleville qui, du reste, l'ont désavoué le lendemain de la première manifestation, et hier encore, pendant une visite que leur a faite M. Jules Ferry.

Il paraît cependant que Flourens a repris ses

fonctions, car le *Journal officiel* publie l'entrefilet que voici :

M. Gustave Flourens, après avoir donné sa démission, a cru pouvoir reprendre ses fonctions à la suite d'une prétendue élection, restée ignorée de l'autorité compétente, et dont il n'existe d'ailleurs aucun procès-verbal. En outre, s'appuyant sur un titre irrégulier, M. Flourens, dans la journée d'hier, a fait battre le rappel sur un prétexte faux, afin de pousser les gardes nationaux sur l'Hôtel de Ville avec des intentions insurrectionnelles. En raison de ces faits, qui constituent une double violation de la loi militaire et de la loi civile, une instruction vient d'être commencée.

Si les partisans à outrance de la Commune comptent sur l'appui tacite ou avoué des représentants les plus autorisés de la démocratie, ils seront contrariés par la lettre que Louis Blanc adresse à M. Auguste Vacquerie, rédacteur du *Rappel* :

Mon cher ami,

Vous avez eu parfaitement raison de dire que j'avais accepté d'être candidat pour le conseil municipal, et que, par conséquent, je ne m'étais pas prononcé contre des élections immédiates.

Permettez-moi seulement d'ajouter que j'ai accepté cette candidature au moment où le Gouvernement lui-même donnait son adhésion aux élections municipales; mon opinion bien arrêtée étant que l'essentiel, dans les circonstances présentes, est de stimuler le Gouvernement de la défense nationale sans l'ébranler, et d'éviter toute chance de collision en présence de l'ennemi.

Cette opinion du reste, est la vôtre, et je ne crois pas me tromper en disant que c'est aussi celle de Victor Hugo.

Tout à vous.

Louis Blanc.

Deux décrets :

« Le cautionnement des journaux est aboli. »

« M. Edmond Adam est nommé préfet de police en remplacement de M. de Kératry, dont la démission est acceptée.

« M. de Kératry est chargé d'une mission spéciale par le ministre des affaires étrangères. »

Un journal se fait l'écho d'un bruit d'après lequel les princes d'Orléans, débarqués en France, auraient rejoint une des armées de secours en Bretagne.

Rien dans le passé des princes d'Orléans ne permet de supposer qu'ils veuillent entamer à leur compte une guerre civile. En outre, ils n'auraient pas choisi comme théâtre d'opérations la Bretagne, terre classique de la légitimité. Ce bruit paraît donc dénué de fondement.

On s'entretient beaucoup sur les boulevards d'une arrestation étrange opérée aux remparts d'Auteuil. Des gardes nationaux, de faction, ayant remarqué les allures suspectes d'une personne costumée en femme, l'abordent, elle balbutie, veulent l'emmener, elle résiste ; ils sont obligés de lui lier les mains et l'amènent en cet état devant un commissaire de police, dont elle dit être connue. Mais le commissaire n'est pas celui qu'elle pensait. On veut alors la conduire au quartier général du secteur; elle se trouble, pâlit, tombe foudroyée; elle était morte. On avait cru remarquer qu'elle avait porté une bague à la bouche; on pensa donc qu'elle s'était empoisonnée. Mais voici qui est plus étrange encore : quand on procède à l'autopsie du cadavre, on découvre que le mystérieux personnage n'est ni une femme ni un homme, c'était un hermaphrodite.

Que venait faire là cet être bizarre, sous ce vêtement de femme et avec un cabas contenant, dit-on, une corde et de la cire à prendre des empreintes? On ne le saura jamais; on croit que c'était un espion prussien.

Le rapport militaire relate les faits suivants :

Ce matin, le lieutenant-colonel Reille, commandant le 7e régiment des gardes mobiles (Tarn), a exécuté une reconnaissance importante, dans le but de s'assurer de la présence des forces ennemies au bois de Neuilly et au plateau d'Avron.

Les postes prussiens se sont repliés vivement devant les spahis, soutenus par nos tirailleurs, et se sont dérobés dans un bois qui s'étend entre Neuilly et Villemomble. Le village du bois de Neuilly a été occupé et fouillé dans tous les sens.

A la gauche, trois compagnies, sous les ordres du commandant de Foucault, ont gravi les pentes d'Avron.

Une division du 1er régiment de chasseurs a fouillé la partie dénudée et reconnu le plateau en tous sens sans voir d'ennemis, sauf du côté de Villemomble, en arrière du village.

A l'extrémité du mouvement de terrain, l'infanterie prit à revers le bois, que l'ennemi, qui s'y était retiré, n'essaya pas de défendre, bien qu'il y eût fait des abattis.

Le lieutenant-colonel Reille se loue beaucoup de l'attitude et du concours que lui ont prêté les chasseurs et les spahis.

De son côté, le général Ducrot a poussé, dans la journée, une reconnaissance au-delà de la Malmaison. Les éclaireurs Dumas et les éclaireurs de la ligne (commandant Lopez) s'étaient engagés résolument à gauche en avant de Rueil.

Les mobiles du Morbihan, après avoir essuyé des feux de peloton partant du parc de la Malmaison, se sont trouvés en présence de batteries prussiennes à la bifurcation des routes de Bougival et de la Jonchère. Ces batteries se sont démasquées à 300 mètres, et leur feu n'a pas atteint un seul des nôtres, les boîtes à mitraille ayant fait balle, au lieu de s'écarter.

Les mobiles se sont mis à couvert dans les fossés de la route et, de là, ont ouvert le feu sur l'ennemi, qui a été contraint de se retirer; son artillerie réduite au silence par la nôtre, a été poursuivie dans sa retraite par les obus du Mont-Valérien jusqu'à Bougival.

VINGT-SIXIÈME JOURNÉE

13 octobre.

Combat de Bagneux. — Depuis cinq heures du matin, les forts de Vanves, Issy et Montrouge tonnent avec une violence sans égale. Les villages de Bagneux, de Clamart et de Châtillon sont enveloppés d'une épaisse fumée. Une action vigoureuse est engagée.

Laissons la parole au rapport officiel sur les événements militaires de la journée :

13 octobre 1870, soir 8 h. 1/2.

Des mouvements de troupes considérables de l'ennemi ayant été signalés pendant ces derniers jours, le gouverneur a décidé qu'une reconnaissance offensive serait faite ce matin par la division Blanchard, du 13e corps, s'étendant des positions d'Issy, à droite, à celles de Cachan, à gauche.

Le général Blanchard a disposé ses troupes en trois colonnes : celle de droite (13e de marche) devait agir dans la direction de Clamart; celle du centre (général Susbielle) sur Châtillon; celle de gauche (mobiles de la Côte-d'Or et de l'Aube), colonel de Grancey, sur Bagneux.

Ces mouvements, protégés par le tir soutenu des forts de Montrouge, de Vanves et d'Issy, se sont exécutés avec beaucoup d'ordre et de vigueur.

Le gouverneur avait envoyé le général Schmitz, chef d'état-major général, à la droite des positions, pour suivre l'ensemble des mouvements.

Le général Vinoy, commandant le 13e corps, avait disposé ses réserves en arrière du fort de Montrouge.

Bagneux a été enlevé par les mobiles de la Côte-d'Or, dont la conduite, déjà signalée deux fois, a été brillante. Le 1er bataillon de l'Aube, qui voyait le feu pour la première fois, a eu aussi une attitude excellente : son commandant, M. de Dampierre, est tombé glorieusement à la tête de sa troupe.

Le lieutenant-colonel de Grancey, conduisant l'ensemble des opérations, s'est hautement honoré.

Les marins du fort de Montrouge, commandés par le capitaine de frégate d'André, ont pris part à l'action et formé l'arrière-garde, avec un aplomb remarquable, pendant la retraite de notre gauche.

Au centre, nos troupes, cheminant dans les maisons de Châtillon, ont, presque sans pertes, enlevé deux barricades, et se sont avancées jusqu'à l'église et à la route qui relie Châtillon et Clamart.

Entre ces deux points, deux bataillons se sont déployés dans le plus grand ordre, avançant sous le feu de l'ennemi, jusque dans les vignes qui bordent les pentes de la carrière de Calvents.

De là, ils ont fait le coup de feu avec les tirailleurs ennemis, postés derrière un épaulement sur la crête du plateau de Châtillon.

Deux batteries prussiennes se sont démasquées rapidement, l'une près la Tour-à-l'Anglais, l'autre vers Châtillon. Leur feu a été successivement éteint par les canons de Vanves et d'Issy.

A ce moment, les masses prussiennes se sont montrées sur les crêtes du plateau, se découvrant ainsi au feu de l'artillerie et des forts.

Le but de la reconnaissance était atteint : la retraite a été ordonnée ; elle s'est opérée dans le meilleur état, sous les ordres du général Blanchard, dont les bonnes dispositions ont assuré la réussite de cette reconnaissance.

Du côté de Clamart, nous avons occupé l'ouvrage du Moulin-de-Pierre ; la fusillade s'est engagée sur ce point et l'ennemi n'a pu nous faire quitter la position.

Nos pertes sont peu considérables ; celles de l'ennemi, qui est resté constamment sous notre feu, quoique n'étant pas encore appréciées en ce moment, ont un grand caractère de gravité. C'est ainsi qu'il a laissé plus de 300 morts dans Bagneux. Ses pertes ont été également considérables à Châtillon et sur les hauteurs. Le chiffre des prisonniers connus s'élève à plus de cent.

Le gouverneur a félicité les troupes qui ont pris part à la reconnaissance, ainsi que celles des forts, de l'ardeur et du sang-froid dont elles ont fait preuve dans cette journée.

« Le but de la reconnaissance a été atteint, » dit l'optimiste M. Schmitz. On pensait, dans le public, que ce but était de conserver les positions conquises en les appuyant de forces suffisantes. Mais le public n'est pas dans le secret des généraux. Le but de la reconnaissance a été atteint.

On a à regretter la mort de M. de Dampierre, commandant des mobiles de la Côte-d'or. Les mobiles hésitaient à courir sur une barricade, d'où partait un feu nourri.

« — Allons, mes amis, à la baïonnette ! » s'est écrié M. de Dampierre marchant à la tête de la colonne. Une balle l'a frappé au même instant ; couvert de sang, il criait encore : En avant !

Une heure après, il rendait le dernier soupir ; il avait à peine trente-trois ans.

A la tombée de la nuit, on aperçoit d'immenses gerbes de flammes tourbillonner sous le vent : C'est le château de Saint-Cloud qui brûle. Les obus du Mont-Valérien ont incendié l'ex résidence impériale où l'ennemi était soupçonné d'établir une batterie. C'est à Saint-Cloud que le premier Bonaparte consomma le coup d'État de Brumaire ; c'est du même château que le dernier du nom déclara la guerre à la Prusse.

Les objets d'art, tableaux, statues, tapis, qui ornaient le château, avaient été enlevés lors de l'investissement.

La Lanterne de Démosthènes, joli monument qui s'élevait non loin du château, est également détruite. Cette colonne avait été modelée en plâtre par le comte de Choiseul, sur le monument portant le même nom à Athènes. Elle fut ensuite si exactement imitée en terre cuite par les frères Trabuchi que, par ordre de Napoléon Ier, on la posa sur le plateau où les obus viennent de la mettre en pièces.

VINGT-SEPTIÈME JOURNÉE

14 octobre.

Départ en ballon de M. de Kératry. On le dit chargé d'une mission du ministre des affaires étrangères, en Espagne.

Dans l'après-midi, autre départ de ballon, emportant M. Arthur Ranc, ex-maire du IXe arrondissement, chargé d'une mission spéciale auprès de la délégation de Tours.

Les deux ballons portent trois cent mille lettres à la province.

La campagne en faveur de la mobilisation d'une partie de la garde nationale continue avec un louable acharnement dans tous les journaux. Le Gouvernement est lent à se décider, comme si le salut public souffrait des lenteurs. Le général Trochu semble tenir à la routine militaire, comme d'autres membres du Gouvernement à la routine administrative. Deux hommes déploient depuis le commencement du siège une activité dévorante, mais ils ne sont pas du Gouvernement proprement dit : ce sont MM. Dorian, ministre des travaux publics, et Magnin, ministre de l'agriculture et du commerce.

M. Dorian rompt en visière avec les comités et fait fondre des canons, au grand scandale des routiniers, et l'opinion publique est unanime à rendre hommage à son patriotisme. M. Magnin pourvoira sans bruit et sans éclat à l'alimentation de Paris ; ces hommes font peu de phrases, mais beaucoup de besogne.

On n'en pourrait pas dire autant de tout le monde.

Le bruit s'étant répandu que les princes d'Orléans se trouvaient en province au milieu des armées, le club des Folies-Bergère s'en est sérieusement ému, et a délégué quatre citoyens auprès de M. Jules Favre pour connaître la vérité et, par la même occasion, les sentiments des Membres de la défense nationale.

Je détache le passage suivant de la réponse de M. Jules Favre :

« Quand même ces princes abdiqueraient toutes
« prétentions, quand même ils se présenteraient en
« France comme simples citoyens, réclamant les
« droits du plus humble des électeurs, nous laisse-
« rions la porte impitoyablement fermée, parce que
« nous n'avons pas oublié la récente et terrible leçon
« de l'histoire, parce que nous nous souvenons de
« 1851 !!! »

L'assemblée des Folies-Bergère éclate en applaudissements, quand cette réponse lui est communiquée
par ses délégués.

Le général Bourbaki s'étant échappé de Metz, s'est,
dit-on, rendu à Londres, auprès de l'ex-impératrice.

On cherche à pénétrer les motifs de ce voyage, que
certains rattachent à des intrigues bonapartistes.

Le ministre de l'agriculture et du commerce, arrête :

A partir du vendredi 14 octobre jusqu'au jeudi 20 octobre inclusivement, la viande de bœuf et la viande de
mouton seront payées dans la ville de Paris aux prix
suivants :

Viande de bœuf

1re catégorie : Tende de tranche, culotte, gîte à la noix,
tranche grasse, aloyau : 2 fr. 10 c. le kil.

2e catégorie : Paleron, côtes, talon de collier, bavette
d'aloyau, rognons de graisse : 1 fr. 70 le kil.

3e catégorie : Collier, pis, gîtes, plats de côtes, surlonges, joues : 1 fr. 30 le kil.

Le filet et le faux filet détachés, ainsi que le rognon de
chair, sont taxés à 3 fr. le kil.

Viande de mouton

1ʳᵉ catégorie : Gigots, carrés, 1 fr. 80 le kil.
2ᵉ catégorie : Épaules, 1 fr. 30 le kil.
3ᵉ catégorie : Poitrine, collet, débris de côtelettes, 1 fr. 10 le kil.

Les différentes espèces et catégories de viande exposées en vente seront indiquées par des écriteaux.

VINGT-HUITIÈME JOURNÉE

15 octobre.

Les réclamations opiniâtres de l'opinion publique n'auront pas été vaines. Le général Trochu s'est décidé à mobiliser une portion de la garde nationale sédentaire, et il indique au maire de Paris comment cette organisation doit avoir lieu : le recrutement des compagnies se fera par voie d'inscription, sur une liste ouverte dans chaque arrondissement. La compagnie se composera de 150 hommes. Si les inscriptions volontaires fournissent plus de 150 soldats, on choisira dans l'excédant les hommes âgés de moins de trente-cinq ans, célibataires, d'une santé robuste et habitués au maniement des armes.

Les lignes suivantes terminent la lettre du général Trochu :

« Au mois de juillet dernier, l'armée française, dans

tout l'éclat de sa force, traversait Paris au cri de : « A Berlin ! à Berlin ! » J'étais loin de partager cette confiance, et seul, peut-être, entre tous les officiers généraux, j'osai déclarer au maréchal ministre de la guerre que j'apercevais dans cette bruyante entrée en campagne, aussi bien que dans les moyens mis en œuvre, les éléments d'un grand désastre. Le testament que j'ai déposé à cette époque entre les mains de Me Ducloux, notaire à Paris, témoignera à un jour donné des douloureux pressentiments, trop motivés, dont mon âme était remplie.

« Aujourd'hui, devant la fièvre qui s'est très légitimement emparée des esprits, je rencontre des difficultés qui offrent la plus frappante analogie avec celles qui se sont produites dans le passé. Je déclare ici que, pénétré de la foi la plus entière dans le retour de fortune qui sera dû à la grande œuvre de résistance que résume le siége de Paris, je ne céderai pas à la pression de l'impatience publique. M'inspirant des devoirs qui nous sont communs à tous, et des responsabilités que personne ne partage avec moi, je suivrai jusqu'au bout le plan que je me suis tracé, sans le révéler, et je ne demande à la population de Paris, en échange de mes efforts, que la continuation de la confiance dont elle m'a jusqu'à ce jour honoré. »

Lord Lindsay est venu apporter au ministre de la guerre une somme de 500,000 francs, montant de souscriptions recueillies en Angleterre et destinées aux malades et blessés français.

On s'est dit que lord Lindsay n'avait pas accompli

ce voyage à travers les lignes prussiennes, uniquement dans le but d'apporter du soulagement aux blessés et aux malades. On soupçonne qu'il est chargé d'une mission auprès du Gouvernement; de là à l'armistice, il n'y a qu'un pas. Grand émoi dans Paris.

Le journal *la Vérité* augmente l'anxiété publique, en posant à brûle pourpoint les questions suivantes au Gouvernement :

« Est-il vrai qu'un journal anglais, *le Standard*, daté du 5 octobre, ait été remis à M. Jules Favre, et que le contenu de ce journal nous ait été caché ?

« Est-il vrai que l'autorité du préfet du Rhône ait été méconnue à Lyon et que M. Cluseret ait été investi par une minorité formée en Commune, du commandement supérieur de toutes les forces militaires ?

« Est-il vrai que M. l'amiral Fourichon ait donné sa démission de délégué de la commission de Tours ?

« Est-il vrai qu'un gouvernement se soit formé dans l'Ouest, en dehors de la délégation de Tours ?

« Est-il vrai que M. Burnside soit venu à Paris, chargé d'une mission de conciliation ?

« Est-il vrai qu'il y ait eu une proposition d'armistice ?

« Est-il vrai qu'une armée prussienne ait forcé une armée venue de Lyon à battre en retraite ?

« Est-il vrai qu'une discussion orageuse, relative à la conduite des opérations militaires, ait eu lieu, hier, entre les membres du Gouvernement ? »

Les questions de *la Vérité* semblent si bien porter

leur réponse avec elles, qu'une émotion extraordinaire se répand dans Paris, d'autant plus que M. Portalis a eu soin d'afficher son journal à tous les coins de rue.

Le Gouvernement parlera-t-il demain matin? Il le faut, ou l'on croira *la Vérité* sur parole.

VINGT-NEUVIÈME JOURNÉE.

16 octobre.

Le Gouvernement a commencé par emprisonner M. Portalis dans la nuit; ce matin, il fait aux questions du journal la réponse suivante :

« Le journal *la Vérité* publie, dans son numéro de ce matin, une série de questions relatives les unes à des nouvelles de province que le Gouvernement cacherait au public, les autres au refus d'un armistice proposé par M. de Bismark. Chacune de ces questions est précédée d'un titre en gros caractère destiné à capter l'attention et à jeter une vive émotion dans l'opinion publique, en faisant croire, d'une part, que la province est livrée à l'anarchie, de l'autre, que le Gouvernement repousse des propositions acccptables.

« Le but de cette publication ne peut être douteux, et ce qui achève de le révéler, c'est que ces inventions criminelles ont été, en partie, au moins, placardées sur les murs de Paris.

« Le Gouvernement a donné au préfet de police l'ordre d'arrêter l'auteur de cette manœuvre et de déférer ses actes aux tribunaux.

« Quant aux faits relevés par le journal, la réponse du Gouvernement a été très simple.

« Aucune nouvelle reçue par lui n'a été dissimulée; il a toujours fait connaître celles qu'il recevait au moment même où elles lui parvenaient.

« Malheureusement, malgré ses efforts, il n'a pu jusqu'à ce jour rétablir des communications régulières avec les départements.

« La dernière dépêche officielle est celle qui annonçait l'arrivée de M. Gambetta à Montdidier; aujourd'hui nous savons qu'il est à Tours, où il s'occupe activement de la défense.

« Le journal *la Vérité* accuse le Gouvernement d'avoir caché des nouvelles qui lui seraient venues par un numéro du *Standard*; il est parfaitement exact que le Gouvernement a su que ce journal, notoirement hostile à la France, renfermait des nouvelles à sensation qui lui ont paru absolument controuvées. Ne pouvant les contrôler et les tenant pour éminemment suspectes, il a dû attendre les informations qui peuvent lui arriver d'un moment à l'autre.

« Or, aujourd'hui même, il reçoit d'une personne, qu'il ne peut indiquer sans indiscrétion, communication d'un numéro du *Journal de Rouen*, du 12 octobre, dont nous publions les principaux passages et qui nous permettent de démentir les bruits alarmants répandus avec malignité.

« Nous pouvons même ajouter qu'une personne

venue hier de Versailles a entendu de la bouche d'un témoin digne de foi le récit d'un combat dans lequel notre armée de la Loire aurait complétement battu l'ennemi, qu'elle aurait repoussé d'Orléans.

« Ce combat aurait ainsi suivi et réparé la journée dans laquelle nos troupes auraient été forcées de se replier.

« Nous donnons cette nouvelle telle qu'elle nous a été transmise, et pour les autres nous renvoyons nos lecteurs aux articles du *Journal de Rouen*, qui lui prouveront la résolution enthousiaste des départements de seconder notre effort par les plus grands sacrifices.

« Quant à la prétendue proposition d'armistice, le Gouvernement y oppose le démenti le plus net.

« Un général américain dont le nom est entouré d'une légitime illustration, M. Burnside, est, il est vrai, venu à Paris le 3 octobre dernier. Il avait traversé le quartier général prussien. Il était porteur d'une lettre de M. le comte de Bismark adressée à M. le ministre des affaires étrangères. Mais cette lettre était exclusivement relative à la réclamation des membres du Corps diplomatique présents à Paris, qui avaient demandé qu'il leur fût loisible d'expédier un courrier par semaine à leurs gouvernements.

« M. Burnside n'avait aucune qualité officielle, et c'était de son propre mouvement, obéissant à une impulsion généreuse, dont nous lui sommes reconnaissants, qu'il venait, sans aucun mandat, essayer un rapprochement entre les belligérants. C'est dans ces termes que s'est échangée la conversation, et nous prenons la liberté de faire observer que de tels entretiens, dénués de caractère officiel, ne pourraient, sans de très graves inconvénients, appartenir de droit au public.

« Le Gouvernement comprend que chacun soit impatient de connaître tous les faits qui sont de nature à influencer notre situation. Il croit toutefois de son devoir de couvrir par une discrétion indispensable ceux qui s'accomplissent et n'ont point encore produit tous leurs résultats. C'est là une règle de bon sens qu'il serait coupable d'enfreindre. Il peut néanmoins ajouter que, dans la seconde visite que M. le général Burnside a rendue au ministre des affaires étrangères et à laquelle assistait M. le gouverneur de Paris, le caractère de la conversation est resté le même.

« M. Burnside n'était porteur d'aucune lettre de M. de Bismark, n'était chargé d'aucune parole. Seulement, il est résulté de la conversation, que les vues du chancelier de la Confédération du Nord étaient restées les mêmes qu'à Ferrières; et que s'il regardait un armistice comme réalisable pour la convocation d'une Assemblée, il ne l'accorderait effectif que pendant une durée de quarante-huit heures; il refuserait d'y comprendre Metz; il repousserait tout ravitaillement; il exclurait de l'élection nos braves et malheureux compatriotes de l'Alsace et de la Lorraine.

« Le journaliste qui a accusé le Gouvernement d'avoir rejeté un armistice acceptable aura sans doute honte de sa hardiesse; nous la livrons à l'opinion publique, elle jugera avec une juste sévérité ceux qui, par ces criminelles manœuvres, entreprennent, heureusement en vain, d'énerver la défense nationale. »

Des journaux anglais, parvenus à Paris, annoncent un grand mouvement national en province. Garibaldi est arrivé à Tours.

Un numéro du *Journal de Rouen* parle, d'après les journaux anglais, d'une vigoureuse sortie de Bazaine sur Ladonchamps et Grandes-Tapes. Bazaine a dû rentrer dans Metz.

On apprend, de même source, qu'un combat malheureux pour nos armes a été livré près d'Arthenay, le 10 octobre.

Quelques détails sur la descente en ballon de M. Gambetta :

Le ballon qui portait M. Gambetta perdait son gaz, et ce n'est point sans péril que M. le ministre de l'intérieur traversa le département de l'Oise, près Clermont. Le ballon était à environ 200 mètres du sol; les Prussiens tirèrent plusieurs coups de fusil sur les voyageurs, qui ont été préservés par la nacelle.

La descente du ballon eut lieu à huit kilomètres de Clermont, sur la route de Compiègne, au village d'Épineuse, et ce n'est point sans difficultés que les voyageurs purent descendre, la nacelle s'étant accrochée à un vieux chêne.

M. Gambetta se fit conduire aussitôt à Montdidier, où il est arrivé à huit heures du soir à la sous-préfecture. Après un séjour de quelques heures, il s'est dirigé sur

Amiens et doit, de là, se rendre à Tours. Son arrivée et son heureuse délivrance ont été annoncées à Paris par l'envoi de pigeons voyageurs.

Rien à signaler sous Paris.

TRENTIÈME JOURNÉE

17 octobre.

Un journal allemand, arrivé à Paris, contient un rapport de M. de Bismark sur l'entrevue de Ferrières. Ce document provoque une réponse de M. Jules Favre, publiée dans le *Journal officiel* de ce matin, et que voici. Elle est adressée aux représentants diplomatiques de la France à l'étranger :

Monsieur, je ne sais quand cette dépêche vous parviendra. Depuis trente jours, Paris est investi et sa ferme résolution de résister jusqu'à ce qu'il ait obtenu la victoire peut prolonger quelque temps encore la situation violente qui le sépare du reste du monde. Néanmoins, je n'ai pas voulu retarder d'un jour la réponse que mérite le rapport rédigé par M. le comte de Bismark sur l'entrevue de Ferrières ; je constate d'abord qu'il confirme en tous points mon récit, sauf en ce qui concerne un échange d'idées sur les conditions de paix, qui, suivant M. de Bismark, n'auraient pas été débattues entre nous.

J'ai reconnu que sur ce sujet le chancelier de la Confédération du Nord m'avait opposé dès les premiers mots une sorte de fin de non-recevoir tirée de ma déclaration absolue : « que je ne consentirais à aucune cession de territoire »; mais mon interlocuteur ne peut avoir oublié que sur mon insistance il s'expliqua catégoriquement, et mentionna, pour le cas où le principe de la cession territoriale serait admis, les conditions que j'ai énumérées dans mon rapport : l'abandon par la France de Strasbourg avec l'Alsace entière, de Metz et d'une partie de la Lorraine.

Le chancelier fait observer que ces conditions peuvent être aggravées par la continuation de la guerre. Il me l'a, en effet, déclaré, et je le remercie de vouloir bien le mentionner lui-même. Il est bon que la France sache jusqu'où va l'ambition de la Prusse ; elle ne s'arrête pas à la conquête de deux de nos provinces, elle poursuit froidement l'œuvre systématique de notre anéantissement. Après avoir solennellement annoncé au monde, par la bouche de son roi, qu'elle n'en voulait qu'à Napoléon et à ses soldats, elle s'acharne à détruire le peuple français. Elle ravage son sol, incendie ses villages, accable ses habitants de réquisitions, les fusille quand ils ne peuvent satisfaire à ses exigences, et met toutes les ressources de la science au service d'une guerre d'extermination.

La France n'a donc pas d'illusion à conserver. Il s'agit pour elle d'être ou de n'être pas. En lui proposant la paix au prix de trois départements qui lui sont unis par une étroite affection, on lui offrait le déshonneur. Elle l'a repoussé. On prétend la punir de mort. Voilà la situation bien nette.

Vainement lui dit-on : Il n'y a pas de honte à être vaincu, encore moins à subir les sacrifices imposés par la défaite. Vainement ajoute-t-on encore, que la Prusse peut reprendre les conquêtes violentes et injustes de Louis XIV.

De telles objections sont sans portée, et l'on peut s'étonner d'avoir à y répondre.

La France ne cherche pas une impuissante consolation dans l'explication trop facile des causes qui ont entraîné son échec. Elle accepte ses malheurs et ne les discute pas avec son ennemi. Le jour où il lui a été donné de reprendre la direction de ses destinées, elle a loyalement offert une réparation. Seulement, cette réparation ne pouvait être une cession de territoire. Pourquoi ? parce que c'était un amoindrissement ? non ; parce que c'était une violation de la justice et du droit dont le chancelier de la Confédération du Nord ne semble tenir aucun compte. Il nous renvoie aux conquêtes de Louis XIV. Veut-il revenir au *statu quo* qui les a immédiatement précédées ? Veut-il réduire son maître à la couronne ducale placée sous la suzeraineté des rois de Pologne ? Si, dans la transformation que l'Europe a subie, la Prusse est devenue d'un état insignifiant une puissante monarchie, n'est-ce pas à la conquête qu'elle le doit ? Mais avec les deux siècles qui ont favorisé cette vaste recomposition, s'est opéré un changement plus profond et d'un ordre plus élevé que celui qui déterminait jusqu'ici les morcellements de territoire. Le droit humain est sorti des régions abstraites de la philosophie. Il tend de plus en plus à prendre possession du monde et c'est lui que la Prusse foule aux pieds quand elle essaye de nous arracher deux provinces en reconnaissant que les populations repoussent énergiquement sa domination.

A cet égard, rien ne précise mieux sa doctrine que ce mot rappelé par le chancelier de la Confédération du Nord : Strasbourg est la clef de notre maison. C'est donc comme propriétaire que la Prusse stipule, et cette propriété, elle l'applique à des créatures humaines dont elle supprime par ce fait la liberté morale et la dignité individuelle. Or, c'est précisément le respect de cette liberté, de cette dignité, qui interdit à la France de consentir à l'abandon qu'on lui demande. Elle peut subir l'abus de la force, elle n'y ajoutera pas l'abaissement de sa volonté.

J'ai eu le tort de ne pas faire sur ce point suffisamment comprendre ma pensée quand j'ai dit, ce que je maintiens, que nous ne pouvons sans déshonneur céder l'Alsace et la Lorraine. J'ai caractérisé par là non l'acte imposé au vaincu, mais la faiblesse d'un complice qui donnerait la main à l'oppresseur et consommerait une iniquité pour se racheter lui-même. M. le comte de Bismark ne trouvera pas un Français digne de ce nom qui pense et agisse autrement que moi.

Et c'est aussi pourquoi je ne puis reconnaître qu'une proposition d'armistice sérieusement acceptable nous ait été faite. Je désirais avec ardeur qu'un moyen honorable nous fût offert de suspendre les hostilités et de convoquer une Assemblée. Mais, j'en appelle à tous les hommes impartiaux, le Gouvernement pouvait-il accéder au compromis qui lui était proposé ? L'armistice n'eût été qu'une dérision s'il n'avait rendu possibles de libres élections. Or, on ne lui donnait qu'une durée effective de quarante-huit heures. Pendant le surplus de la période de quinze jours ou trois semaines, la Prusse se réservait la continuation des hostilités, en sorte que l'Assemblée eût délibéré sur la paix et la guerre pendant la bataille qui aurait décidé du sort de Paris. De plus, l'armistice ne s'étendait pas à Metz. Il excluait le ravitaillement et nous condamnait à consommer nos vivres pendant que l'armée assiégeante aurait largement vécu par le pillage de nos provinces. Enfin, l'Alsace et la Lorraine n'auraient pas nommé de députés, par la raison vraiment inouïe qu'il s'agissait de prononcer sur leur sort : la Prusse ne leur reconnaissant pas ce droit, nous demandait de tenir la poignée du sabre avec lequel elle le tranche.

. Voilà les conditions que le chancelier de la Confédération du Nord ne craint pas d'appeler « très conciliantes », en nous accusant « de ne pas saisir l'occasion de convoquer une Assemblée nationale, témoignant ainsi notre résolution de ne pas nous débarrasser des difficultés qui empêchent la conclusion d'une paix conforme au droit national, et de ne pas écouter l'opinion publique du peuple français. »

Eh bien, nous acceptons devant notre pays comme devant l'histoire la responsabilité de notre refus. Ne pas l'opposer aux exigences de la Prusse eût été à nos yeux une trahison. J'ignore quelle destinée la fortune nous réserve. Mais, ce que je sens profondément, c'est qu'ayant à choisir entre la situation actuelle de la France et celle de la Prusse, c'est la première que j'ambitionnerais. J'aime mieux nos suffrances, nos périls, nos sacrifices, que l'inflexible et cruelle ambition de notre ennemi. J'ai la ferme confiance que la France sera victorieuse. Fût-elle vaincue, elle resterait encore si grande dans son malheur, qu'elle demeurerait un objet d'admiration et de sympathie pour le monde entier. Là est sa force véritable, là sera peut-être sa vengeance.

Les cabinets européens, qui se sont bornés à de stériles témoignages de cordialité, le reconnaitront un jour ; mais il sera trop tard. Au lieu d'inaugurer la doctrine de haute médiation, conseillée par la justice et l'intérêt, ils autorisent, par leur inertie, la continuation d'une lutte barbare qui est un désastre pour tous, un outrage à la civilisation. Cette sanglante leçon ne sera pas perdue pour les peuples. Et qui sait ? l'histoire nous enseigne que les régénérations humaines sont par une loi mystérieuse étroitement liées à d'ineffables malheurs. La France avait peut-être besoin d'une épreuve suprême ; elle en sortira transfigurée, et son génie brillera d'un éclat d'autant plus vif qu'il l'aura soutenue et préservée de défaillances en face d'un puissant et implacable ennemi.

Lorsque vous pourrez, Monsieur, vous inspirer de ces réflexions dans vos rapports avec le représentant du gouvernement près duquel vous êtes accrédité, la fortune aura prononcé son arrêt ; en voyant cette grande population de Paris, assiégée depuis un mois, si résolue, si unie, j'attends avec un cœur ferme et confiant l'heure de sa délivrance.

Recevez, etc.

JULES FAVRE.

L'exposé des travaux entrepris pour la défense de Paris contient les commandes de matériel et de munitions faites à l'industrie par le ministre des travaux publics :

102 mitrailleuses de divers modèles, commandées dans dix établissements différents, pour être livrées du 13 au 27 octobre ;

115 mitrailleuses des systèmes Gatling et Cristophe, à livrer à partir du 27 octobre ;

312,600 cartouches pour mitrailleuses, livrées ;

50 mortiers et leurs accessoires, avec 50 affûts, livrés ;

400 affûts de siége dont la livraison est commencée ;

500,000 obus de différents calibres, commandés aux différentes fonderies de Paris qui les livrent tous les jours ;

5,000 bombes ;

Plusieurs grosses pièces de marine à longue portée dont la livraison est prochaine;

Enfin, 300 canons de 7 centimètres rayés, se chargeant par la culasse, portant à 8,000 mètres, et dont la livraison commencera le 25 octobre. Cette commande, reçue par les principaux fabricants de la capitale, pourra être portée à 600 pièces.

Le bruit court que les Prussiens auraient évacué Versailles. Mais la population devient défiante à l'endroit de ces nouvelles qui se vérifient trop rarement.

TRENTE-ET-UNIÈME JOURNÉE

18 octobre.

Excellentes nouvelles de province :

Gambetta à Jules Favre.

Nous avons eu nouvelle constatant journées des 8 et 13, par les deux ballons Moclet et Kératry. Elle a produit une immense impression dans toute la province, et une vive émotion sur le Corps diplomatique établi à Tours.

A ce sujet, prière de vouloir annoncer l'arrivée de M. Thiers dans deux jours. Nous avons ici le général Bourbaki, qui nous a donné des nouvelles de Metz, où nous avons encore 90,000 hommes qui, dans des combats incessants, continuent à retenir des forces imposantes autour d'eux. Nous gardons ici Bourbaki,

Frédéric-Charles, qu'on dit remis de sa dyssentrie, serait parti pour Paris, d'après les dépêches du sous-préfet de Neufchâteau. On nous mande, au contraire, de Bruxelles, qu'il est à toute extrémité. Malgré la pointe audacieuse des Prussiens et leur entreprise sur Orléans, nos affaires semblent prendre une bonne tournure. Si les convois de l'armée que nous attendons et qui sont en chemin nous arrivent dans les délais annoncés, la face des choses changera promptement.

Lyon est complétement calme ; tous les prisonniers ont été relâchés.

Malgré l'occupation de Mulhouse, le général Cambriels se maintient fermement de Belfort à Besançon. Cette dernière ville est tout à fait en état de défense et occupée par de l'artillerie de marine, servie comme vous le savez. On a donné d'ailleurs de nombreux commandements aux officiers de la flotte. Tel est l'ensemble de la situation.

Nous avons la conviction que la prolongation inattendue de votre résistance et les préparatifs de jour en jour plus considérables des départements déconcertent les envahisseurs et commencent à les exaspérer. La sympathie de l'Europe, les bruits de médiation par la voie anglaise ou russe, circulent avec une intensité croissante. Il faut faire à la Prusse une guerre de ténacité, et nous la forcerons à reconnaitre qu'en prolongeant elle-même la guerre, elle n'augmente pas ses bonnes chances, et qu'au contraire elle les compromet.

Nous vous avons envoyé de bien nombreux émissaires, et ce n'est pas de notre faute si vous ne recevez pas plus souvent de nos nouvelles.

Salut fraternel.
Léon Gambetta.

Si les messagers de province parviennent rarement à Paris, les ballons ont eu plus de bonheur. M. Steeneackers, directeur des télégraphes à Tours, adresse la dépêche suivante au ministre des finances :

> Arrivée du ballon le *Jean-Bart* à Nogent-sur-Seine. Ranc, Ferrand, Tissandier, Lefèvre, Kératry, à Tours. Tous les ballons partis de Paris sont arrivés en bon état. Recommander que tout ballon soit aussitôt porté à Tours. Recommander aux commandants des forts et aux Parisiens de prêter aide et protection à tous ballons qui peuvent arriver à Paris d'un moment à l'autre.

Par suite d'un vice d'administration des mairies, le pénible spectacle des « queues » devant les boucheries se renouvelle tous les jours. De pauvres femmes, grelottant de froid, s'alignent à la première heure sur un trottoir et passent quelquefois cinq ou six heures avant que leur tour d'être servies de viande ne soit arrivé. Des vieillards, des jeunes filles et même des enfants figurent tristement dans cette foule bleuie par la bise glaciale ou trempée par la pluie. Encore arrive-t-il souvent qu'après plusieurs heures d'attente, on trouve vide l'étal de boucher; alors il faut recommencer la même accablante besogne à quatre ou cinq heures du matin.

Dans certains arrondissements un système plus pratique a été adopté.

On a commencé par dire à chaque boucher libre ou à chaque boucherie municipale :

— Vous recevrez par jour tant de kilogrammes de viande, qui devront correspondre à tant d'habitants, c'est-à-dire à tant de rations. Vous ne délivrerez de la viande qu'aux personnes munies de cartes portant l'adresse de votre boucherie, et vous ne délivrerez que juste la quantité de rations portées sur ladite carte.

Voilà pour le boucher.

Quant à l'habitant, on a remis à chacun ou à chaque chef de famille une carte portant :

1° l'adresse de la boucherie où il doit aller ;

2° le nom de l'habitant ;

3° le nombre de rations auxquelles il a droit.

Chacune de ces rations est de cent grammes par jour et par personne, ou bien de cinquante grammes par demi-ration afférente aux enfants.

Enfin, pour éviter les encombrements et les « queues » si désagréables à la porte des bouchers, il a été résolu que chaque porteur de cartes se ferait servir pour trois jours à la fois, étant libre ainsi de choisir l'heure qui lui conviendra le plus pour se faire délivrer ses rations, et le boucher effaçant avec une griffe ou une plume les trois dates marquées au dos de la carte.

Un restaurateur bien connu vient de payer 320 fr. dix kilos de beurre frais, soit 32 francs le kilo.

RAPPORT MILITAIRE

18 octobre, 7 h. du soir.

Hier, le fort de Nogent a tiré très heureusement sur un poste prussien établi dans la pépinière de la ville de Paris ; deux obus ont pénétré dans la maison qui servait de poste, et, une heure après, une voiture d'ambulance est venue chercher des morts ou des blessés.

Ce matin, des obus de Nogent ont porté sur un assez gros peloton ennemi à l'extrémité du plateau d'Avron.

La Faisanderie a tiré sur le poste prussien à la Fourche de Champigny ; la maison a été traversée de part en part et l'ennemi s'est sauvé précipitamment.

Les Prussiens ont complétement évacué Créteil ; notre reconnaissance de Charenton a poussé jusqu'au moulin de la Marne, sans trouver d'obstacles.

Dans l'après-midi, le général Ducrot a fait avancer à hauteur de Colombes une partie de la brigade Berthaut. Notre artillerie, placée à gauche du village, a lancé sur deux usines d'Argenteuil, où la présence de tirailleurs ennemis était signalée, un certain nombre d'obus ; l'une d'elle a été incendiée. L'ennemi ne s'est pas présenté en masse, on voyait seulement une ligne de tirailleurs derrière un épaulement, dans les vignes, et quelques cavaliers ; il a mis en ligne une batterie qui a lancé, sans résultat, quelques obus dans Colombes, mais son feu a été éteint en quelques minutes par une batterie de 12.

Nos troupes d'infanterie n'ont pas été engagées. La batterie de Courbevoie a soutenu le mouvement par quelques obus de marine, qui allaient éclater dans les pentes de Sannois, empêchant ainsi toute offensive de l'ennemi.

Le Mont-Valérien, la batterie Mortemart et quelques pièces du 6e secteur (Point-du-Jour) ont inquiété les travaux de l'ennemi à Montretout.

Vanves et Issy ont agi de la même manière sur Châtillon.

Le gouverneur de Paris,
P. O. Le général chef d'état-major général,
SCHMITZ.

TRENTE-DEUXIÈME JOURNÉE

19 octobre.

Les nouvelles de la province sont commentées par toute la presse, et dans la soirée, parmi les groupes des boulevards, dans un sens très favorable. La même confiance se manifeste dans les clubs.

Certains journaux publient d'intéressantes indications sur les positions que l'armée assiégeante occupe autour de Paris.

L'armée d'investissement est sous les ordres directs du roi, dont le quartier général est à Versailles. Elle se compose de :

1º Le corps d'armée du Wurtemberg : deux divisions d'infanterie, une division de cavalerie, douze batteries d'artillerie. Cette armée est placée entre Seine et Marne. Les avant-postes sont près de Créteil. Le quartier général est au château de Plessis-Lalande.

2º Le 11ᵉ corps (contingent de Nassau et de Hesse), qui se trouve à gauche du précédent sur Choisy-le-Roi, l'Hay et Chevilly. Le quartier général est probablement à Rungis.

3º Le 6ᵉ corps (contingent de Silésie), qui occupe le plateau de Châtillon et tous les versants ayant vue sur Sceaux, Fontenay-aux-Roses et le Plessis-Piquet. Ce corps est appuyé par

4º Le 2ᵉ corps bavarois, massé dans les villages de Bagneux, Clamart et Châtillon.

Les quartiers généraux de ces deux corps sont à Palaiseau et Plessis-Piquet.

5º Le 1ᵉʳ corps bavarois, placé en réserve en arrière des deux précédents, et qui tient les hauteurs s'étendant depuis Issy jusqu'à Meudon et Sèvres.

Le quartier général est à Sèvres même.

6º Le 5ᵉ corps (contingent de la basse Silésie et du duché de Posen), qui forme la gauche extrême des positions ennemies et s'étend dans toute la partie située au sud-est du fort du Mont-Valérien, sur Montretout, Saint-Cloud, Bougival et Rueil.

Quartier général inconnu.

Ces différents corps composent l'armée placée sous les ordres du prince royal de Prusse.

L'armée du prince royal de Saxe, appelée aujourd'hui armée de la Marne, est formée par :

1º Le 4ᵉ corps (province prussienne de Saxe, Thuringe), qui occupe toutes les hauteurs entre Saint-Denis et Saint-Brice, comprenant les positions du Moulin-d'Orgemont, d'Argenteuil, de Pierrefitte, de Sarcelles, de Stains et du Bourget.

Le quartier général paraît être à Sarcelles.

2º Le corps de garde (corps d'élite recruté dans toutes les provinces de la Prusse), qui se trouve entre Saint-Denis et Sevran.

Le quartier général est au Tremblay.

3º Le 12ᵉ corps (contingent du royaume de Saxe), qui s'étend depuis Sevran jusqu'à la droite des Wurtembergeois, sur Gagny, Montfermeil, Neuilly-sur-Marne.

Le quartier général de ce corps semble être à Montfermeil, où l'ennemi a établi des batteries de position.

Enfin, quatre fortes divisions de cavalerie, représentant environ neuf mille chevaux, battent la campagne dans le sud et le sud-ouest de Paris, sous le commandement du prince Albert de Prusse, et assurent le ravitaillement de l'armée ennemie par les plaines de la Beauce.

L'armée d'investissement comporte donc huit corps d'armée et quatre divisions de cavalerie. Si nous tenons compte des pertes éprouvées depuis le commencement de la campagne, par ces troupes, qui ont assisté aux batailles de Wissembourg, Reichshoffen et Sedan, nous croyons être dans la vérité en estimant à deux cent quarante ou deux cent cinquante mille hommes les chiffres des forces ennemies qui cernent la capitale.

Les rapports militaires ne signalent encore aucun fait important :

19 octobre, 11 h. 1/4 du matin.

Hier matin, une reconnaissance très hardie a été exécutée en avant des forts de Rosny et de Nogent, par les mobiles de la Drôme (commandant Balète), de la Côte-d'Or (commandant Dupuy), et du Tarn (commandants Faure, de Foucaut et de Faramond), sous la direction du colonel Reille.

Notre gauche s'est avancée dans le parc du Raincy, jusqu'à la porte de Paris, et de là s'est rabattue sur

Villemomble, qui a été fouillé en tout sens. L'ennemi a été ensuite débusqué du parc de Launay, où il a eu un homme tué. Pendant ce temps, quelques compagnies ont gravi les pentes d'Ablon, occupé tout le plateau et tiraillé à son extrémité est, sur le poste avancé de la Maison-Blanche.

Notre centre, aussitôt Avron occupé, est entré dans le village du Bois-de-Neuilly, qui était évacué. Nos tirailleurs l'ont ensuite dépassé et se sont portés sur Neuilly-sur-Marne, où l'ennemi était retranché en forces considérables.

Cette reconnaissance a permis de constater que les avant-postes prussiens occupent aujourd'hui Launay, la Maison-Blanche et Neuilly-sur-Marne, c'est-à-dire à quatre kilomètres de Nogent.

Cette nuit, à deux reprises, l'ennemi a tenté des attaques sur un poste de mobiles, à Cachan ; elles ont été aisément repoussées et ont donné lieu à une vive canonnade de nos forts, dont les obus ont été fouiller les positions ennemies de Châtillon, jusqu'à Bourg-la-Reine et l'Hay.

Le commandant du fort d'Issy a envoyé à l'état-major général le nommé Sellier (Léonce), garde mobile à la 7ᵉ compagnie du 5ᵉ bataillon du 2ᵉ régiment (Seine), qui a enlevé hier un factionnaire bavarois après avoir essuyé son feu ; cet homme avait déjà tué deux ennemis et rapporté leurs armes, dimanche dernier.

19 octobre, soir.

Une forte colonne d'infanterie se dirige sur Choisy-le-Roi par la route de Bonneuil.

Un convoi de 72 voitures vient de Gonesse, passe par Villiers-le-Bel ; le convoi est précédé d'un escadron de cavalerie.

Vers trois heures, on a aperçu un incendie près de la route de Châtillon à Clamart, à peu près à égale distance de ces deux localités.

Vers onze heures, hier au soir, fort incendie dans la direction du Grand-Montrouge. L'incendie signalé hier au soir dans la direction de Saint-Cloud était vraisemblablement vers Garches ou Villeneuve. Il a continué pendant une grande partie de la nuit. Le Mont-Valérien tire pendant la nuit de nombreux coups vers l'ouest, quelques-uns vers Montretout. Vers trois heures du matin, nouvelle canonnade des forts du sud de Paris. Ce matin, comme d'ordinaire, postes prussiens dans les redoutes de Montretout et de la Poudrerie.

Depuis quelque temps, on voit tous les soirs, dans les rues de Paris, les guetteurs de nuit chargés de prévenir les pompiers des incendies qui pourraient se déclarer.

Ils marchent par groupes de cinq, quatre hommes et un sergent. Leur costume est très simple : pantalon bleu, blouse bleue à collet rouge, képi analogue, et ceinture de cuir. Tous ils portent à la main une lanterne allumée.

Un événement littéraire : les *Châtiments*, de Victor Hugo, paraissent en France pour la première fois. Cette édition contient une pièce de vers inédite, adressée à la France par le grand poète, au moment où il est rentré dans sa patrie, après vingt ans d'exil.

TRENTE-TROISIÈME JOURNÉE

20 octobre.

Un arrêté publié par le *Journal officiel* détermine les règles qui doivent présider à la formation des compagnies de volontaires de la garde nationale. Chaque bataillon pourra fournir une compagnie de 150 hommes. Les volontaires seront armés de fusils à tir rapide ; l'équipement sera le même que celui des troupes de ligne.

Quelle déplorable inertie dans la fabrication des canons ! Les commandes de canons se chargeant par la culasse, faites à contre cœur, sont suspendues, sans qu'on sache pourquoi.

La canonnière Farcy, qui rend d'immenses services sur la Seine, a besoin d'un affût ; les autorités compétentes refusent l'affût. Les comités ne veulent pas de l'affût ; l'affût n'est pas agréé par la routine.

Voilà où nous en sommes quand trois cent mille Prussiens investissent Paris !

RAPPORT MILITAIRE

29 octobre 1870, matin.

La Faisanderie a continué hier de tirer avec succès sur plusieurs maisons servant de postes à l'ennemi ; le fort de Charenton a canonné plusieurs positions en avant de Choisy-le-Roi et particulièrement la batterie de Thiais, qui incommodait nos travailleurs en avant de Villejuif ; son feu a été éteint au sixième coup.

Cette nuit, comme hier, la fusillade s'est fait entendre à deux reprises; l'ennemi a cherché, mais sans résultat, à attaquer nos avant-postes à Cachan et à la maison Millaud. Les obus des forts ont été atteindre ses réserves jusqu'à l'Hay, Bourg-la-Reine et Bagneux.

En ce moment (dix heures trois quarts), les bastions de l'enceinte, numéros 62, 63 et 64, et le Mont-Valérien croisent leurs feux sur les travaux de l'ennemi, à Montretout et à Garches.

TRENTE-QUATRIÈME JOURNÉE

21 octobre.

RAPPORT MILITAIRE.

21 octobre, 1 h. 45, soir.

Combat de la Malmaison. — Une sortie a été faite aujourd'hui par le général Ducrot, dans la direction de Rueil, la Malmaison, la Jonchère et le château de Buzanval.

Après une canonnade très vive de trois quarts d'heure, nos troupes se sont avancées avec le plus grand entrain sur tous les points, repoussant les tirailleurs ennemis jusque dans l'épaulement qui borde les hauteurs de la Jonchère. Dans ces positions, les obus de notre artillerie allaient les foudroyer, forçant l'ennemi à renouveler cinq fois les détachements qui les occupaient; ce fait peut donner la mesure des pertes considérables qu'il a éprouvées.

L'action ne s'est terminée qu'à la nuit close, et, par

conséquent, les détails n'ont pu encore être recueillis ; le rapport du général Ducrot les fera connaître demain.

Sur la rive gauche, entre Ivry et Issy, le général Vinoy a fait, pendant ce temps, déployer ses troupes sur la route stratégique. Son artillerie, celle des forts et les canonnières de Billancourt ont couvert d'obus toutes les positions de l'ennemi.

Le général de Bellemare s'était, d'autre part, porté de Saint-Denis sur Gennevilliers et Colombes, pour couvrir la droite de l'opération du général Ducrot.

Des souscriptions publiques s'ouvrent de toutes parts pour presser la fabrication de canons et de mitrailleuses. *Le Siècle*, et presque tous les journaux, adressent de chaleureux appels au patriotisme pour cette œuvre utile entre toutes.

Des plaintes s'élèvent contre le service des ambulances, qui se disputent les blessés sur les champs de bataille.

Une commission est nommée pour régulariser la surveillance des ambulances publiques et privées.

Le bruit court que l'ex-empereur aurait fait acte d'abdication en faveur de son fils, et que des intrigues bonapartistes se produisent en Belgique et en Angleterre. Cela laisse tout le monde parfaitement indifférent.

Bourbaki serait allé à Tours offrir son épée à la République.

On annonce la mort d'Alexandre Dumas.

A partir du vendredi 21 octobre jusqu'au jeudi 27 octobre inclusivement, la viande de bœuf et la viande de mouton seront payées dans la ville de Paris aux prix suivants :

Viande de bœuf

1re catégorie. — Tende de tranche, culotte, gite à la noix, tranche grasse, aloyau : 2 fr. 10 le kil.

2e catégorie. — Paleron, côtes, talon de collier, bavette d'aloyau, rognons de graisse : 1 fr. 70 le kil.

3e catégorie. — Collier, pis, gites, plats de côtes, surlonges, joues : 1 fr. 30 le kil.

Le filet et le faux-filet détachés, ainsi que le rognon de chair, sont taxés à 3 fr. le kil.

Viande de mouton

1re catégorie. — Gigots, carrés : 1 fr. 80 le kil.

2e catégorie. — Épaules : 1 fr. 30 le kil.

3e catégorie. — Poitrine, collet, débris de côtelettes : 1 fr. 10 le kil.

Les différentes espèces et catégories de viandes exposées en vente seront indiquées par des écriteaux.

TRENTE-CINQUIÈME JOURNÉE.

22 octobre.

RAPPORT DU GÉNÉRAL DUCROT SUR LE COMBAT DE LA MALMAISON

22 octobre, 4 heures du soir.

Monsieur le gouverneur, la sortie ordonnée par vous en avant de nos lignes s'est exécutée hier conformément au programme que j'avais eu l'honneur de vous soumettre.

Les troupes d'attaque étaient formées en trois groupes :

1er groupe, général Berthaut ; 3,400 hommes d'infanterie; 20 bouches à feu ; 1 escadron de cavalerie : destiné à opérer entre le chemin de fer de Saint-Germain et la partie supérieure du village de Rueil.

2e groupe, général Noel ; 1,350 hommes d'infanterie; 10 bouches à feu : destiné à opérer sur la côte sud du parc de la Malmaison et dans le ravin qui descend de l'étang de Saint-Cucufa à Bougival.

3e groupe, colonel Cholletou : 1,600 hommes d'infanterie; 18 bouches à feu ; 1 escadron de cavalerie : destiné à prendre position en avant de l'ancien moulin au-dessus de Rueil, à relier et à soutenir la colonne de droite et la colonne de gauche.

En outre, deux fortes réserves étaient disposées, *l'une à gauche, sous les ordres du général Martenot,* composée de 2,600 hommes d'infanterie et de 18 bouches à feu ; — *l'autre au centre, commandée par le général Paturel,* composée de 2,000 hommes d'infanterie, de 28 bouches à feu et de deux escadrons de cavalerie.

A une heure, tout le monde était en position, et l'artillerie ouvrait son feu sur toute la ligne, formant un vaste demi-cercle de la station de Rueil à la ferme de la Fouilleuse; elle concentrait son feu, pendant trois quarts d'heure, sur Buzanval, la Malmaison, la Jonchère et Bougival. Pendant ce temps, nos artilleurs et nos têtes de colonne s'approchaient des objectifs à atteindre, c'est-à-dire la Malmaison pour les colonnes Berthaut et Noël, Buzanval pour la colonne Cholletou.

A un signal convenu, l'artillerie a cessé instantanément son feu et nos troupes se sont élancées avec un admirable entrain sur les objectifs assignés ; elles sont arrivées promptement au ravin qui descend à l'étang de Saint-Cucufa au chemin de fer américain, en contournant la Malmaison. La gauche du général Noël a dépassé ce ravin et a gravi les pentes qui montent à la Jonchère, mais elle s'est trouvée bientôt arrêtée sous un feu violent de mousqueterie partant des bois et des maisons où l'ennemi était resté embusqué malgré le feu de notre artillerie. En même temps quatre compagnies de zouaves sous les ordres du commandant Jacquot, se trouvaient acculées dans l'angle que forme le parc de la Malmaison au-dessous de la Jonchère, et auraient pu être compromises, sans l'énergique intervention du bataillon de Seine-et-Marne qui est arrivé fort à propos pour les dégager : ce bataillon s'est porté résolûment sur les pentes qui dominent Saint-Cucufa, sa droite appuyé au parc de la Malmaison ; il a ouvert un feu très vif sur l'ennemi qu'il a forcé de reculer, et a permis ainsi aux quatre compagnies de zouaves d'entrer dans le parc.

Dès le commencement de l'action, quatre mitrailleuses, sous les ordres du capitaine de Grandchamp, et la batterie de 4 du capitaine Nismes, le tout sous la direction du commandant Miribel, s'étaient portées, avec une remarquable audace, très en avant, pour soutenir l'action de l'infanterie. Ses positions étaient, d'ailleurs, très bien choisies, et les résultats ont été très satisfaisants.

En même temps, les francs tireurs de la 2ᵉ division, commandés par le capitaine Faure-Biguet (colonne Cholletou), se précipitaient sur Buzanval, y entraient et se dirigeaient, sous bois, vers les bords du ravin de Saint-Cucufa.

Vers cinq heures, la nuit arrivant et le feu ayant cessé partout, j'ai prescrit aux troupes de rentrer dans leurs cantonnements respectifs.

Nous avions eu devant nous, pendant le combat, la 9e division du 5e corps prussien, une fraction du 4e et un régiment de la garde. Ces troupes ne nous ont opposé qu'une force d'artillerie inférieure à la nôtre.

En résumé, le but a été atteint, c'est-à-dire que nous avons enlevé les premières positions de l'ennemi, que nous l'avons forcé à faire entrer en ligne des forces considérables, qui, exposées pendant presque toute l'action au feu formidable de notre artillerie, ont dû éprouver de grandes pertes; le fait est d'ailleurs constaté par des récits des quelques prisonniers que nous avons pu ramener.

Mais ce que je me plais surtout à reconnaître avec un sentiment de grande satisfaction, c'est l'excellente attitude de nos troupes : zouaves, gardes mobiles, infanterie de ligne, tirailleurs Dumas, francs-tireurs des Ternes, francs-tireurs de la ville de Paris, tout le monde a fait son devoir. Les batteries du commandant Miribel ont poussé l'audace jusqu'à la témérité, ce qui a amené un incident fâcheux : la batterie de 4 du capitaine Nismes a été surprise tout à coup près la porte de Longboyau par une vive fusillade qui, presque à bout portant, a tué le capitaine commandant de la compagnie de soutien, 10 canonniers et 15 chevaux; il en est résulté un instant de désordre pendant lequel deux pièces de 4 sont tombées entre les mains de l'ennemi.

Tel est, monsieur le gouverneur, succinctement et sauf rectifications ultérieures, le récit de cette affaire du 21. J'aurai l'honneur de vous transmettre plus tard l'état de nos pertes en tués et blessés, qui, je l'espère, sont relativement peu considérables; je vous ferai connaître, en même temps, les noms de ceux qui se sont particulièrement distingués.

Je dois ajouter que, pendant l'opération principale, la colonne du général Martenot faisait une utile diversion à notre gauche ; un bataillon s'installait à la ferme de la Fouilleuse, et ses tirailleurs poussaient jusqu'aux crêtes, occupant même pendant un instant la redoute de Montretout et les hauteurs de Garches.

A droite, le régiment des dragons, appuyé d'une batterie à cheval, se portait dans la direction de la Seine, entre Argenteuil et Bezons, et canonnait quelques postes ennemis ; la droite de cette colonne de cavalerie se reliait avec les troupes du général de Bellemare qui était venu prendre position derrière Colombes.

Veuillez agréer, etc...

Signé : général A. Ducrot.

P. S. En terminant, je dois mentionner particulièrement les éclaireurs Franchetti qui avaient été placés dans ces différentes colonnes et qui, comme toujours, se sont montrés aussi dévoués qu'intelligents et intrépides.

L'état général de nos pertes pour la journée du 21 consiste : en officiers, 2 tués, 15 blessés, 11 disparus ; troupe 32 tués, 230 blessés et 153 disparus ; total : 443.

Signé : général A. Ducrot.

Un pigeon apporte des nouvelles de Tours :

M. Gambetta au ministre de l'intérieur :

La levée des hommes et la constitution de l'armée de la Loire continuent avec une grande activité. Nous avons fait venir tout ce qu'il y avait de disponible en Algérie ; on y a trouvé plus d'artillerie qu'on ne croyait en avoir. Marseille est tout à fait rentré dans l'ordre. Le préfet, naguère si attaqué, a passé dimanche une revue de 50,000 gardes nationaux, qui lui ont fait un très chaleureux accueil.

L'ennemi a occupé Orléans. Nos forces sont concentrées sur la Loire, couvrent Bourges et se préparent à prendre l'offensive. Les mouvements de nos troupes dans la Franche-Comté et les Vosges et ceux de l'Ouest se continuent.

Le bruit court que des troubles, auxquels le général Cluseret ne serait pas étranger, auraient eu lieu à Lyon.

Le lycée Bonaparte s'appellera désormais lycée Condorcet.

M. J. Mottu, maire du XIe arrondissement, est révoqué.

M. Mottu faisait la guerre aux cléricaux.

TRENTE-SIXIÈME JOURNÉE

23 octobre.

Aucun fait militaire de quelque importance à signaler. Les carabiniers de la garde nationale du 48e bataillon ont poussé une hardie reconnaissance à Villemomble et tué les sentinelles prussiennes.

Les « queues » devant les boucheries continuent toujours. Les municipalités ne paraissent pas se préoccuper d'y mettre un terme. On se demande si c'est négligence ou incapacité.

Par décision du Gouvernement de la défense nationale, jusqu'à la levée du siége de Paris, aucun ballon ne pourra être lancé sans l'autorisation du Gouvernement. La même autorisation sera nécessaire pour l'admission de toute personne dans la nacelle d'un ballon.

M. E. Portalis, emprisonné, comme on sait, pour cause de questions indiscrètes, a été mis en liberté par suite d'une ordonnance de non-lieu.
C'était bien la peine de l'enfermer à la Conciergerie!
Le commandant Sapia, mis en état d'arrestation, lors de la manifestation de l'Hôtel de Ville, est acquitté par le conseil de guerre.

La viande de cheval commence à entrer sérieusement dans la consommation publique. La taxe de la viande est fixée comme suit, pour une durée de sept jours, par le ministre de l'agriculture et du commerce :

Filet et faux-filet, 1 fr. 80 le kil.
Tende de tranche, culotte, gite à la noix, tranche grasse, aloyau, 1 fr. 40 le kil.
Tous autres morceaux, 80 cent. le kil.

La mortalité générale donne encore cette semaine une augmentation assez sensible: de 1,610 décès, nous arrivons à 1,746. La variole a donné un contingent considérable, et plus fort encore que celui de la semaine dernière; du chiffre 311, elle est arrivée à celui de 360. Cependant cette maladie n'entre que pour une certaine proportion dans l'augmentation de la mortalité à Paris cette semaine, qu'il faut aussi attribuer en partie aux décès par accidents et blessures de guerre.

Voici la liste des décès causés par les principales maladies régnantes à Paris, du 16 au 22 octobre :

Variole, 360; scarlatine, 7; rougeole, 7; fièvre typhoïde, 55; érysipèle, 10; bronchite, 70; pneumonie, 66; diarrhée, 76; dyssenterie, 23; choléra, 3; angine couenneuse, 5; croup, 4; affections puerpérales, 4.

TRENTE-SEPTIÈME JOURNÉE

24 octobre.

Voici la curiosité du jour :

Les Prussiens ont imaginé d'imprimer, à Versailles, un journal français destiné à tromper la province sur ce qui se passe à Paris. Ce journal a pour titre : le *Nouvelliste de Versailles*. Il s'imprime chez M. Beau, 20, rue de l'Orangerie, et se trouve en dépôt chez madame Ledur. Mais une note insérée au-dessus de la mention de l'imprimeur est ainsi conçue :

« M. Beau ayant refusé d'imprimer le Nouvelliste, et madame Ledur d'en ●ndre le dépôt, ont été requis par M. le préfet du département de Seine-et-Oise d'en continuer et l'impression et la vente.

« Le *Nouvelliste de Versailles* paraît tous les jours, à cinq heures. La pagination est celle des journaux allemands. Le premier numéro a paru le 14. »

Entre autres gentillesses de la feuille Bismarkienne, figure une correspondance de Paris qui a au moins un mérite, c'est de dévoiler les secrètes espérances de l'état-major prussien. Ce morceau est à lire en entier :

« Les clubs prétendent déjà gouverner au nom de la *Commune de Paris*, et des affiches portant ce titre sont placardées pour convoquer les gardes nationaux à élire les membres de la municipalité parisienne. Quand cette élection aura eu lieu, vous verrez une démonstration armée, pour installer cette *Commune de Paris*, c'est-à-dire *la Terreur*. La voilà qui fonctionne déjà à Belleville, quartier général du parti terroriste ; ses membres ont décidé la destitution du maire du 19ᵉ arrondissement et son remplacement par un individu de leur choix.

« Le même club a décidé l'arrestation de M. Godillot, fabricant d'équipements militaires, l'expropriation de son industrie pour crime de haute trahison, etc. — Tandis que des journaux annoncent comme prochain un assaut formidable par des masses prussiennes, des amis du général Trochu prétendent qu'il aurait acquis la certitude que l'ennemi renonçait à tenter l'assaut de Paris, le plan adopté à Versailles serait décidément d'affamer la capitale. L'armée prussienne, divisée en masses compactes, occupe de*****tes positions sur divers points autour de Paris. La cavalerie, qui est très nombreuse, sert à relier entre elles ces positions et à arrêter les arrivages de la province. La populace parisienne, augmentée par la banlieue pauvre et dépourvue, ne tardera pas à souffrir de la faim et créera avant huit jours au Gouvernement des difficultés insurmontables dont l'ennemi profitera.

« Plus le parti terroriste montre d'audace, plus le Gouvernement montre de faiblesse ; il ne tardera pas à être débordé et dévoré par toutes ces brutes féroces, s'il ne prend promptement des résolutions énergiques. Les chefs du parti terroriste sont décidés à se débarrasser du général Trochu, du général Le Flô, de l'amiral Fourichon, de MM. Jules Favre, Thiers, Jules Simon, Kératry, suspects de royalisme. Si le général Trochu n'agit pas vigoureusement et sans délai, la Terreur s'installera promptement à Paris. »

Ce soir, une splendide aurore boréale colore le ciel de teintes rouge-clair, percées du scintillement des étoiles. La ville est en émoi ; sur les ponts, les curieux se pressent ; ceux-ci disent : C'est un vaste incendie ; ceux-là, c'est un essai de lumière électrique ; d'autres voient dans ce beau phénomène un signal.

TRENTE-NEUVIÈME JOURNÉE

26 octobre.

M. Gambetta a été nommé ministre de la guerre à Tours.

M. Thiers est arrivé à Paris dans la nuit, venant de Saint-Pétersbourg.

Représentation de bienfaisance au Théâtre-Français dans la journée. Les directeurs de certains théâtres sont vivement sollicités de divers côtés de donner des représentations le soir, à l'heure accoutumée. La défense de Paris n'y perdrait rien, car la recette serait affectée à l'achat des canons ou aux besoins des indigents. On trouve en outre, et non sans raison, que Paris est décidément trop lugubre, le soir, avec ses magasins fermés, ses becs de gaz strictement allumés. Les cafés sont fermés par ordonnance de M. de Kératry, à dix heures, et, dès ce moment, commence une solitude, grâce à laquelle les rares passants pourraient se croire transportés dans une ville de province de troisième ordre. Paris brillant, Paris bruyant, Paris vivant n'est plus.

Le *Journal des Débats* invite le nouveau préfet de police, M. E. Adam, à rapporter l'ordonnance de M. de Kératry sur la fermeture des cafés et la clôture des théâtres.

QUARANTIÈME JOURNÉE

27 octobre.

Scène émouvante et solennelle, renouvelée des grands jours de la Révolution. Une estrade pavoisée de drapeaux est élevée au devant du Panthéon pour recevoir les engagements volontaires de la garde nationale. Aux deux extrémités, des écussons, avec ces dates : 1792, 1870. Un drapeau noir flotte au-dessus de ces trois noms héroïques : *Strasbourg, Toul, Châteaudun.*

On lit sur une bande de toile blanche :

CITOYENS, LA PATRIE EST EN DANGER !

Enrôlements volontaires de la garde nationale.

Le maire et ses adjoints, entourés d'officiers de la garde nationale, sont assis à un bureau. Des gardes nationaux en armes sont debout au pied de l'estrade.

Les tambours battent aux champs, un bataillon s'avance et le maire, M. le docteur Bertillon, prononce un discours, dont voici un passage :

« France, en vain tes armées sont détruites, en vain tes glorieuses villes sont incendiées, si tes enfants se lèvent, la République est fondée, et tes désastres sont effacés aussi vite qu'une pluie d'orage sous le soleil de Messidor !...

« Si tes jeunes générations étaient tellement aviles que cette crise suprême fût impuissante à secouer leur torpeur, alors, ô patrie ! tu ne serais qu'au prélude de tes hontes. La France serait dépecée, et ce qui en resterait, capable, dans son avilissement, de se laisser imposer n'importe laquelle de ces majestés funestes qu'elle a rejetées dans son vomissement !

« Mais il n'en sera pas ainsi, n'est-ce pas ? »

Aussitôt après ces paroles chaleureuses, couvertes d'applaudissements, tout le 60ᵉ bataillon, entraîné par un élan admirable, s'inscrit, commandant en tête, sur un registre ouvert. Un grand nombre de jeunes gens se précipitent vers la tribune et offrent spontanément leur vie à la France et à la République.

Le grondement lointain du canon imprime à cette scène touchante une solennité plus grande.

Le *Combat*, journal dirigé par M. Félix Pyat, publie l'entrefilet suivant, qui éclate dans Paris comme un coup de tonnerre :

« LE PLAN BAZAINE

« Fait vrai, sûr et certain, que le Gouvernement de la défense nationale retient par devers lui comme un secret d'État, et que nous dénonçons à l'indignation de la France comme une haute trahison.

« Le maréchal Bazaine a envoyé un colonel au camp du roi de Prusse pour traiter de la reddition de Metz et de la paix, au nom de Sa Majesté l'Empereur Napoléon III.

« *Le Combat.* »

Sous le coup de l'émotion causée par cette nouvelle

des groupes compacts se forment sur les boulevards. Cinq ou six cents personnes se rendent rue Tiquetonne, au siége du *Combat*, et demandent à parler à M. Pyat. M. Pyat est absent. Les explications données par un de ses collaborateurs n'étant pas jugées suffisantes, la foule, toujours grossissant, devient menaçante; elle s'éloigne, sans s'apaiser. Des députations vont à l'Hôtel de Ville interroger les membres du Gouvernement. Il leur est répondu que la nouvelle est mensongère. Le *Combat* est brûlé dans la rue, aux cris répétés de : *A bas Pyat! Mort à Pyat!* Enfin la même indignation se produit dans les clubs, notamment aux Folies-Bergère.

L'opinion publique est unanime à flétrir le *Combat*; les plus indulgents reconnaissent que si la nouvelle mise en circulation est douteuse, la forme, sous laquelle elle est donnée, est tout à fait malheureuse.

Attendons le *Journal officiel*.

TRENTE-HUITIÈME JOURNÉE

25 octobre.

Immense et douloureuse émotion à la lecture de la dépêche suivante :

A Monsieur Jules Favre, à Paris.

Dans la journée du 18 octobre, la ville de Châteaudun (Eure-et-Loir), a été assaillie par un corps de 5,000 Prussiens. L'attaque a commencé à midi sur tout le périmètre de la ville, dont les rues intérieures étaient barricadées. La résistance s'est prolongée jusqu'à neuf heures et demie du soir. Les francs-tireurs de Paris, la garde nationale de Châteaudun ont rivalisé de courage et d'énergie.

A un moment, la place de la ville était couverte de cadavres prussiens ; on estime les pertes de l'ennemi à plus de 1,800 hommes. La ville n'a pas été occupée, elle a été bombardée, incendiée, et les Prussiens ne se sont établis que sur des ruines. L'incendie dure encore..

Ces détails ont été rapportés par M. de Tevenon, receveur des postes, qui a brillamment fait son devoir de citoyen.

Le commandant de la garde nationale sédentaire, M. Testanières, a été tué à la tête de son bataillon.

La résistance de Châteaudun, ville ouverte, peut être mise à côté des pages les plus héroïques de notre histoire.

La délégation du Gouvernement ouvre un crédit pour subvenir aux besoins des familles de Châteaudun. Le décret porte que cette noble petite cité a bien mérité de la patrie.

Léon Gambetta.

Sous l'empire, des villes comme Nancy se rendaient à quatre uhlans. Sous la République, Châteaudun, ville de 6,000 âmes, résiste pendant neuf heures à 5,000 Prussiens, et les vainqueurs s'établissent sur des ruines.

QUARANTE-UNIÈME JOURNÉE

28 octobre.

Le *Journal officiel* reproduit l'entrefilet du *Combat* et le fait suivre des réflexions suivantes :

« L'auteur de ces tristes calomnies n'a pas osé faire connaître son nom. Il a signé : *le Combat*. C'est à coup sûr le combat de la Prusse contre la France; car, à défaut d'une balle qui aille au cœur du pays, il dirige contre ceux qui le défendent une double accusation, aussi infâme qu'elle est fausse. Il affirme que le Gouvernement trompe le public en lui cachant d'importantes nouvelles, et que le glorieux soldat de Metz déshonore son épée par une trahison.

« Nous donnons à ces deux inventions le démenti le plus net. Dénoncées à un conseil de guerre, elles exposeraient leur fabricateur au châtiment le plus sévère. Nous croyons celui de l'opinion plus efficace. Elle flétrira, comme ils le méritent, ces prétendus patriotes, dont le métier est de semer les défiances en face de l'ennemi, et de ruiner par leurs mensonges l'autorité de ceux qui le combattent.

« Depuis le 17 août, aucune dépêche directe du maréchal Bazaine n'a pu franchir les lignes ; mais nous savons que, loin de songer à la félonie qu'on ne rougit pas de lui imputer, le maréchal n'a cessé de harceler l'armée assiégeante par de brillantes sorties. Le général Bourbaki a pu s'échapper, et ses relations avec la délégation de Tours, son acceptation d'un commandement important, démentent suffisamment les nouvelles fabriquées que nous livrons à l'indignation de tous les honnêtes gens. »

Nos troupes ont occupé le Bourget. Cette nouvelle cause une grande joie. Le rapport officiel constate le fait en ces termes :

28 octobre, 7 heures soir.

Ce matin, avant le jour, le général de Bellemare a fait exécuter une surprise sur le Bourget par les francs-tireurs de la Presse. Après une fusillade d'une demi-heure, l'ennemi a été débusqué du village et rejeté en arrière du ruisseau de la Morée, vers le pont Iblon. Dans la journée, trente pièces d'artillerie et des forces considérables d'infanterie ennemie sont descendues de Gonesse et d'Ecouen. Leur feu n'a pu faire quitter le Bourget à nos hommes (deux bataillons de soutien), et, après une canonnade de plusieurs heures, la plus grande partie du corps ennemi s'est repliée vers le nord. Nos tirailleurs sont restés placés en avant du village, à la hauteur de la route n° 20, venant de Dugny à la route de Lille.

Le gros de nos troupes reste dans le village du Bourget, qu'elles vont mettre en état de défense.

Drancy a été également occupé, sans que l'ennemi ait tenté de le défendre.

Il a laissé entre nos mains quelques prisonniers, des sacs et des armes.

Le *Combat* ne parle aujourd'hui ni de Bazaine, ni des manifestations hostiles dont il a été l'objet, ni du démenti que lui ont donné certains membres du Gouvernement. Ce silence est fort remarqué.

On parle d'un journal bonapartiste qui aurait été fondé à Londres et qui s'appellerait *la Situation*. Ce journal invite, dit-on, le Sénat et le Corps législatif à se réunir dans une ville de province.

Le bruit court que les Prussiens se seraient avancés jusqu'à Rouen.

Au club des Montagnards, on a adopté un projet de loi dont l'article 6 porte en substance que « tous les biens des corporations religieuses et des personnes qui se sont soustraites par la fuite à la défense de Paris seront confisqués. »

Le même article porte que ces biens serviront, d'une part, à payer les frais de la guerre, et, de l'autre, à donner une indemnité aux défenseurs de la patrie.

Dans cette même séance, la suppression totale des loyers pendant la durée de la guerre a été admise en principe. « Les locataires, a dit un orateur, sont actuellement les gardiens de la propriété, et, au lieu de payer un loyer quelconque, ils devraient recevoir une indemnité des propriétaires. »

QUARANTE-DEUXIÈME JOURNÉE.

29 octobre.

M. Félix Pyat s'explique, ce matin :

« C'est le citoyen Flourens qui m'a dénoncé pour le salut du peuple (*salus populi*, selon sa propre expression), le plan Bazaine et qui m'a dit le tenir directement du citoyen Rochefort, membre du Gouvernement provisoire de la défense nationale.

« Félix Pyat. »

A la suite de cette déclaration, le citoyen Flourens a écrit la lettre suivante :

29 octobre 1870.

« Mon cher Pyat,

« Le salut du peuple exige en effet qu'une pareille nouvelle soit immédiatement connue de tous, et ce serait honte et trahison que de la cacher un moment.

« C'est au Gouvernement de la défense nationale à établir que cette déplorable nouvelle est inexacte.

« Quant à moi, je n'ai à prouver ni qu'elle est fausse, ni qu'elle est vraie.

« Je maintiens seulement la tenir d'un citoyen attaché au Gouvernement de la défense nationale, et j'affirme que ce citoyen n'est pas le citoyen Henri Rochefort que je n'ai pas vu depuis plusieurs jours.

« Votre

GUSTAVE FLOURENS. »

C'est ce qui s'appelle jouer à la raquette.

Un décret supprime l'ordre de la Légion d'honneur pour les civils; la décoration est maintenue pour les militaires qui se distingueront par des actions d'éclat.

Voici le rapport du général de Bellemare sur la prise du Bourget.

Monsieur le gouverneur,

J'ai l'honneur de vous adresser le rapport sur l'occupation du Bourget, exécutée aujourd'hui par une partie des troupes sous mon commandement.

Voulant utiliser le corps des francs-tireurs de la Presse, dont le service était devenu inutile à la Courneuve, par suite des progrès de l'inondation du Crould, j'ordonnai, hier soir, au commandant des francs-tireurs de faire sur les avant-postes ennemis, établis au Bourget, une attaque de nuit; je lui en indiquai les principales dispositions et je fis prévenir les grand'gardes établies en avant du fort d'Aubervilliers et de la Couronne de prendre les armes, à trois heures du matin, pour soutenir et appuyer le mouvement.

A l'heure prescrite, il fut exécuté avec autant de vigueur que de précision par les francs-tireurs sous les ordres du commandant Rolland. Sans tirer un coup de fusil, ils abordèrent les postes prussiens qui fuirent en désordre, abandonnant la plupart de leurs sacs et de leurs casques. Ils continuèrent à s'avancer dans le village, repoussant l'ennemi de maison en maison, jusqu'à l'église, où ce dernier était établi plus solidement.

C'est alors que je les fis soutenir par une partie du 34ᵉ de marche et le 14ᵉ bataillon de la mobile de la Seine ; j'y envoyai en même temps le colonel Lavoignet, commandant la première brigade, pour prendre le commandement, avec ordre de s'emparer du village et de s'y établir solidement. Je faisais appuyer l'infanterie par une section de deux pièces de 4 et une mitrailleuse, et j'établissais deux pièces de 12 en avant de la Courneuve, pour prendre l'ennemi en flanc.

A 11 heures, je me transportai de ma personne au Bourget, et j'y arrivai au moment où nous en étions complétement maîtres ; je m'étais fait suivre d'une forte réserve, composée du 16ᵉ bataillon de la mobile de la Seine et d'un 1/2 bataillon du 28ᵉ de marche.

Vers midi, l'ennemi démasqua deux batteries de position au pont Iblon, et fit avancer deux batteries de campagne sur la route de Dugny au Bourget, qui ne cessèrent, sauf à de rares intervalles, jusqu'à près de cinq heures, de tirer sur le village, dont ils incendièrent quelques maisons.

Je fis retirer mon artillerie, qui ne pouvait lutter avec celle de l'ennemi, trop supérieure en nombre. Nos troupes restèrent dans leurs positions, quoique recevant pour la première fois ce feu formidable, et je n'ai qu'à me louer de leur sang-froid et de leur énergie.

Pendant ce temps, les sapeurs du génie faisaient les communications, crénelaient les maisons et rétablissaient les barricades.

Vers six heures, j'ai fait relever, par des troupes fraiches, celles engagées depuis le matin, afin de les faire réparer et manger la soupe. On travaillera toute la nuit pour rendre la position aussi défensive que possible.

La prise du Bourget audacieusement attaqué, vigoureusement soutenue, malgré la nombreuse artillerie de l'ennemi, est une opération peu importante en elle-même ; mais elle donne la preuve que, même sans artillerie, nos jeunes troupes peuvent et doivent rester sous le feu plus terrifiant que véritablement meurtrier de l'ennemi.

Elle élargit le cercle de notre occupation au-delà des forts, donne la confiance à nos soldats et augmente les ressources en légumes pour la population parisienne.

Nos pertes, que je ne connais pas encore exactement, sont minimes (tout au plus une vingtaine de blessés et quatre ou cinq tués). Nous avons fait quelques prisonniers.

Quand j'aurai reçu les rapports des chefs de corps et que je les aurai vérifiés avec soin, j'aurai l'honneur de vous envoyer le nom des officiers et soldats qui se sont particulièrement distingués.

Veuillez agréer, etc.

Le général commandant supérieur,

DE BELLEMARE.

P. S. 29 octobre, six heures du matin. — Hier, à sept heures et demie, l'ennemi essaya une attaque à la baïonnette, à la gauche du village. Reçu à bout portant par une compagnie du 14e mobile, il s'enfuit à la première décharge, laissant deux blessés entre nos mains. A la faveur de la nuit, il put emporter les autres blessés et les morts parmi lesquels on assure que se trouve un officier. (Cette attaque nous a coûté deux tués et sept blessés.)

Les blessés prisonniers ont déclaré que nous avions eu devant nous, dans la journée d'hier, deux régiments de la garde et quatre batteries d'artillerie.

La nuit a été calme ; rien de nouveau ce matin.

Signé : de Bellemare.

Pour copie conforme :
Le général chef d'état-major général,

Schmitz.

Cette après-midi, on a enterré au cimetière Montmartre un jeune Bavarois, mort dans une ambulance des suites de sa blessure. On a trouvé sur lui cette lettre touchante, même dans la traduction :

« Oberdingen, 2 août 1870.

« O le plus cher des bien-aimés,

« Oui, le sort nous a frappés. Lourdement et douloureusement il oppresse mon cœur. Ah ! combien long, combien infiniment long sera le temps pour moi ! Combien de jours et d'heures t'attendrai-je ? Combien de nuits encore faudra-t-il passer dans les larmes jusqu'à ce que tu me sois revenu ? Mon cœur menace de se briser, et pourtant, toi, tu crains que je ne te sois infidèle ! Crois-tu donc si peu à mon amour ? Cher Joseph, mon cœur n'appartient qu'à toi. Tu es le seul que j'aie aimé, que j'aimerai jamais !

« A peine avais-je quinze ans que déjà mon cœur battait à l'encontre du tien. Oh ! quelle fut ma joie quand il me fut permis de t'appeler mon fiancé ! Puisse le temps ne pas être éloigné qui me réunira à toi de nouveau ! Confiante dans le Père infiniment miséricordieux, j'espère et j'attends ton retour. Aux coups du sort, je veux opposer un front courageux. Le voile de l'avenir peut me cacher ce qu'il veut, je ne faiblirai pas. Mon amour pour toi est fidèle et vrai.

« Cher Joseph, quand ma mère nous apporta ton adieu, à moi et à mon père, une douleur amère transperça mon cœur ; les larmes ruisselèrent de mes yeux ; ma mère aussi pleura sur toi, et mon bon père lui-même eut peine à retenir ses larmes, qui voulaient de vive force se frayer un passage ; ses lèvres tremblaient et longtemps il regarda devant lui en silence...

« J'acquis alors la certitude que mes parents aimaient ta présence ; souvent depuis, ma mère parle de toi, et chaque fois elle pleure.

« J'espère et je soupire après un joyeux et gai retour. Le bon Dieu et Marie notre mère te protégent.

« Adieu ! Amitiés et baisers de ta fidèle Anna, qui t'aime sans borne.

« Souvenir affectueux de Louise Mari et de son fiancé Antoine.

« Tu m'as promis de m'envoyer ta photographie. Je te rappelle ta promesse.

« Quand tu m'écriras à nouveau, ne mets donc plus sur l'enveloppe : « A demoiselle... » C'est trop comique au village. »

QUARANTE-TROISIÈME JOURNÉE

30 octobre.

Reprise du Bourget par les Prussiens. Au moment où Paris se réjouissait de l'occupation de ce village et y voyait un succès de bon augure, l'incurie du commandement militaire permettait à l'ennemi de reprendre la position.

Il y avait au Bourget trois ou quatre mille hommes au plus, servis par *trois* pièces de canon et *une* mitrailleuse.

Ce matin, à sept heures, les Prussiens ouvrent une violente canonnade sur le village. Une trentaine de pièces amenées dans la nuit jettent une grêle d'obus. Les maisons volent en éclats, brûlent, s'effondrent. Nos soldats, surpris, s'abritent derrière les murs, espérant que l'attaque se bornera à cette terrible canonnade.

Mais point ; vingt mille Prussiens approchent ; une de leurs colonnes attaque le Bourget par le nord, sur la route de Lille ; l'autre tourne le village et y pénètre par le côté de Saint-Denis. Alors s'engage un combat à la baïonnette. Fusils français et fusils prussiens se croisent dans les mêmes créneaux ; on se tue à bout portant.

Quatre mille contre vingt mille !

Trois compagnies sont faites prisonnières ; les autres parviennent à s'échapper par la route d'Aubervilliers.

Pas de morts, beaucoup de blessés.

On cite parmi les morts le commandant Baroche.

Une foule anxieuse regarde du haut de Montmartre, sans deviner ce qui se passe.

Vive irritation contre le général Trochu. Le bon sens public dit que, si on voulait garder le Bourget, il y fallait envoyer des renforts en hommes et en artillerie ; sinon, on ne devait pas y laisser une poignée de soldats exposés à se faire écharper.

Le général Trochu a grandement besoin de se relever par un coup d'éclat. La confiance, illimitée au début, baisse sensiblement. Des affaires de ce genre déroutent l'opinion et démoralisent l'armée.

Ce soir, profonde surexcitation dans les esprits. Le rapport militaire du général Schmitz a beau essayer d'atténuer cet échec qu'on aurait pu éviter, il augmente l'exaspération de la foule. Voici ce curieux document :

30 octobre, 5 h. 1/2, soir.

Le Bourget, village en pointe en avant de nos lignes, qui avait été occupé par nos troupes, a été canonné pendant toute la journée d'hier sans succès par l'ennemi. Ce matin, de bonne heure, des masses d'infanterie, évaluées à plus de 15,000 hommes, se sont présentées de front, appuyées par une nombreuse artillerie, pendant que d'autres colonnes ont tourné le village, venant de Dugny et de Blanc-Menil. Un certain nombre d'hommes qui étaient dans la partie nord du Bourget ont été coupés du corps principal et sont restés entre les mains de l'ennemi. On n'en connait pas exactement le nombre en ce moment. Il sera précisé demain.

Le village de Drancy, occupé depuis vingt-quatre heures seulement, ne se trouvait plus appuyé à sa gauche, et, le temps ayant manqué pour le mettre en état respectable de défense, l'évacuation en a été ordonnée, pour ne pas compromettre les troupes qui s'y trouvaient.

Le village du Bourget ne faisait pas partie de notre système général de défense ; son occupation était d'une importance très secondaire, et les bruits qui attribuent de la gravité aux incidents qui viennent d'être exposés sont sans aucun fondement.

Dans une réunion des maires des départements de la Seine, de Seine-et-Oise, de Seine-et-Marne et de l'Oise à l'Hôtel de Ville, M. Jules Favre a prononcé un discours, fréquemment applaudi, dont voici un passage :

« Nous ferons notre devoir sans arrière-pensée. Et quand on dit qu'il serait plus commode d'abandonner deux provinces; quand on nous dit que, grâce aux alliances qu'un plus sage gouvernement nous donnerait, dans un espace très court, nous les arracherions à l'ennemi, repoussons un pacte semblable. (*Applaudissements.*) C'est un sentiment plus élevé que notre intérêt qui nous dirige. Nous comprenons qu'il nous est impossible de transiger avec le devoir, qui nous ordonne de défendre ceux qui se sont sacrifiés pour nous. (*Applaudissements unanimes.*)

« Les aigles prussiennes ont beau couvrir les remparts de Strasbourg, de Toul et des autres vaillantes cités qui ont succombé après avoir laissé réduire en cendres leurs monuments et leurs maisons, ces remparts, comme les cœurs de ceux qui les ont défendus, n'ont pas cessé d'être français, et nous devons tous mourir avant de les abandonner à l'étranger. (*Applaudissements unanimes.*)

« Messieurs les maires, dans les épreuves cruelles imposées aux nations comme aux individus, ce qui est difficile souvent n'est pas de faire son devoir, c'est de le connaître. Grâce à Dieu, nous n'avons point d'hésitation à éprouver de ce genre : le devoir est impérieux et il est simple, c'est de défendre le pays, d'aller aux remparts; et comme l'ennemi semble les regarder avec respect, sans oser les approcher, le devoir, maintenant, c'est de franchir les remparts, c'est d'aller à l'ennemi, et de le percer pour tendre la main à nos frères de province. (*Triple salve d'applaudissements.*) »

QUARANTE-QUATRIÈME JOURNÉE

31 octobre.

C'est avec une profonde stupéfaction qu'on lit, dès le matin, sur tous les murs de Paris, la déclaration suivante :

Le Gouvernement vient d'apprendre la douloureuse nouvelle de la reddition de Metz. Le maréchal Bazaine et son armée ont dû se rendre après d'héroïques efforts, que le manque de vivres et de munitions ne leur permettait plus de continuer. Ils sont prisonniers de guerre.

Cette cruelle issue d'une lutte de près de trois mois causera dans toute la France une profonde et pénible émotion. Mais elle n'abattra pas notre courage. Pleine de reconnaissance pour les braves soldats, pour la généreuse population qui ont combattu pied à pied pour la patrie, la ville de Paris voudra être digne d'eux. Elle sera soutenue par leur exemple et par l'espoir de les venger.

On lit à côté de cette affiche, cet autre placard que le Gouvernement semble offrir comme palliatif.

M. Thiers est arrivé aujourd'hui à Paris ; il s'est transporté sur-le-champ au ministère des affaires étrangères.

Il a rendu compte au Gouvernement de sa mission. Grâce à la forte impression produite en Europe par la résistance de Paris, quatre grandes puissances neutres, l'Angleterre, la Russie, l'Autriche et l'Italie, se sont ralliées à une idée commune.

Elles proposent un armistice, qui aurait pour objet la convocation d'une Assemblée nationale. Il est bien entendu qu'un tel armistice devrait avoir pour conditions le ravitaillement, proportionné à sa durée, et l'élection de l'Assemblée par le pays tout entier.

Le ministre des affaires étrangères, chargé par intérim du ministère de l'intérieur,

JULES FAVRE.

L'échec du Bourget, la reddition de Metz et la proposition d'armistice portent l'émotion publique à son comble. Des groupes fiévreux se forment sur les boulevards et sur les places ; on accuse à tort, sans doute, le Gouvernement d'avoir dissimulé la vérité sur Metz, en traitant solennellement M. F. Pyat de menteur. On accuse son inertie démontrée par la fâcheuse affaire du Bourget ; on l'accuse d'entamer des négociations, quand tout Paris demande à se battre.

Une foule immense se porte, vers midi, sur la place de l'Hôtel-de-Ville. En un clin-d'œil l'Hôtel de Ville est envahi, la cour Louis XIV, les vestibules,

les escaliers regorgent de monde ; une confusion inexprimable règne à l'intérieur. Sur la place, la foule reste compacte, en dépit de la pluie. Un drapeau rouge est arboré sur le faîte du monument. Des bataillons nouveaux dont l'attitude paraît assez indécise ne cessent de déboucher sur la place. Par toutes les fenêtres, des citoyens qui ont pénétré dans les différentes salles de la mairie, jettent des centaines de billets et de pancartes, qui portent les renseignements les plus contradictoires.

Tout à coup, M. Flourens arrive à cheval, à la tête d'un des bataillons de Belleville. Il est chaleureusement acclamé ; et il parvient, non sans peine, à pénétrer dans l'Hôtel de Ville. A sa suite, un nouveau flot d'hommes réussit à envahir les vestibules et les escaliers où l'on étouffe depuis une heure.

Les listes circulent toujours plus nombreuses et plus contradictoires. Dans une des salles, M. Dorian est acclamé comme président de la Commune ou du nouveau Gouvernement de la défense nationale. Mais M. Dorian refuse absolument d'accepter ce poste. Il réussit à s'évader. MM. Ferry et Picard ne tardent pas à disparaitre comme lui.

Environ une heure après son arrivée, M. Flourens, sortant de la salle des tableaux, se montre sur la plate-forme du grand escalier. Il annonce que l'élection de la Commune aura lieu dans les quarante-huit heures. En attendant, il propose une liste de gouvernement provisoire. M. Le Français, qui prend la parole après lui, en propose une autre. A ce moment, les noms qui sont prononcés le plus souvent sont ceux de Blanqui, Louis Blanc, Ledru-Rollin, Delescluze, Félix Pyat, Mottu, Flourens et Schœlcher.

Dans la salle des séances, les quelques membres du Gouvernement qui sont restés et qui refusent énergiquement de donner leur démission, sont littéralement bloqués par la foule, qui réclame à grands cris leur arrestation. Ce sont MM. Trochu, Jules Favre, Jules Simon et Magnin, auprès desquels se tient M. Tamisier.

M. Flourens insiste à plusieurs reprises auprès d'eux pour leur faire donner leur démission. Enfin, après une très longue lutte, il déclare que par mesure de salut public, ils seront gardés à vue. Puis il invite la foule à évacuer la salle où il retient les prisonniers.

La foule obéit à cette invitation. Le général Trochu profite du désordre pour s'échapper.

A neuf heures et demie, l'Hôtel de Ville est entièrement au pouvoir des envahisseurs. M. Blanqui paraît être de fait le président du nouveau Gouvernement. C'est lui qui signe tous les permis de circulation.

Deux bataillons de Belleville occupent les abords de la mairie. D'autres bataillons également favorables à la Commune révolutionnaire, croyant au succès définitif de leur cause, regagnent tranquillement les faubourgs.

Des commissaires, porteurs d'ordres signés de M. Blanqui, partent dans toutes les directions pour s'emparer des ministères et des postes les plus importants. Ils se font accompagner chacun par un détachement armé. Partout ils se heurtent à la résistance la plus énergique, notamment à la préfecture de police et dans les bureaux du *Journal officiel*. Bien qu'ils soient en force, les commissaires du nouveau Gouvernement n'insistent pas.

Un de ses délégués se présente au parc d'artillerie de la garde nationale, sur le square Notre-Dame, où le personnel de plusieurs batteries a été réuni par le colonel Schœlcher. Il somme les artilleurs de se mettre avec leurs canons à la disposition du nouveau Gouvernement. Mais les artilleurs refusent énergiquement d'obéir à cette injonction.

Sur ces entrefaites, M. Ernest Picard, qui était rentré au ministère des finances, après avoir prévenu l'état-major de la place Vendôme, avait envoyé une estafette au général Ducrot et fait battre le rappel dans plusieurs quartiers. Quelques bataillons de la garde mobile et de la garde nationale s'étaient réunis sur la place Vendôme, d'où deux fortes colonnes, dirigées par MM. Jules Ferry et Edmond Adam, partent vers dix heures, par la rue de Rivoli.

L'une de ces colonnes pénètre dans l'intérieur de l'Hôtel de Ville par le souterrain qui communique avec la caserne. L'autre réussit à forcer l'une des grandes portes. En quelques minutes elles s'emparent de l'Hôtel de Ville tout entier, à l'exception de la salle où se trouvent les membres du nouveau Gouvernement avec leurs prisonniers. Plus de 150 personnes arrêtées par ces nouveaux envahisseurs ont été enfermées dans les caves.

Cependant les assiégés font savoir aux assiégeants qu'ils considèrent leurs prisonniers comme des ôtages.

MM. Flourens et Millière se présentent à la porte de la salle et parlementent avec MM. Jules Ferry et Edmond Adam.

Ils déclarent qu'ils veulent à tout prix éviter une lutte fratricide. Mais ils n'obtiennent que très difficilement de leurs partisans l'évacuation de la salle.

Pendant que ces pourparlers ont lieu, des forces considérables de gardes mobiles et de gardes nationaux qui ont défilé devant la résidence du gouverneur de Paris aux cris répétés de : *Vive Trochu !* occupent les abords de l'Hôtel de Ville. Des réserves s'établissent sur les quais de la rive gauche, entre l'Hôtel-Dieu et le boulevard Saint-Michel.

Des citoyens apportent la nouvelle que le général Ducrot arrive par les Champs-Élysées avec dix mille hommes et deux batteries,

Plus de vingt mille hommes de la garde nationale sont sous les armes. Les assiégés comprennent que toute résistance est inutile, et se rendent.

A deux heures dix minutes, le général Trochu monte à cheval et passe en revue les gardes mobiles et la garde nationale qui l'acclament chaleureusement. A deux heures et demie, il rentre au Louvre et les bataillons reprennent en paix le chemin de leurs quartiers.

Là crainte d'une collision et d'une effusion de sang a été assez vive pour que MM. Dorian, Arago et Schœlcher, dans la pensée de prévenir la guerre civile, aient cru devoir faire imprimer et placarder l'affiche suivante dans la soirée :

MAIRIE DE PARIS

Citoyens,

Aujourd'hui, à une heure, les maires provisoires des vingt arrondissements, réunis à l'Hôtel de Ville de Paris, ont déclaré à l'unanimité que, dans les circonstances actuelles, et dans l'intérêt du salut national, il est indispensable de procéder immédiatement aux élections municipales.

Les événements de la journée rendent tout à fait urgente la constitution d'un pouvoir municipal autour duquel tous les républicains puissent se rallier.

En conséquence, les électeurs sont convoqués pour demain mardi 1er novembre dans leur section électorale, à midi.

Chaque arrondissement nommera, au scrutin de liste, quatre représentants. Les maires de Paris sont chargés de l'exécution du présent arrêté.

La garde nationale est chargée de veiller à la liberté de l'élection.

Vive la République!

Fait à l'Hôtel de Ville, le lundi 31 octobre 1870.

Le président de la commission des élections,
DORIAN.

Le vice-président de la commission des élections,
V. SCHŒLCHER.

Le maire de Paris,
ETIENNE ARAGO.

Les adjoints au maire de Paris,
CH. FLOQUET, HENRI BRISSON, CH. HÉRISSON, CLAMAGERAN.

QUARANTE-CINQUIÈME JOURNÉE

1ᵉʳ novembre.

La malheureuse échauffourée d'hier a atteint un double résultat :

M. Trochu et le Gouvernement y ont trouvé un regain de popularité ; les citoyens acclamés par le peuple déclinent toute responsabilité.

L'idée juste de la Commune (prépondérance de l'élément civil) est décidément compromise.

Le *Journal officiel* publie en tête de ses colonnes les deux notes suivantes :

« L'Hôtel de Ville, envahi dans la journée pendant la délibération des membres du Gouvernement, a été délivré cette nuit, grâce au concours empressé de la garde nationale et de la garde mobile, sans effusion de sang.

« Nous publierons demain les détails qui permettront à l'opinion publique d'apprécier les faits.

« Le Gouvernement a pris les mesures nécessaires pour empêcher le retour de pareils désordres. »

« Le Gouvernement doit mettre en garde les électeurs contre toutes convocations hâtives, de quelque nature qu'elles soient. Les mesures discutées hier en conseil du Gouvernement doivent être soumises ce matin même à une nouvelle délibération. »

Dans l'après-midi, le placard suivant est affiché :

L'affiche publiée hier, pendant que les membres du Gouvernement étaient gardés à vue, annonce des élections matériellement impossibles pour aujourd'hui et sur l'opportunité desquelles le Gouvernement veut connaître l'opinion de la majorité des citoyens.

En conséquence, il est interdit aux maires, sous leur responsabilité, d'ouvrir le scutin.

La population de Paris votera, jeudi prochain, par *oui* ou par *non*, sur la question de savoir si l'élection de la municipalité et du gouvernement aura lieu à bref délai.

Jusqu'après le vote, le Gouvernement conserve le pouvoir et maintiendra l'ordre avec énergie.

Le ministre des affaires étrangères, chargé par intérim du département de l'intérieur,

Jules Favre.

On lit dans le *Journal officiel*, édition du soir :

« Le public ne doit pas se méprendre sur le caractère de la proposition d'armistice qui émane des puissances neutres.

« Cet armistice n'est point le commencement d'une négociation de paix ; il n'a qu'un but, nettement défini : la convocation d'une Assemblée pour mettre la France en mesure de décider de son sort dans la crise où l'ont précipitée les fautes du gouvernement déchu.

« L'armistice a été proposé par les puissances neutres, qui ont demandé elles-mêmes les sauf-conduit au moyen desquels M. Thiers est entré à Paris.

« L'armistice, tel qu'il est proposé, ne saurait porter aucun préjudice à la France ; il est subordonné à des conditions que le Gouvernement de la défense nationale avait précédemment demandées, lors de l'entrevue de Ferrières : le ravitaillement et le vote par la France tout entière.

« Du reste, il ne pourra engager le Gouvernement que lorsque, après avoir été négocié à Versailles, il aura été définitivement accepté à Paris.

« Le Gouvernement de la défense nationale n'a absolument rien à changer à la politique qu'il a proclamée à la face du monde ; il est convaincu d'avoir exprimé la résolution du pays tout entier, il ne doute pas que les élus de la France, réunis à Paris, ne ratifient solennellement son programme, et il a plus que le ferme espoir que la justice de notre cause sera finalement reconnue par toute l'Europe. »

Toute l'attention se concentre sur les divers incidents de la journée d'hier et de la nuit, heureusement terminés sans effusion de sang. Les quatre listes suivantes paraissent avoir circulé dans les groupes pour la formation du gouvernement de la Commune :

Première liste proposée par MM. Pyat et Delescluze et votée par acclamation.

| Dorian, président. | Pyat. |
| Delescluze. | Ledru-Rollin. |

Deuxième liste.

| Dorian, président. | Félix Pyat. |
| Ledru-Rollin. | Schœlcher. |

Louis Blanc.
Joigneaux.
Victor Hugo.
Martin Bernard.

Mottu.
Greppo.
Delescluze.
Bonvallet.

Troisième liste.

Dorian, président.
Louis Blanc.
Ledru-Rollin.
Delescluze.
Félix Pyat.

Flourens.
Rochefort.
Mottu.
Schœlcher.
Victor Hugo.

Quatrième liste.

Dorian.
Ledru-Rollin.
G. Flourens.
Rochefort.
Félix Pyat.
Blanqui.
Delescluze.
Mottu.
Millière.

Greppo.
Schœlcher.
Victor Hugo.
Louis Blanc.
Petit.
Bonvallet.
Duprez.
Malon.
Martin Bernard.

Pendant son triomphe éphémère à l'Hotel de Ville, la Commune a rédigé les décrets suivants :

RÉPUBLIQUE FRANÇAISE
LIBERTÉ, ÉGALITÉ, FRATERNITÉ.

Art. 1ᵉʳ. — Le Gouvernement de la défense nationale a donné sa démission au peuple de Paris, qui l'a acceptée à l'Hôtel de Ville.

Art. 2. — Le peuple de Paris nomme le citoyen Dorian

président intérimaire pour la convocation de la Commune.

Art. 3. — Le citoyen Dorian convoque les électeurs de Paris dans leurs comices pour la nomination de la Commune, demain 1ᵉʳ novembre 1870.

Art. 4. — Le vote aura lieu par scrutin de liste de quatre représentants dans chacun des vingt arrondissement de Paris.

Le soir, grande fermentation dans les clubs, où l'on apprécie en des sens divers la manifestation de l Hôtel de Ville. Au club des Montagnards, la Commune a des partisans, qui, toutefois, répudient la violence et blâment sévèrement M. Blanqui. Le pour et le contre sont chaudement débattus au club de la Porte-Saint-Martin. La Commune est repoussée à la salle de l'Alcazar. A la réunion de la Cour des Miracles, les citoyens Ledru-Rollin et F. Pyat sont accusés d'avoir fui pendant la nuit ; ils ont eu peur, dit l'orateur.

Un journal donne le texte des paroles que le général Trochu aurait adressées à la foule dans l'un des vestibules de l'Hôtel de Ville :

Citoyens,

Voulez-vous entendre la parole d'un soldat ? (Oui ! Oui!)
C'est en vain que vous suspectez mon patriotisme qui me conduira à la mort pour la défense de la République.

J'ai trouvé Paris sans défense ; il pouvait être envahi en quarante-huit heures sans difficulté.

J'ai consacré tous mes efforts à le rendre imprenable il l'est aujourd'hui. (La Commune !)

Aucun ennemi, aussi puissant qu'il soit, ne peut y entrer. (Interruption.)

Ne voyez-vous pas que, pour nous défendre, nous avons besoin de tous les moyens ?

Si nos armées ont été vaincues, c'est qu'elles n'avaient pas ce qu'il faut pour vaincre : elles manquaient d'artillerie.

Nous faisons tous les plus grands efforts pour triompher.

Nous avons réuni des forces capables de lutter avec l'ennemi. (Interruption.)

QUARANTE-SIXIÈME JOURNÉE

2 novembre.

La population de Paris est appelée à voter demain, 3 novembre, sur la question suivante :

La population de Paris maintient-elle, oui ou non, les pouvoirs du Gouvernement de la défense nationale ?

A la suite des événements du 31 octobre, le général Trochu a adressé la proclamation suivante aux gardes nationales de la Seine :

Votre ferme attitude a sauvé la République d'une grande humiliation politique, peut-être d'un grand péril social, certainement de la ruine de nos efforts pour la défense.

Le désastre de Metz, prévu, mais profondément douloureux, a très légitimement troublé les esprits et redoublé l'angoisse publique; et à son sujet, on a fait au Gouvernement de la défense nationale l'injure de supposer qu'il en était informé, et le cachait à la population de Paris, alors qu'il en avait, je l'affirme, le 30 au soir seulement, la première nouvelle.

Il est vrai que le bruit en avait été semé depuis deux jours par les avant-postes prussiens. Mais l'ennemi nous a habitués à tant de faux avis, que nous nous étions refusés à y croire.

Le pénible accident survenu au Bourget, par le fait d'une troupe qui, après avoir surpris l'ennemi, a manqué absolument de vigilance et s'est laissé surprendre à son tour, a vivement affecté l'opinion.

Enfin, la proposition d'armistice, inopinément présenté par les puissances neutres, a été interprétée, contre toute vérité et toute justice, comme le prélude d'une capitulation, quand elle était un hommage rendu à l'attitude de la population de Paris et à la ténacité de la défense. Cette proposition était honorable pour nous; le Gouvernement lui-même en posait les conditions dans des termes qui lui semblaient fermes et dignes. Il stipulait une durée de vingt-cinq jours au moins, — le ravitaillement de Paris pendant cette période, — le droit de voter pour les élections de l'Assemblée nationale, ouvert aux citoyens de tous les départements français.

Il y avait loin de là aux conditions d'armistice que l'ennemi nous avait précédemment faites : quarante-huit heures de durée effective, et quelques rapports très restreints avec la province pour la préparation des élections, — point de ravitaillement, — le gage d'une place forte, — l'interdiction aux citoyens de l'Alsace et de la Lorraine de participer au vote pour la représentation nationale.

A l'armistice aujourd'hui proposé, se rattachent d'autres avantages dont Paris peut facilement se rendre compte, sans qu'il faille les énumérer ici. Et voilà qu'on le reproche comme une faiblesse, peut-être comme une trahison, au Gouvernement de la défense nationale.

Une infime minorité, qui ne peut prétendre à représenter les sentiments de la population parisienne, a profité de l'émotion publique pour essayer de se substituer violemment au Gouvernement. Il a la conscience d'avoir sauvegardé des intérêts qu'aucun gouvernement n'eut jamais à concilier, les intérêts d'une ville de deux millions d'âmes assiégée, et les intérêts d'une liberté sans limites. Vous vous êtes associés à sa tâche, et l'appui que vous lui avez donné sera sa force à l'avenir contre les ennemis du dedans aussi bien que contre les ennemis du dehors.

Le Gouvernement décrète :

Art. 1er. Tout bataillon de la garde nationale qui sortira en armes, en dehors des exercices ordinaires et sans convocation régulière, sera immédiatement dissous et désarmé.

Art. 2. Tout chef de bataillon qui aura convoqué son bataillon en dehors des exercices ordinaires, ou sans ordre régulier, pourra être traduit devant un Conseil de guerre.

———

Sont révoqués, les chefs de bataillon de la garde nationale dont les noms suivent :

G. Flourens, chef du 1er bataillon de volontaires ;
Razoua, chef du 61e bataillon ;

Goupil, chef du 115e bataillon ;
Ranvier, chef du 141e bataillon ;
De Frémicourt, chef du 157e bataillon ;
Jaclard, chef du 158e bataillon ;
Cyrille, chef du 167e bataillon ;
Levraud, chef du 204e bataillon ;
Millière, chef du 208e bataillon.

Le général Clément Thomas, commandant du 3e secteur, est nommé adjudant général, commandant en second des gardes nationales de la Seine.

Le *Rappel* publie la note suivante :

« En lisant sur les murs l'affiche qui ajourne les élections municipales, affiche qui ne lui avait pas été communiquée au préalable, M. Henri Rochefort, qui les avait promises la veille au nom de ses collègues, a cru devoir envoyer sa démission de membre du Gouvernement de la défense nationale. »

Les nouvelles relatives à la conclusion d'un armistice semblent de plus en plus se confirmer.

La dépêche suivante est arrivée de Tours, datée du 31 octobre :

Le général Cambriels annonce avoir détruit, dans les défilés des Vosges, un corps de la landwher de près de six mille hommes.

Bonnes nouvelles de Bourbaki.

Signé : CRÉMIEUX, GLAIS-BIZOIN, GAMBETTA.

M. E. Cresson est nommé préfet de police en remplacement de M. Edmond Adam, démissionnaire. Le départ de M. E. Adam de la préfecture de police est vivement regretté de tous les républicains sincères. Il s'est, dit-on, refusé à l'arrestation des citoyens les plus compromis dans l'affaire du 31 octobre, parce qu'il avait pris, dans l'intérêt des membres du Gouvernement retenus prisonniers, des engagements que son honneur l'empêchait de violer.

QUARANTE-SEPTIÈME JOURNÉE

3 novembre.

Le vote s'accomplit dans le plus grand calme; partout la garde nationale veille aux urnes.

Le plébiscite, si peu conforme aux traditions républicaines et arraché à l'émotion du peuple de Paris, donne aux membres du Gouvernement de la défense nationale une majorité si écrasante qu'on a le droit de s'en alarmer :

557,996 oui, 62,638 non.

Que le Gouvernement remporte sur les Prussiens la même victoire que sur les manifestants de l'Hôtel de Ville, et il aura mérité la reconnaissance publique.

Le journal des frères Picard profite de la petite brise de réaction qui souffle pour attaquer M. Gambetta et la délégation de Tours, à cause d'un emprunt de 250 millions contracté en Angleterre.

On lit dans le *Journal officiel :*

Les journaux le *Temps*, le *Soir* et l'*Électeur libre* contiennent une note ainsi conçue :

Le Gouvernement nous communique la dépêche suivante :

Paris, 2 novembre 1870.
(Reçu dépêche de Tours, 31 octobre.)

Le général Cambriels annonce avoir détruit, dans les défilés des Vosges, un corps de la landwehr de près de six mille hommes.

Bonnes nouvelles de Bourbaki.

Signé : CRÉMIEUX, GLAIS-BIZOIN, GAMBETTA.

« Le Gouvernement n'a envoyé de communication de ce genre ni au *Temps* ni à aucun autre journal.

« Il n'a malheureusement reçu aucune dépêche annonçant une victoire du général Cambriels.

« Une telle nouvelle, présentée sous cette forme, est évidemment, de la part de ceux qui ont surpris la bonne foi du journaliste, une manœuvre compliquée de faux, destinée à devenir, après le vote, le texte d'une accusation calomnieuse contre le Gouvernement.

« Une instruction est ordonnée ; elle fera connaître l'auteur de ce méfait.

« Les électeurs doivent se tenir en garde contre les bruits de toute nature qu'on pourrait répandre : les formules imprimées, les minutes et les cachets du

Gouvernement ayant été soustraits par les auteurs de l'attentat du 31ᵉ octobre.

« Le ministre des affaires étrangères, ministre par intérim au département de l'intérieur.

« Jules Favre.

« A une heure avancée de la nuit, la rédaction du *Temps* nous communique le texte original de la fausse nouvelle que le ministre de l'intérieur dénonce à l'indignation publique. Ainsi qu'il était facile de le deviner, les auteurs de cet audacieux mensonge ont employé, pour mieux tromper, du papier volé à l'Hôtel de Ville. »

Plusieurs maires ayant donné leur démission à la suite des événements du 31 octobre, des élections municipales auront lieu samedi pour les vingt arrondissements. M. Jules Favre précise en ces termes le sens de ces opérations électorales :

« Cette élection ne ressemble en rien à celle de la Commune. Elle en est la négation.

« Le Gouvernement persiste à se prononcer contre la constitution de la Commune, qui ne peut que créer des conflits et des rivalités de pouvoirs.

« Quelques-uns de MM. les maires ayant donné leur démission, il fallait pourvoir à leur remplacement.

« Le Gouvernement a cru sage de donner aux magistrats municipaux la consécration de l'élection populaire.

« Les maires et adjoints conservent leur caractère

d'agents du pouvoir exécutif, qui leur est attribué par la loi.

« C'est aux citoyens qu'il appartient de choisir les meilleurs administrateurs les plus dévoués aux intérêts de la cité et de la défense. »

Vers minuit, alors que le résultat du vote était à peu près entièrement connu, de nombreux bataillons se rendent à l'hôtel du gouverneur de Paris, à l'effet de féliciter le Gouvernement de son éclatante victoire. Le général Trochu les remercie en ces termes :

« Citoyens, vous nous avez donné la plus imposante consécration que jamais un pouvoir ait reçue, protestant ainsi solennellement contre les douloureuses violences d'une journée néfaste. Nous ne voulions pas triompher. Vos acclamations nous forcent à sortir de la modestie dans laquelle nous souhaitons nous renfermer toujours. Au nom du Gouvernement de la défense, je vous remercie. Citoyens, je veux résumer nos communes impressions dans le cri de : « Vive la République ! » La République seule peut nous sauver. Et j'ajoute que si nous la perdions, nous serions perdus avec elle. »

Les membres du Gouvernement adressent la proclamation suivante à la population de Paris :

Citoyens,

Nous avons fait appel à vos suffrages.

Vous nous répondez par une éclatante majorité.

Vous nous ordonnez de rester au poste de péril que nous avait assigné la révolution du 4 septembre.

Nous y restons avec la force qui vient de vous, avec le sentiment des grands devoirs que votre confiance nous impose.

Le premier est celui de la défense. Elle a été, elle continuera d'être l'objet de notre préoccupation exclusive.

Tous nous serons unis dans le grand effort qu'elle exige : à notre brave armée, à notre vaillante mobile, se joindront les bataillons de garde nationale frémissant d'une généreuse impatience.

Que le vote d'aujourd'hui consacre notre union. Désormais, c'est l'autorité de votre suffrage que nous avons à faire respecter, et nous sommes résolus à y mettre toute notre énergie.

Donnant au monde le spectacle nouveau d'une ville assiégée dans laquelle règne la liberté la plus illimitée, nous ne souffrirons pas qu'une minorité porte atteinte aux droits de la majorité, brave les lois et devienne, par la sédition, l'auxiliaire de la Prusse.

La garde nationale ne peut incessamment être arrachée aux remparts pour contenir ces mouvements criminels. Nous mettrons notre honneur à les prévenir par la sévère exécution des lois.

Habitants et défenseurs de Paris, votre sort est entre vos mains. Votre attitude depuis le commencement du siège a montré ce que valent des citoyens dignes de la liberté. Achevez votre œuvre ; pour nous, nous ne demandons d'autre récompense que d'être les premiers au danger et de mériter par notre dévouement d'y avoir été maintenus par votre volonté.

Vive la République ! vive la France !

   Général Trochu, Jules Favre, Emm. Arago, Jules Ferry, Garnier-Pagès, E. Pelletan, Ernest Picard, Jules Simon.

QUARANTE-HUITIÈME JOURNÉE

4 novembre.

Grande agitation en vue des élections municipales de demain. Les journaux et les clubs discutent les candidatures.

Le général Clément Thomas est nommé commandant supérieur des gardes nationales de la Seine, en remplacement du général Tamisier, dont la démission est acceptée.

Les bruits d'armistice persistent.

QUARANTE-NEUVIÈME JOURNÉE

5 novembre.

Les élections municipales s'accomplissent dans le plus grand calme.

L'armistice est refusé par la Prusse. Le Gouvernement annonce cette nouvelle en ces termes :

« Les quatre grandes puissances neutres, l'Angleterre, la Russie, l'Autriche et l'Italie, avaient pris l'initiative d'une proposition d'armistice, à l'effet de faire élire une Assemblée nationale.

« Le Gouvernement de la défense nationale avait posé ses conditions, qui étaient : le ravitaillement de Paris et le vote pour l'Assemblée nationale par toutes les populations françaises.

« La Prusse a expressément repoussé la condition du ravitaillement ; elle n'a d'ailleurs admis qu'avec des réserves le vote de l'Alsace et de la Lorraine.

« Le Gouvernement de la défense nationale a décidé, à l'unanimité, que l'armistice ainsi compris devait être repoussé. »

Armé d'un pouvoir illimité par le vote du 3 novembre, et muni d'un nouveau préfet de police plus malléable que M. Edmond Adam, le Gouvernement, cédant à un entraînement funeste, fait arrêter les principaux agitateurs du 31 octobre. L'oubli dans la victoire eût semblé plus politique et plus généreux que ces arrestations après coup, qui ressemblent plus à une mesquine vengeance qu'à un acte de justice.

Parmi les personnes arrêtées, on cite MM. Félix Pyat, Maurice Joly, Vésinier, Ranvier, Cyrille, Tridon, Goupil, Pillot, Vermorel, Tibaldi, Jaclard, Razoua, Ducoudray, Peyrouton, Lefrançais, Mottu, Millière. MM. Flourens, Blanqui et Levraud ont pu se soustraire aux poursuites. M. Raoul Rigault, commissaire de police, a été arrêté, puis relâché.

Les citoyens Flourens et Blanqui ont échappé jusqu'ici à toutes les recherches.

Dans l'après-midi, séance très belle au théâtre de la Porte-Saint-Martin, avec un programme entièrement composé de lectures de ce livre prophétique et vengeur : *les Châtiments*. Grand triomphe pour Victor Hugo.

Le produit de la représentation est destiné à la fonte d'un canon qui s'appellera *le Châteaudun*. Le grand poète n'assistait pas à la séance.

Aperçu du prix des denrées le 5 novembre, quarante-neuvième jour de siége :

La viande de cheval, de mulet et d'âne, qui, n'entrant pas dans notre consommation, était à peu près dédaignée du public avant le siége, se vendait en moyenne, dans les boucheries hippophagiques, 1 fr. 25 c. le kilogramme. Elle se vend, à la date du 3 novembre : la viande de cheval, 2 fr. 50 c. le kilog., celle du mulet et de l'âne, 6 fr. le kilog. A ces prix, elles sont fort recherchées sur le marché, où elles font défaut à la demande.

Avant le siége, une oie ordinaire de bonne qualité était cotée de 6 à 7 fr.; en ce moment, le prix courant d'une oie est de 25 à 30 fr. — Un beau poulet était offert, aux halles, au prix de 3 fr. à 3 fr. 50 c. Ce prix est aujourd'hui de 14 à 15 fr.

Une paire de poulets ordinaires, 28 fr. Une paire de pigeons trouve acheteurs à 12 fr.

Quant aux dindes, elles sont d'une rareté extrême, au point qu'on n'en offre plus sur le marché.

Elles se vendent 55 fr. chez les marchands de comestibles.

Une paire de lapins, 36 fr.
Jambon fumé, 16 fr. le kilog.
Saucisson de Lyon, 32 fr.
Une carpe, 20 et même 30 fr.
Une livre de morue, 2 fr.
Un hareng, 2 fr. 50 c.
Un boisseau de pommes de terre, 6 fr.
Une douzaine d'œufs, 4 fr. 60 c.
Un chou, 1 fr. 60 c.
Une botte de carottes, 2 fr. 25 c.
Un litre de haricots, 6 fr.; en temps ordinaire, 60 c.
Le beurre frais, jusqu'à 45 fr. le kilog.
Beurre salé, 14 fr. le kilog.
Le fromage a entièrement disparu.
Trois barbillons et trois écrevisses ont été payés à la halle 92 francs.

CINQUANTIÈME JOURNÉE

6 novembre.

Les bruits d'armistice énervaient la défense : l'armistice est repoussé, comme il fallait s'y attendre. Toute la presse invite le Gouvernement à une action énergique. Assez de temps perdu en négociations stériles ! Assez de harangues, assez de proclamations, assez de voyages. Des actes !

L'armée de Paris est composée comme suit :

Le commandant en chef est le général Trochu, gouverneur de Paris. La première armée, qui se compose des gardes nationales, est placée sous les ordres du général Clément Thomas.

La deuxième armée est sous les ordres du général Ducrot, avec les généraux Vinoy, Renault, d'Exéa, pour commander les trois corps, le général de Champeron pour commander l'artillerie.

La troisième armée est placée spécialement sous les ordres du gouverneur de Paris. Elle a pour principaux divisionnaires le général Soumain, le vice-amiral La Roncière, le contre-amiral Pothuau, le général de Bernis, etc., etc.

Un numéro du *Times* arrivé à Paris, et daté du 11 octobre, y a apporté la nouvelle de la mort de M. Prosper Mérimée, membre de l'Académie française. M. Prosper Mérimée est mort à Cannes.

On apprend aussi la mort du général Lee, l'ancien commandant en chef des armées confédérées de l'Amémérique du Sud. Le général Lee est mort le 12 octobre à Lexington, en Virginie.

Un ordre du jour du roi de Prusse à ses troupes où se montrent des traits d'un haut comique :

Soldats des armées alliées allemandes,

Quand, il y a trois mois, nous entrions en campagne contre un ennemi qui nous a provoqués, je vous annonçais ma conviction que Dieu serait de notre juste cause.

Cette conviction s'est confirmée ; depuis le jour de

Wissembourg, où, pour la première fois, vous avez attaqué l'ennemi, jusqu'à ce jourd'hui où je reçois la capitulation de Metz, bien des batailles et bien des combats glorieux ont été gravés ineffaçablement dans les annales de l'histoire des guerres.

Je m'honore de vous rappeler les jours de Wœrth et de Sarrebruck, les batailles sanglantes autour de Metz, les combats de Beaumont et de Sedan, ceux de Strasbourg et de Paris. Toutes ces journées ont été des victoires pour vous. Nous avons le droit de considérer cette époque avec la haute satisfaction que jamais guerre ait été menée plus glorieusement; et fièrement je vous dis : *Vous êtes dignes de votre gloire !*

Vous avez montré toutes les vertus qui honorent le soldat : le plus grand courage dans le combat, la subordination, la persévérance et l'abnégation dans les fatigues et les privations.

Par la capitulation de Metz, la dernière des armées ennemies que nous avons rencontrées au commencement de la guerre, a été anéantie. Je suis heureux de pouvoir saisir l'occasion de vous exprimer, à vous tous et à chacun en particulier, depuis le général jusqu'au simple soldat, mes remercîments et ma reconnaissance.

Je désire vous conférer une distinction et vous honorer vous tous, en élevant à la dignité de maréchaux mon fils, le prince royal de Prusse, et M. le général de cavalerie le prince Frédéric-Charles de Prusse, qui tant de fois vous ont menés à la victoire !

Quoi que veuille nous apporter l'avenir, — fermement je l'attends : car je le sais, avec de tels soldats, la victoire ne peut pas manquer, et notre cause, si glorieusement conduite jusqu'ici, nous la terminerons de même !

Quartier général de Versailles, le 28 octobre 1870.

Signé : GUILLAUME.

CINQUANTE-UNIÈME JOURNÉE

7 novembre.

Aucun fait de guerre à signaler, mais on parle de bataille imminente.

On prête à M. Thiers le propos suivant :

« J'ai traversé l'armée de la Loire ; il y a quatre-vingt mille hommes bien armés, bien équipés, bien instruits ; j'ai traversé aussi les lignes prussiennes, les meilleures troupes prussiennes : soldats pour soldats, j'aime mieux les nôtres. »

Un mot d'un autre genre, attribué à M. de Bismark :

Un diplomate étranger, qui avait avec lui une conversation privée, lui parlait, il y a deux jours, de l'Europe, et cherchait à lui démontrer qu'il devrait éviter de l'irriter :

« — L'Europe, s'écria M. de Bismark avec cet air ironique qu'on lui connaît, il n'y a que la Prusse ! »

Les étrangers résidant encore à Paris doivent quitter la ville demain par la porte de Charenton.

Le ministre de l'agriculture et du commerce fixe, ainsi qu'il suit, le prix de la viande de cheval dans les étaux autorisés :

Aloyau et faux-filet............. 1 fr. 80 le kilo.
Tende de tranche, culotte, gîte à
la noix, tranche grasse.......... 1 fr. 40 —
Tous autres morceaux........... 0 fr. 50 —

CINQUANTE-DEUXIÈME JOURNÉE

8 novembre.

Malgré les illusions tenaces des pacifiques quand même, les négociations relatives à l'armistice sont rompues et bien rompues, M. Jules Favre l'annonce, ce matin, dans une grande circulaire accueillie avec joie par les uns et avec consternation par les autres (le petit nombre), parce qu'elle signifie pour les uns et les autres : reprise des hostilités.

Voici les passages importants de la circulaire adressée aux agents diplomatiques du gouvernement de la République française :

« L'armistice devait comporter :

« L'élection des députés sur tout le territoire de la République, même celui envahi ;

« Une durée de vingt-cinq jours ;

« Le ravitaillement proportionnel à cette durée.

« La Prusse n'a pas contesté les deux premières conditions. Cependant elle a fait à propos du vote de l'Alsace et de la Lorraine quelques réserves que nous mentionnons sans les examiner davantage, parce que son refus absolu d'admettre le ravitaillement a rendu toute discussion inutile.

« En effet, le ravitaillement est la conséquence forcée d'une suspension d'armes s'appliquant à une ville investie. Les vivres y sont un élément de dépense. Les lui enlever sans compensation, c'est lui créer une inégalité contraire à la justice. La Prusse oserait-elle nous demander d'abattre chaque jour, par son canon, un pan de nos murailles sans nous permettre de lui résister ? Elle nous mettrait dans une situation plus mauvaise encore en nous obligeant à consommer un mois sans nous battre, alors que, vivant sur notre sol, elle attendrait, pour reprendre la guerre, que nous fussions harcelés par la famine. L'armistice sans ravitaillement, ce serait la capitulation à terme fixe sans honneur et sans espoir.

« En refusant le ravitaillement, la Prusse refuse donc l'armistice. Et cette fois ce n'est pas l'armée seulement, c'est la nation française qu'elle prétend anéantir en réduisant Paris aux horreurs de la faim. Il s'agit, en effet, de savoir si la France pourra réunir ses députés pour délibérer sur la paix. L'Europe demande cette réunion. La Prusse la repousse en la soumettant à une condition inique et contraire au droit commun. Et cependant, s'il faut en croire un document publié sans être démenti, et qui émanerait de sa chancellerie, elle ose accuser le Gouvernement de la défense nationale de livrer Paris à une famine certaine ! Elle se plaint d'être forcée par lui de nous investir et de nous affamer !

« L'Europe jugera ce que valent de telles imputations. Elles sont le dernier trait de cette politique qui débute par engager la parole du souverain en faveur de la nation française et se termine par le rejet systématique de toutes les combinaisons pouvant permettre à la France d'exprimer sa volonté. »

Après avoir épuisé toutes les chances d'un armistice aussi énervant qu'illusoire, le général Trochu se déciderait-il à sortir de sa molle attitude ?

On prétend que cent mille gardes nationaux de vingt-cinq à trente-cinq ans vont être mobilisés.

A la suite d'un double scrutin, la liste des maires de Paris se trouve composée comme suit :

1er Arrondissement : MM. Tenaille-Saligny.
2e — Tirard.
3e — Bonvalet.
4e — Vautrain.
5e — Vacherot.
6e — Hérisson.
7e — Arnaud (de l'Ariége).
8e — Carnot.
9e — Desmarets.
10e — Dubail.
11e — Mottu.
12e — Grivot.
13e — Pernolet.
14e — Asseline.
15e — Corbon.
16e — Henri Martin.

17ᵉ   —   François Favre.
  18ᵉ   —   Clémenceau.
  19ᵉ   —   Delescluze.
  20ᵉ   —   Ranvier.

Plusieurs de ces nominations sont une atténuation du vote du 3 novembre.

CINQUANTE-TROISIÈME JOURNÉE

9 novembre.

Un décret, dont la teneur suit, mobilise une partie de la garde nationale :

Le Gouvernement de la défense nationale,

Pour satisfaire, par des dispositions nouvelles, aux nécessités des opérations militaires et répondre aux vœux unanimement exprimés par la garde nationale,

DÉCRÈTE :

Art. 1ᵉʳ Chaque bataillon de la garde nationale sera composé, suivant son effectif, de huit à dix compagnies.

Art. 2. Les quatre premières compagnies, dites *compagnies de guerre*, auront chacune un effectif de cent hommes, cadre compris, dans les bataillons dont l'effectif est de douze cents hommes et au-dessous, et de cent vingt-cinq hommes, cadre compris, dans les bataillons ayant plus de douze cents hommes.

Ces compagnies seront fournies par les hommes valides des catégories ci-dessous, en suivant l'ordre des catégories et en ne prenant dans l'une d'elles que lorsque la précédente aura été épuisée :

1º Volontaires de tout âge ;

2º Célibataires ou veufs sans enfants, de vingt à trente-cinq ans ;

3º Célibataires ou veufs sans enfants, de trente-cinq à quarante-cinq ans ;

4º Hommes mariés ou pères de famille de vingt à trente-cinq ans ;

5º Hommes mariés ou pères de famille de trente-cinq à quarante-cinq ans.

Art. 3. Les autres compagnies destinées au service de la défense, ayant autant que possible un effectif uniforme, comprendront le reste du bataillon. Elles constitueront le dépôt et fourniront les hommes nécessaires pour combler les vides faits dans les compagnies de guerre.

L'histoire impartiale n'oubliera pas que c'est seulement après *cinquante-deux* jours de siége que cette levée a été faite.

Le général de division Vinoy est nommé commandant en chef de la troisième armée.

Le commandement de la première armée passe au général Blanchard.

La décoration de la Légion d'honneur est modifiée ainsi qu'il suit :

La couronne qui surmonte l'étoile sera supprimée et remplacée par une couronne de chêne et laurier.

Le centre de l'étoile présentera, d'un côté, la tête de la République avec cet exergue : *République fran-*

çaise, *1870*; et de l'autre les deux drapeaux tricolores, avec cet exergue : *Honneur et Patrie.*

La plaque de grand officier et de grand'croix portera au centre la tête de la République, et en exergue : *République française, 1870. Honneur et Patrie.*

La médaille militaire portera, d'un côté, la tête de la République, avec cet exergue : *République française, 1870*; et de l'autre, au centre du médaillon : *Devoir et Discipline.*

L'aigle qui surmonte la médaille sera supprimée et remplacée par un trophée d'armes.

D'après des bruits de source suspecte, les villes de Bordeaux, Lille, Nantes, Toulouse et Marseille seraient « terrorisées » par le parti exalté. A Marseille, M. Esquiros aurait fait emprisonner M. Marc Dufraisse.

Certains journaux, entre autres celui des frères Picard, ne se laissent pas décourager par le refus de l'armistice et demandent à tout prix une Constituante.

Encore un mot attribué à M. de Bismark, parlant à M. Thiers :

« Dites à M. Jules Favre que je regrette d'avoir été aussi vif dans la forme lors de mon entrevue avec lui à Ferrières. Mais quand je lui disais que la prise de Strasbourg n'était qu'une question d'ingénieurs, et la prise de Metz une question de jours, j'étais sûr d'être dans la vérité. Ma conviction explique ma vivacité.

Eh bien! je vous le dis aujourd'hui avec la même conviction : Nous prendrons un de vos forts quand nous voudrons, et en quelques jours. »

Dans les clubs, vives attaques contre les membres du Gouvernement et surtout contre le général Trochu, dont le « plan » est de plus en plus énigmatique.

Des Anglais, des Autrichiens et des Russes sont partis ce matin de Paris par la porte de Charenton.

Un article de M. Edmond About, dans *le Soir*, a été, dit-on, distribué à l'armée allemande, par les soins de M. de Bismark, pour remonter le moral de ses troupes. Cela indique suffisamment l'esprit de ce manifeste.

Il est à noter que les journaux de Paris parviennent très régulièrement à Versailles.

Un remarquable échantillon des rapports militaires du général Schmitz :

9 novembre, 7 h., soir.

Nos forts ont continué, sur toute notre ligne de défense, à canonner les travaux et les positions de l'ennemi. Le tir reprend la nuit par intervalles, de façon à causer des alertes fréquentes aux postes prussiens et à les tenir constamment en haleine.

Le sergent Hoff, du 107e d'infanterie, s'est de nouveau distingué par un acte de la plus grande vigueur : accompagné d'un garde mobile, il s'est approché à vingt pas d'une sentinelle prussienne, l'a tuée, et a tué également un soldat ennemi accouru au secours de son camarade.

Le sergent Hoff a déjà tué environ trente Prussiens, et a reçu la croix de la Légion d'honneur en raison de ses nombreux actes de courage.

CINQUANTE-QUATRIÈME JOURNÉE

10 novembre.

Accusé de ne pas communiquer au public les nouvelles qu'il reçoit de province, le Gouvernement répond :

« Plusieurs journaux reprochent au Gouvernement de suivre les errements de ses devanciers et de cacher au public les nouvelles qu'il reçoit, parce qu'il les croit mauvaises. La réponse du Gouvernement est malheureusement trop facile : comme Paris tout entier, il subit les conséquences cruelles d'un investissement que, malgré des efforts multipliés, il n'a pu rompre encore. Il fait partir régulièrement des dépêches. Pendant les premières semaines du siège, il a reçu quelques réponses qu'il a de suite publiées, sauf les parties touchant aux mouvements des troupes. Depuis celle du 24 octobre, reçue le 26, aucune ne lui est parvenue, malgré ses instances réitérées, et sans qu'il puisse expliquer ce fait douloureux. Il est vrai que M. Thiers est venu à Paris le 30 octobre; il avait quitté Tours le 28, et n'a pu apporter que des informations verbales. Rentré en France par Chambéry, il a traversé rapidement Mâcon, Moulins et Poitiers. Il a rencontré partout de nombreux corps d'armée. Celui de la Loire lui a paru animé d'un excellent esprit; son effectif est de cent mille hommes environ. Celui des Vosges, commandé par le général Cambriels, est de soixante mille hommes. Les gardes mobiles de l'Ouest atteignent le même chiffre.

« Le Gouvernement voudrait pouvoir donner des renseignements plus circonstanciés; mais, en bonne justice, on ne peut lui imputer son ignorance à crime, puisqu'elle est la conséquence forcée du siège. C'est là une situation pénible et périlleuse. On comprend qu'elle jette dans les esprits une vive inquiétude et qu'elle les dispose à accueillir tous les bruits qui pénètrent dans la population. La plupart viennent des avant-postes ennemis et ne peuvent qu'être suspects. C'est certainement de cette source qu'émanent les récits relatifs aux prétendus désordres de Lyon et de Marseille. Les dernières dépêches de la délégation de Tours disaient au contraire que le calme régnait dans ces deux grandes villes.

« Le Gouvernement demeure convaincu que les départements feront leur devoir : celui de la population de Paris est de ne point ajouter foi légèrement à d'invraisemblables rumeurs. Le Gouvernement s'associe à toutes ses émotions et ne connaît d'autre moyen de les calmer que de dire tout ce qu'il sait. C'est ce qu'il a toujours fait et ce qu'il continuera de faire. »

Des plaintes fort sensées sont portées contre le dispositif du décret qui mobilise une partie de la garde nationale. En effet, dans les bataillons de création récente, composés en grande partie de jeunes gens et de célibataires, un grand nombre d'hommes échapperont au décret, parce que l'effectif demandé sera complété avec les deux premières catégories, au lieu que les bataillons anciens devront fournir un grand nombre de pères de famille. Il n'est pas juste qu'il y ait d'une part des célibataires non incorporés, quand, d'autre part, des soutiens de famille sont appelés sous les drapeaux.

On a connaissance par un journal américain d'un manifeste attribué à l'ex-empereur. On doute généralement de l'authenticité de cette pièce, bien qu'elle soit assez saugrenue pour être l'œuvre du captif de Wilhelmshohe.

Un journal américain croit avoir trouvé l'explication du voyage du général Bourbaki en Angleterre ; voici ce qu'il raconte :

« Le 9 octobre, on reçut ici, par ballon, une dépêche du maréchal Bazaine, que l'on n'a pas publiée, mais que je sais être dans les mains du Gouvernement. Elle révèle le secret de l'apparition de Bourbaki à Chiselhurst, apparition qui a si fort étonné la presse de Londres.

« Les explications improbables données jusqu'ici n'étaient pas les véritables.

« L'impératrice, en connivence avec l'empereur et Bismark, envoya un messager à Metz, disant qu'elle désirait conférer avec un général de confiance sur une affaire de grande importance. Le maréchal Bazaine, quoique répugnant à se séparer d'un général chargé d'une mission qu'il ne lui était pas permis de connaître, lui, Bazaine, fut tellement pressé par le messager qui donna des preuves irréfutables qu'il était bien envoyé par l'impératrice, qu'il se décida à envoyer Bourbaki.

« Canrobert, qui, pour le moment était blessé à la jambe, et à qui on avait d'abord pensé, fut empêché ainsi d'entreprendre le voyage.

« Bourbaki, muni d'un sauf-conduit de Bismark, passa sans difficulté à travers les lignes prussiennes et arriva à Chiselhurst. L'impératrice le remercia très fort d'être venu, et commença à lui dire qu'elle voulait qu'il se chargeât du prince impérial, qu'il le conduisît à Metz, et que le prince y restât jusqu'au moment où un arrangement pût se faire pour la paix, sur la base de la cession de l'Alsace et de la Lorraine, l'abdication de l'empereur et la restauration de la dynastie dans la personne de Napoléon IV, avec elle-même pour régente.

« Bourbaki fut frappé comme d'un coup de foudre à cette proposition. Il fit des remontrances doucement pendant quelques instants, s'efforçant de faire comprendre à l'impératrice la situation réelle des choses. Mais voyant que ses illusions ne pouvaient être détruites, il refusa nettement la mission qu'elle cherchait ainsi à lui imposer. Il lui dit carrément qu'aucune armée française ne tolérerait la présence du fils de Napoléon III.

« L'impératrice fondit en larmes.

« Bourbaki retourna à Metz.

« Bazaine, profondément indigné en entendant son rapport, envoya cette étrange histoire au gouvernement républicain de Tours. Il est grandement probable que la lettre confiée par l'impératrice à lady Cowley pour être portée à l'empereur à Wilhelmshohe se rapportait à cette affaire.

« L'intrigue tombait ainsi dès le principe et elle est maintenant exposée à la lumière. »

CINQUANTE-CINQUIÈME JOURNÉE

11 novembre.

Des bruits de négociations persistent à circuler; on dit que M. Thiers n'est pas à Tours, mais à Versailles; que la Russie insiste énergiquement pour une suspension d'armes; que les puissances neutres, s'associant aux efforts de la Russie, cherchent à faire prévaloir la nécessité de convoquer une Assemblée nationale, etc., etc.

Personne ne sait au juste sur quoi ces rumeurs reposent.

Le *Journal de Paris* annonce que l'avant-garde de l'armée placée sous les ordres de M. de Kératry, serait entrée à Chartres après un engagement heureux avec les forces ennemies.

Inquiétudes croissantes, vu l'absence de nouvelles positives de la province. Plus de pigeons voyageurs! On croit pouvoir expliquer ce fait par la présence d'un certain nombre de faucons que les Prussiens auraient fait venir pour donner la chasse à nos messagers ailés.

CINQUANTE-SIXIÈME JOURNÉE

12 novembre.

Les bruits d'armistice s'éloignent; la mission de M. Thiers a complètement échoué. Tous les regards sont fixés sur le général Trochu, qui passe pour s'être enfin décidé à d'importantes opérations militaires.

Au 4 septembre, auparavant même, c'est-à-dire du jour où il fut nommé gouverneur de Paris, le général Trochu a été investi de la confiance universelle. Il n'apportait point cependant, à la défense de la cité, le prestige d'une grande réputation militaire, mais il était honnête, et ce parfum de loyauté enivra tous les cœurs. Le dégoût que laissaient après eux les charlatans et les incapables de l'empire, donnait une saveur étrange aux paroles de ce nouveau venu, systématiquement mis à l'écart par le régime déchu. Il fut, dans toute la force du mot, l'homme de tous.

A l'approche des Prussiens, il dit à ses collègues :

— Vous voulez défendre Paris? C'est une folie héroïque, mais je m'y associe avec vous.

L'armement rapide des remparts, la confiance et le

patriotisme de la population ne tardèrent pas, assure-t-on, à modifier heureusement cet état d'esprit. Ce que le gouverneur de Paris regardait au début comme une « folie », lui apparut comme une œuvre possible, et il crut au succès.

Les gens qui l'approchent disent que la manifestation du 31 octobre le laissa profondément abattu. Toutefois, la recrudescence de popularité que cette échauffourée apporta au Gouvernement de la défense nationale, popularité que le vote du 3 novembre a confirmée avec tant d'éclat, paraît avoir ranimé sa confiance, et on assure qu'à cette heure sa foi au succès est plus vivace que jamais.

Paris attend maintenant des actes qui soient la manifestation de cette foi. Mais le temps presse, car voilà déjà cinquante-six jours écoulés dans les hésitations.

Les rapports militaires du général Schmitz sont décidément trop maigres pour calmer les impatiences. Voici, dans son laconisme, celui de ce soir :

Le feu de nos forts a été activé hier pendant le jour et pendant la nuit.

La redoute de la Gravelle a tiré sur les ouvrages de Montmesly avec succès.

Nos troupes ont définitivement occupé Créteil, qu'elles mettent en état de défense.

Second rapport :

Ce matin, sur la place de l'Hospice, à Saint-Cloud, le capitaine de Néverlée, officier d'ordonnance du général Ducrot, a enveloppé, avec ses volontaires, une patrouille ennemie. Les hommes qui la composaient ont opposé une vive résistance ; cinq ont été tués sur place, et le sixième a été ramené grièvement blessé de deux coups de baïonnette.

Le gouverneur de Paris a visité hier les forts de Vanves et d'Issy.

CINQUANTE SEPTIÈME JOURNÉE

13 novembre.

Les réclamations élevées contre le décret qui mobilise une partie de la garde nationale n'ont pas été vaines. Le Gouvernement décrète :

Art. 1er. Les jeunes gens de 25 à 35 ans, célibataires ou veufs sans enfants, du département de la Seine, formant la 3e catégorie, sont appelés à l'activité.

Art. 2. Cet appel s'étend aux jeunes gens des autres départements actuellement en résidence à Paris.

Un pigeon apporte la dépêche suivante :

M. Rampont, directeur général des postes.

Prussiens tiré sur ballon jusqu'à deux heures et demie sans me toucher. Descente heureuse à Reclainville, à cinq heures et demie soir.

Remis toutes dépêches bureau Voves, dirigées sur Vendôme, où je suis arrivé à neuf heures matin. Transmis immédiatement par télégraphe officielles à destination.

Prussiens Orléans, Chartres, Quartier général Patay.

Bonne garde faite par nos troupes et francs-tireurs avec artillerie. L'ennemi vient réquisitionner à Châteaudun tous les jours. Repoussé cette nuit de cette ville par francs-tireurs qui ont fait quarante tués et autant de prisonniers. Ballon monté par un marin et un voyageur a été pris par les Prussiens qui ont fait tout prisonnier.

Vendôme, 7 novembre, 10 h. matin.

Bosc.

Ce matin, à neuf heures dix minutes, a eu lieu, à la gare d'Orléans, l'ascension simultanée des deux magnifiques aérostats, le *Niepce* et *le Daguerre*, construits par les frères Godard et conduits par deux marins sortant de leur école.

Le Niepce était monté par le marin Pagano ; outre l'aéronaute, M. Dagron, photographe, trois autres personnes ont pris place dans la nacelle pour aller installer en province la photographie postale.

La nacelle était entièrement entourée des caisses contenant le matériel de ces messieurs.

Le Daguerre, conduit par le marin Hubert, avait à son bord trois personnes, 270 kilog. de dépêches, 560 kilog. de lest et un grand nombre de pigeons.

Vingt-cinq minutes après leur départ, les deux aérostats disparaissaient à l'horizon, dans la direction de l'est-nord-est.

A partir du mardi 15 novembre, et *jusqu'à ce qu'il en soit autrement ordonné*, la viande de cheval, de mulet et d'âne sera payée dans la ville de Paris aux prix suivants :

Filet : 3 fr. le kil.

1re catégorie. — Tende de tranche, culotte, gîte à la noix, tranche grasse, aloyau ou faux-filet : 2 fr. le kil.

2e catégorie. — Paleron, côtes, talon de collier, bavette d'aloyau, rognons de graisse : 1 fr. 50 le kil.

3e catégorie. — Collier, poitrine et flanchet, gîtes de jambes, plats de côtes, surlonges, joues : 0 fr. 50 c. le kil.

L'usine Cail est en pleine activité pour la fonte des canons nouveau modèle, dont la commande a été arrachée à force de réclamations et de souscriptions publiques. Les routiniers des comités haussent les épaules. Voici, du reste, une anecdote caractéristique de la situation et qui, sous sa forme plaisante, retrace tout un côté de l'histoire du siége :

On parlait à un officier supérieur de l'artillerie des canons fabriqués par l'industrie privée. Au lieu de s'en réjouir, il ne cessait de formuler des objections.

— Quelles gargousses iraient à ces canons ?

— Les gargousses ordinaires. Elles seraient faites pour cela.

— Et les écouvillons ?

— Les écouvillons seraient aussi semblables à ceux que l'on emploie dans l'armée.

— Soit ; mais des chevaux, où en trouver pour tant de canons ?

— On mettrait en réquisition, s'il le fallait, les chevaux des omnibus.

— Les chevaux des omnibus, impossible !

— Pourquoi?
— Ils ont au moins trois centimètres de plus que la taille réglementaire.

CINQUANTE-HUITIÈME JOURNÉE

14 novembre.

Annonce de la reprise d'Orléans par nos troupes, sous la conduite du général d'Aurelles de Paladines.

Immense sensation. Paris salue, dans cette victoire, un retour de fortune, et, avec l'élan de la province, le présage de la revanche.

Le gouverneur de Paris fait afficher la proclamation suivante :

Aux citoyens de Paris,
A la garde nationale,
A l'armée de la garde nationale mobile,

Pendant que s'accomplissaient loin de nous les douloureuses destinées de notre pays, nous avons fait ensemble, à Paris, des efforts qui ont honoré nos malheurs aux yeux du monde. L'Europe a été frappée du spectacle imprévu que nous lui avons offert, de l'étroite union du riche et du pauvre dans le dévouement et le sacrifice, de notre ferme volonté dans la résistance, et enfin des immenses travaux que cette volonté a créés.

L'ennemi, étonné d'avoir été retenu près de deux mois

devant Paris, dont il ne jugeait pas la population capable de cette virile attitude, atteint bien plus que nous ne le croyons nous-mêmes dans des intérêts considérables, cédait à l'entraînement général. Il semblait renoncer à son implacable résolution de désorganiser, au grand péril de l'Europe et de la civilisation, la nation française, qu'on ne saurait, sans la plus criante injustice, rendre responsable de cette guerre et des maux qu'elle a produits. Il est aujourd'hui de notoriété que la Prusse avait accepté les conditions du Gouvernement de la défense pour l'armistice proposé par les puissances neutres, quand la fatale journée du 31 octobre est venue compromettre une situation qui était honorable et digne, en rendant à la politique prussienne ses espérances et ses exigences.

A présent que, depuis de longs jours, nos rapports avec les départements sont interrompus, l'ennemi cherche à affaiblir nos courages et à semer la division parmi nous par des avis exclusivement originaires des avant-postes prussiens et de journaux allemands qui s'échangent sur plusieurs points de nos lignes si étendues.

Vous saurez vous soustraire aux effets de cette propagande dissolvante, qui seraient la ruine des chers intérêts dont nous avons la tutelle. Vos cœurs seront fermes, et vous resterez unis dans l'esprit qui a été, depuis deux mois, le caractère de la défense de Paris.

Pendant que nos travaux fermaient la ville, nous avons conçu la pensée, dans l'incertitude où nous étions de l'appui que pourraient nous fournir les armées formées au dehors, d'en former une au dedans. Je n'ai pas à énumérer ici les éléments constitutifs qui nous manquaient pour résoudre ce nouveau problème, plus difficile peut-être que le premier. En quelques semaines, nous avons réuni en groupes réguliers, habillé, équipé, armé, exercé autant que nous l'avons pu et conduit plusieurs fois à l'ennemi les masses pleines de patriotisme, mais confuses et inexpérimentées dont nous disposions. Nous avons cherché, avec le concours désintéressé et dévoué du génie civil, de l'industrie parisienne, des chemins de fer, à compléter par la fabrication de canons modernes, dont les premiers vont nous être livrés, l'artillerie de bataille, que le service spécial de l'artillerie de l'armée formait avec la plus louable activité. La garde nationale, de son côté, après avoir plus que quintuplé ses effectifs, et bien qu'absorbée par les travaux et par la garde du rempart, s'organisait, s'exerçait tous les jours et par tous les temps sur nos places publiques, montrant un zèle incomparable, auquel elle devra d'être prochainement en mesure d'entrer en ligne avec ses bataillons de guerre.

Je m'arrête, ne pouvant tout dire ; mais je doute qu'en aucun temps et dans l'histoire d'aucun peuple envahi, après la destruction de ses armées, aucune grande cité investie et privée de communications avec le reste du territoire, ait opposé à un désastre en apparence irréparable, de plus vigoureux efforts de résistance morale et matérielle. L'honneur ne m'en appartient pas, et je n'en ai énuméré la succession que pour éclairer ceux qui, avec une entière bonne foi, j'en suis sûr, croient qu'après la préparation de la défense, l'offensive à fond était possible avec des masses dont l'organisation et l'armement étaient insuffisants.

Nous n'avons pas fait ce que nous avons voulu, nous avons fait ce que nous avons pu, dans une suite d'improvisations dont les objets avaient des proportions énormes, au milieu des impressions les plus douloureuses qui puissent affliger le patriotisme d'une grande nation. Eh bien, l'avenir exige encore de nous un plus grand effort, car le temps nous presse. Mais le temps presse aussi l'ennemi ; et ses intérêts, et le sentiment public de l'Allemagne, et la conscience publique européenne le pressent encore plus. Il ne serait pas digne de la France, et le monde ne comprendrait pas que la population et l'armée de Paris, après s'être si énergiquement préparées à tous les sacrifices, ne sussent pas aller plus loin, c'est-à-dire souffrir et combattre jusqu'à ce qu'elles ne puissent plus ni souffrir ni combattre. Ainsi serrons nos rangs autour de la République et élevons nos cœurs.

Je vous ai dit la vérité telle que je la vois. J'ai voulu montrer que notre devoir était de regarder en face nos difficultés et nos périls, de les aborder sans trouble, de nous cramponner à toutes les formes de la résistance et de la lutte. Si nous triomphons, nous aurons bien mérité de la patrie en donnant un grand exemple. Si nous succombons, nous aurons légué à la Prusse, qui aura remplacé le premier empire dans les fastes sanglants de la conquête et de la violence, avec une œuvre impossible à réaliser, un héritage de malédictions et de haines sous lequel elle succombera à son tour.

Le gouverneur de Paris,
Général Trochu.

Très clair pour le passé, le langage du général Trochu est très obscur sur l'avenir.

Il n'est pas encore de « notoriété » que la manifestation du 31 octobre ait fait échouer les négociations relatives à l'armistice.

Un décret appelle à l'activité les jeunes gens du département de la Seine et ceux des autres départements actuellement à Paris, appartenant au contingent de la garde nationale mobile de la classe de 1870.

Destruction du village de Champigny, où l'on soupçonnait l'ennemi d'établir des magasins considérables de munitions.

CINQUANTE-NEUVIÈME JOURNÉE

15 novembre.

Gambetta à Trochu.

L'armée de la Loire, sous les ordres du général d'Aurelles de Paladines, s'est emparée hier d'Orléans après une lutte de deux jours. Nos pertes, tant en tués qu'en blessés, n'atteignent pas 2,000 hommes; celles de l'ennemi sont plus considérables. Nous avons fait plus d'un millier de prisonniers, et le nombre augmente par la poursuite.

Nous nous sommes emparés de deux canons modèle prussien, de plus de 20 caissons de munitions et attelés et d'une grande quantité de fourgons et voitures d'approvisionnement. La principale action s'est concentrée autour de Coulmiers, dans la journée du 9. L'élan des troupes a été remarquable, malgré le mauvais temps.

Tours, le 11 novembre 1870.

Cette dépêche est accompagnée dans le *Journal officiel* de la lettre suivante, adressée aux défenseurs de Paris :

Mes chers concitoyens,

C'est avec une joie indicible que je porte à votre connaissance la bonne nouvelle que vous allez lire. Grâce à la valeur de nos soldats, la fortune nous revient; votre courage la fixera; bientôt nous allons donner la main à nos frères des départements et avec eux délivrer le sol de la patrie.

Vive la République! Vive la France!

Le ministre de l'intérieur par intérim,

JULES FAVRE.

RAPPORT MILITAIRE

Paris, le 15 novembre 1870.

Une reconnaissance conduite, hier, avec habileté par le commandant Poulizac, du 1er régiment des éclaireurs, a chassé l'ennemi de ses avancées du côté de Drancy.

Le capitaine de Kergalec a chargé, avec M. de Versinvilles, à la tête des éclaireurs à cheval, et a fait plusieurs prisonniers.

Le Mont-Valérien a tiré pendant une partie de la nuit sur Saint-Cloud, Montretout et Rueil.

Un système ingénieux de correspondance, par réduction photographique, a été inauguré à Tours par M. Steenackers. Le premier numéro de ce précieux journal microscopique est arrivé hier soir à Paris, au cou d'un pigeon. Il contient deux cent vingt-six dépêches privées venant de toutes les régions de la France et de l'étranger.

Les inculpés du 31 octobre sont remis en liberté. M. Félix Pyat est sorti de la Conciergerie.

LE SIÉGE DE PARIS

Deux américains partis en ballon le même jour que M. Gambetta, ont communiqué à un journal de New-York d'intéressants détails sur les aventures de leur voyage aérien :

« Leur ballon le *George Sand* est parti en même temps que celui de M. Gambetta, l'*Armand Barbès*, le vendredi à onze heures du matin.

« A 800 mètres de hauteur, le vent cessa presque entièrement de souffler et les voyageurs restèrent longtemps au-dessus du camp prussien. Des coups de feu et même des coups de canon furent tirés sur eux, et ils purent entendre distinctement le sifflement des projectiles. Les Prussiens lancèrent même des fusées, espérant ainsi pouvoir mettre le feu au ballon. Les aéronautes s'empressèrent de jeter du lest et bientôt ils furent hors de danger.

« Pendant le voyage, qui dura cinq heures, les voyageurs tentèrent plusieurs fois de descendre; mais la proximité de détachements prussiens les obligea à jeter du lest et à remonter dans l'espace. Enfin ils opérèrent leur descente à Roye, dans le département de la Somme, où ils furent très bien accueillis par la population, à cause de leur titre d'Américains. Ils avaient perdu de vue le ballon de Gambetta à trois heures de l'après-midi; mais à Amiens, où ils rejoignirent le ministre pour continuer avec lui leur route vers Tours par le chemin de fer, ils apprirent que le lieu de la descente avait été près de Montdidier. Pendant tout le voyage, Gambetta fut reçu avec acclamation. »

« Les deux ballons auraient dû partir de Paris deux

jours plus tôt, mais ils en avaient été empêchés par le manque de vent. Le voyage de M. Gambetta avait été rempli d'aventures. A peine parti de Paris, l'aérostat descendait rapidement vers le sol ; il fallut jeter du lest en toute hâte pour s'élever au-dessus des lignes prussiennes. Le ballon était redescendu près de Creil ; mais à la vue des Prussiens, les voyageurs avaient jeté du lest, et jusqu'à leurs pelisses et leurs châles. Une balle vint effleurer la chevelure de M Gambetta. Enfin, la dernière descente se fit près de Montdidier, au milieu des arbres, où le ballon fut déchiré par les branches. Les aéronautes finirent par trouver une voiture pour atteindre Amiens. De l'autre côté du bois où ils étaient tombés, se trouvait un détachement de Prussiens. »

SOIXANTIÈME JOURNÉE

16 novembre.

M. Étienne Arago se démet de ses fonctions de maire de Paris et est remplacé par M. Jules Ferry.

On se demande à ce propos pourquoi le maire de Paris n'est pas nommé par le suffrage universel comme ses collègues des vingt arrondissements.

M. Étienne Arago est nommé commissaire général des monnaies, en remplacement de M. Pierre Clément, décédé.

Nous venons de passer plus de quinze jours sans nouvelles de la province ; le pigeon qui était porteur de la nouvelle qu'Orléans était retombé en notre pouvoir est arrivé le 15, et la dernière dépêche de M. Gambetta était datée du 24 octobre ! Ces longs silences entre Paris et le reste de la France seront un des étonnements de l'histoire.

Aujourd'hui, des journaux anglais, du 3 novembre, nous apportent des détails sur la guerre dans les départements. Dijon est tombé au pouvoir des Prussiens ; M. Gambetta aurait été condamné à mort dans un club de Marseille ; on aurait arrêté, puis relaxé, le général d'Hurbal, à Toulouse. Enfin, d'orageuses discussions semblent diviser les esprits sur le jugement à porter contre Bazaine. Le Gouvernement les résume en ces termes, bien entendu d'après les relations anglaises et prussiennes, dont la provenance est très suspecte :

« Les journaux anglais sont remplis de détails contradictoires sur la capitulation de Metz. Tantôt on affirme que le maréchal s'est trop hâté de capituler, qu'il pouvait encore tenir, que plusieurs officiers, des habitants même de la ville, ont tenté d'empêcher la reddition de la place. Une proclamation de M. Gambetta, qui n'est parvenue au Gouvernement qu'aujourd'hui même, semble justifier ces accusations. Plusieurs fragments d'articles, empruntés aux journaux de Lyon, de Rouen, du Havre et de Marseille, nous montrent que l'opinion est très divisée quant au jugement à porter sur la conduite du maréchal Bazaine. Ce qui semble certain, c'est que la ville manquait de pain quand elle s'est rendue, et qu'on avait mangé des chevaux morts. Dès le 15 octobre, la ration de vivres était fixée à 490 grammes pour les adultes, à 200 pour les enfants de quatre à douze ans, et la capitulation n'a eu lieu que le 27.

« Nous ne pouvons juger d'ici ce grand procès, dont toutes les pièces nous manquent, et qui intéresse à un si haut point l'honneur de notre armée, c'est-à-dire notre honneur. Il y avait à Metz tout l'état-major de l'empire. S'il y a eu une faute commise, nous sommes persuadés à l'avance qu'elle vient des mêmes hommes qui ont commencé la guerre sans l'avoir préparée, et qui ont si souvent, en quelques semaines, sacrifié la France à une dynastie. Notre armée subit, comme nous, les conséquences de leurs fautes, mais elle ne saurait, plus que nous, en être solidaire. »

Un ordre du jour du général Bourbaki mentionne un brillant fait d'armes à Formerie :

Le général de division commandant supérieur de la région du Nord est heureux de donner aux troupes les nouvelles suivantes :

Quelques francs-tireurs ont arrêté un train prussien sur la ligne ferrée de Mézières à Rethel. Cet audacieux fait d'armes a coûté à l'ennemi 465 hommes.

A Formerie, sur le chemin de fer d'Amiens à Rouen, les Prussiens ont été repoussés par les troupes de ligne et la mobile, soutenues par une section d'artillerie. L'ennemi a laissé sur le champ de bataille sept morts, dont un officier, et s'est retiré en grand désordre.

Aussitôt que le général connaîtra les noms des

hommes qui se sont distingués dans ces deux affaires, il s'empressera de les signaler à ses concitoyens.

Quartier général de Lille, 29 octobre 1870.

BOURBAKI.

Sous Paris, le rapport militaire ne constate aucune action sérieuse :

16 novembre 1870, matin.

L'ennemi s'est montré de nouveau dans Champigny; débusqué par le feu des mitrailleuses, il s'est réfugié dans les tranchées au milieu desquelles des obus du fort de Nogent sont venus tomber et l'ont obligé à battre en retraite.

Les canons de la Faisanderie ont dispersé un détachement d'une cinquantaine de Prussiens réunis derrière la barricade de Champigny.

Un obus tiré sur la maison Cazenave, au-dessous et à droite de Chennevières, et désignée sous le nom de pension des officiers prussiens, est allé tomber au milieu de la cour, entre deux ailes du bâtiment, au moment où un certain nombre de ces officiers s'y trouvaient réunis et y a occasionné un grand désordre. Aussitôt après, on a remarqué un mouvement de va-et-vient dans les cours. Des hommes ont paru occupés à relever des morts et des blessés.

Le fort de Charenton a canonné les positions de Choisy.

Un des deux ballons partis dernièrement de la gare d'Orléans serait tombé non loin de Ferrières, et aurait été pris par les Prussiens. C'est le *Daguerre*, qui emportait M. Péron, ingénieur, un propriétaire de pigeons, et un matelot comme aéronaute. La nouvelle en est arrivée à Paris, portée par cinq pigeons, sauvés du naufrage, ainsi qu'un sac de dépêches importantes.

La mortalité générale a donné, du 6 au 12 novembre, 1,885 décès. Le chiffre de la semaine précédente était de 1,762. Ce chiffre doit être réparti entre les maladies régnantes, comme suit :

Variole, 419. — Scarlatine, 7. — Rougeole, 9. — Fièvre typhoïde, 62.— Erésypèle, 7.— Bronchite, 82. — Pneumonie, 79.— Diarrhée, 91. — Dyssenterie, 39. — Choléra, 1. — Angine couenneuse, 14. — Croup, 5. — Affections puerpérales, 6.

La taxe portée contre les absents, au début du siége, n'est point, dans la pensée du Gouvernement, une taxe pénale, mais une taxe de compensation. Tous ceux qui ont joui des avantages de Paris et qui se réservent d'en jouir de nouveau après le siége, y conservant leur appartement et leur mobilier, sont soumis à cette taxe. Personne ne peut donc en être exempté, car les citoyens demeurés à Paris subissent des charges dont les absents doivent, en toute équité, prendre leur part.

SOIXANTE-UNIÈME JOURNÉE

17 novembre.

La presse parisienne discute avec passion la conduite de Bazaine ; en l'état, les éléments font défaut pour asseoir un jugement définitif sur la capitulation de Metz ; à Paris, du moins ; en province, il ne semble pas qu'il en soit de même, et l'opinion serait faite, et bien faite ; les journaux anglais nous apportent, en effet, deux proclamations, émanées de la délégation de Tours, et dont voici le texte :

Tours, le 30 octobre 1870.

Français, élevez vos âmes et vos résolutions à la hauteur des terribles dangers qui nous écrasent. Le pays se fie à nous pour lasser la mauvaise fortune et pour montrer à l'univers ce qu'est un grand peuple qui ne veut pas périr et dont le courage s'élève au milieu des catastrophes. Metz a capitulé ! Un général sur lequel comptait la France, même après le Mexique, vient de priver le pays, au moment du danger, de plus de 100,000 de ses défenseurs.

Le maréchal Bazaine a commis une trahison. Il s'est fait l'agent de l'homme de Sedan, le complice de l'envahisseur, et, sans songer à l'honneur de l'armée dont il avait charge, il a rendu, sans même tenter de faire un suprême effort, 125,000 combattants, 20,000 blessés, des fusils, des canons, es drapeaux, et Metz, la plus forte citadelle de France. Un tel crime dépasse le châtiment de la justice.

Maintenant, Français, mesurez l'abîme dans lequel vous avez été précipités par l'empire. Vingt ans, la France s'est soumise à ce pouvoir corrupteur qui a épuisé toutes les sources de sa grandeur et de sa vie. L'armée française, dépouillée de son caractère national, instrument, sans le savoir, d'un règne de servitude, a été engloutie, en dépit de l'héroïsme de ses soldats, par la trahison de ses chefs, dans les désastres de la nation.

En moins de deux mois, 225,000 hommes ont été livrés à l'ennemi. Sinistre épilogue du coup d'Etat militaire de décembre !

Le temps est venu pour nous, citoyens, de nous resserrer sous l'égide de la République, dont nous ne permettrons la capitulation ni chez nous, ni à l'étranger, et de tirer de l'extrémité de nos malheurs la restauration de notre moralité et de notre virilité politique et sociale.

Oui, quelle que soit l'étendue de notre désastre, il ne nous a jamais trouvés frappés par la terreur ou l'hésitation. Nous sommes prêts à faire les derniers sacrifices, et, en face de nos ennemis, que toute chose favorise, jurons de ne jamais nous rendre tant qu'un pouce de notre territoire sacré restera sous leurs pieds. Tenons fermement le glorieux drapeau de la Révolution.

Français, notre cause est celle de la justice et du droit. L'Europe le voit et le sent. Assistant à tant de malheurs immérités, sans avoir reçu de nous ni invitation, ni adhésion, elle s'est spontanément émue et agitée. Pas d'illusions ! Ne nous laissons ni affaiblir ni énerver, mais prouvons par des faits que nous voulons et que nous pouvons, par nos propres ressources, maintenir notre honneur, notre indépendance et notre intégrité : tout ce qui fait un pays libre et fier.

Vivent la France et la République une et indivisible !

CRÉMIEUX, GAMBETTA, GLAIS-BIZOIN.

La seconde proclamation est signée de M. Gambetta seulement :

Soldats !

Vous avez été trompés et non pas déshonorés ! Depuis trois mois, la fortune a trahi votre héroïsme, par la folie et la trahison. Maintenant, débarrassés de chefs indignes, êtes-vous prêts à laver l'outrage sous des chefs dignes de votre confiance ?

En avant ! Ne combattez plus pour le despotisme, mais pour sauver votre pays, pour vos maisons brûlées, vos familles outragées. La France, votre mère, est livrée à l'implacable fureur de l'ennemi ; c'est une mission sublime, exigeant un entier sacrifice. Honte sur ces calomniateurs qui osent regarder l'armée comme le complice de l'infamie de son chef, et séparer l'armée du peuple.

Non ! Ayant justement stigmatisé la trahison de Sedan et le crime de Metz, je vous adjure de venger votre honneur, qui est celui de la France. Vos frères de l'armée du Rhin ont déjà protesté contre une lâche tentative, et se sont lavés les mains de la maudite capitulation. C'est à vous, encore une fois, à relever le drapeau de la France, souillé par le dernier Bonaparte et ses assassins complices.

Rendez-nous la victoire ; mais apprenez à pratiquer les vertus républicaines : — le respect de la discipline, l'activité dans la vie et le mépris de la mort.

Que l'image de la patrie en danger soit toujours devant vos yeux. Le temps de la faiblesse et des trahisons est passé. Les destinées de votre pays sont dans vos mains, parce que vous êtes la jeunesse et l'espérance de l'armée. Sachez vaincre et, lorsque vous aurez rendu à la France son rang parmi les nations, vous resterez citoyens d'une république paisible, libre et respectée.

Vive la France! vive la République!

En attendant qu'une pleine lumière tombe sur cette page douloureuse de notre histoire, on peut dégager des relations anglaises :

« 1° Que le maréchal Bazaine a capitulé ayant encore d'*immenses approvisionnements* qui lui permettaient de se maintenir dans Metz jusqu'au mois de mars.

« 2° Qu'en apprenant le projet de capitulation, des officiers en très grand nombre et la population de Metz tout entière, ont énergiquement manifesté leur indignation, et que c'est la garde impériale qui a réprimé le mouvement et empêché la résistance.

« 3° Que la capitulation est considérée en Angleterre comme le résultat d'une intrigue bonapartiste.

« 4° Qu'il y a eu, à Wilhemshœhe, chez l'ex-empereur, un conciliabule où se sont rendus d'abord l'ex-impératrice, la duchesse d'Hamilton, M. Pietri, l'ancien préfet de police ; ensuite les maréchaux Canrobert, Bazaine, Lebœuf et vingt-un généraux et officiers supérieurs.

« 5° Que Bazaine, en arrivant à Wilhelmshœhe, a eu immédiatement une entrevue avec Bonaparte. »

Le bruit se répand que l'armée de la Loire serait arrivée à Étampes.

Le préfet de police vient de prendre un arrêté portant que les cafés-concerts, cafés, restaurants, débits de boissons, liquoristes et autres établissements de même nature, cesseront d'être éclairés par le gaz à partir de sept heures.

L'ex-impératrice a, dit-on, fait un voyage à Wilhelmshœhe, auprès de l'ex-empereur. Le *Rappel* conte à ce sujet une anecdote fort jolie :

« Un de nos amis — très bien informé d'ordinaire — sait de source certaine que, dans l'une de ses conversations préliminaires avec M. Thiers, M. de Bismark aurait tenu, au sujet de l'ex-empereur et de son ex-impératrice, deux propos, inédits encore, et qui montrent bien le sentiment que le dernier des Bonaparte inspire au premier des Richelieu allemands.

Le 31 octobre dernier, au moment où M. Thiers cherchait à démontrer à M. de Bismark que l'armistice était aussi nécessaire aux intérêts de la Prusse qu'à ceux de la France, un officier entre, et remet à M. de Bismark une dépêche qui ne souffrait aucun retard. Cette dépêche annonçait qu'une insurrection victorieuse avait renversé le Gouvernement de la défense nationale et que Paris était à feu et à sang.

— Vous voyez, dit M. de Bismark, en tendant la dépêche à M. Thiers. Croyez-vous possible de traiter sérieusement avec un gouvernement qui se laisse si facilement congédier ?

— Permettez-moi de croire, dit M. Thiers, que ces nouvelles sont fort exagérées.

Puis, il ajouta :

— Je ne pense pourtant pas, monsieur le comte,

que vous eussiez mieux traité avec Napoléon III ou avec l'impératrice-régente ?

— Oh! répondit le premier ministre du roi Guillaume, quant à l'empereur, il est tombé si bas, qu'il a trouvé moyen, *non-seulement de tuer sa dynastie, mais encore d'enterrer son oncle !*

Il reprit :

« — Pour ce qui est de l'impératrice, j'aurais cru qu'elle aurait au moins tenu sa parole de ne jamais revoir son mari...

« — Elle est donc allée le retrouver ? fit M. Thiers.

« — J'en ai reçu la nouvelle, répondit M. de Bismark... Elle vient d'arriver à Wilhelmshœhe.

« Puis, avec un sourire :

« — Mais je ne crois pas qu'elle y reste longtemps... Elle n'a pas emporté de toilettes !...

A quoi M. Thiers répondit philosophiquement :

« — Quand on s'appelle Eugénie, on n'emporte la patrie qu'à la semelle de ses bottines ! »

SOIXANTE-DEUXIÈME JOURNÉE

18 novembre.

M. Thiers, c'est le *Journal officiel* qui l'annonce, est arrivé à Tours le 7 courant et s'occupe de rédiger un mémorandum qui sera adressé aux représentants des puissances neutres.

Notre armée, continue le journal du Gouvernement, est rentrée à Orléans après trois jours de combats heureux. Des officiers blessés, revenus à Tours, ont manifesté hautement leur satisfaction de la conduite de leurs soldats. Ils les ont trouvés très solides, et constatent que l'armée de la Loire est nombreuse, bien organisée et bien disciplinée. On fortifie Orléans, et on croit pouvoir résister à un retour offensif, même puissant.

Manifestation imposante en Angleterre en faveur de la France et de la République. Un orateur aurait dit :

« Si M. Gladstone ne reconnaît point aujourd'hui la République française, il sera forcé de reconnaître demain la République anglaise. »

Distribution des effets de campement, d'habillement, de grand et de petit équipement aux bataillons de guerre de la garde nationale.

Grande nouvelle à sensation publiée par la *Patrie en danger*, journal de M. Blanqui :

« M. Théophile Haury, marchand de bœufs, 38, quai de l'Hôtel-de-Ville, s'est échappé de Versailles le 15 novembre et est arrivé à Paris le même jour, à onze heures du soir.

« Il déclare avoir vu à Versailles, dans la calèche du roi Guillaume, l'ex-empereur des Français.

« Le général Trochu a été avisé de ce fait. »

On pense généralement, si toutefois cette trop invraisemblable nouvelle était vraie, que Bonaparte n'osera pas pousser sa promenade jusqu'à Paris ; et c'est vraiment bien dommage, car on lui ferait une réception digne de lui.

Le bruit court que Mazzini serait arrivé à Tours. Grande colère des feuilles cléricales.

Notre carême civique va-t-il sérieusement commencer ? Il est question de nourrir la population alternativement avec des viandes salées et de la viande fraîche.

Certains journaux insinuent, avec d'habiles précautions, que la viande de chien « bien relevée et assaisonnée d'une sauce faite dans les conditions ordinaires » fournit un mets succulent; autre symptôme caractéristique : il est avéré que la chasse aux rats est inaugurée sur une vaste échelle.

Les rôdeurs de barrières sont en passe d'en faire une industrie très lucrative. Ils établissent, dans les égouts, des cavités pleines de sirop de glucose. Les rats, très friands de cette substance, courent, se précipitent dans le piège et font d'inutiles efforts pour s'arracher au liquide gluant. Les chasseurs n'ont alors qu'à se baisser pour les prendre et à les débarbouiller pour les vendre à la halle. Ce qui peut consoler les rats de la dureté du temps, c'est que les chats sont enveloppés dans les mêmes catastrophes.

Aucun fait militaire à signaler. Rien ne transpire encore du « plan » de Trochu.

On fabrique toujours des canons qui, au fur et à mesure, sont traînés par des chevaux sur la place de l'Hôtel-de-Ville et offerts au Gouvernement de la défense nationale.

Ordre du jour du général Trochu :

18 novembre, soir.

Malgré les ordres les plus formellement exprimés par la voie des journaux et par celle de l'affichage, pour que les avant-postes ne soient dans aucun cas dépassés, des habitants de Paris sortent de la ville, se répandant par masses et de tous les côtés à la fois dans la campagne. Ils s'avancent ainsi jusqu'à la portée la plus rapprochée des lignes prussiennes, encouragés par l'attitude de l'ennemi, qui les avait rarement inquiétés.

Celui-ci, au mépris de tout sentiment d'humanité, tire maintenant d'une manière continue sur des hommes sans armes, même sur des femmes et des enfants. Il y a eu des morts et des blessés. Le gouverneur de Paris, profondément ému d'une situation à laquelle les avant-postes sont impuissants à remédier, en raison de l'étendue de nos lignes extérieures, porte ces faits à la connaissance de tous les habitants et les adjure de ne plus enfreindre des ordres dont l'inexécution a de si douloureuses conséquences.

SOIXANTE-TROISIÈME JOURNÉE

19 novembre.

Un pigeon apporte cette dépêche de Tours, 13 novembre :

Gambetta à Jules Favre.

Nous vous avons annoncé notre mouvement offensif sur Orléans, qui a été repris après deux jours de marche, pendant lesquels deux gros combats ont été livrés à Baxon et à Coulmiers, où nous avons fait 2,500 prisonniers, et où nos troupes ont fait preuve du plus vigoureux élan. Nous occupons fortement les approches de la ville, et nous pouvons repousser un retour offensif.

L'état intérieur de la France est entièrement satisfaisant. L'ordre le plus complet règne à Lyon, à Marseille, à Perpignan, à Saint-Etienne. L'ennemi a évacué Dijon, et l'administration préfectorale y a repris son cours. Vous pouvez hautement affirmer que partout notre Gouvernement est respecté et obéi, et que toute l'effervescence excitée par la reddition de Bazaine est maintenant calmée sur tous les points du territoire.

Ceci paraît à peine croyable : au mépris de toutes les règles de la discipline et des sentiments que la présence de l'ennemi commande d'elle-même, un certain nombre de soldats ont contracté l'habitude, aux avant-postes, de s'approcher des sentinelles prussiennes et d'engager la conversation avec elles.

On ne se contente pas de causer, on échange des

cigares, on boit ensemble, on foule aux pieds toutes les prescriptions militaires. Cet amour de la conversation chez les Prussiens n'est pas autre chose qu'un espionnage ; ce n'est pas assez de recevoir nos journaux, ils viennent chercher des informations de vive voix, et nos soldats, aussi confiants que coupables, ne se font pas faute de jaser.

Informé de ces relations scandaleuses, le gouverneur de Paris publie l'ordre du jour suivant :

Une succession de faits d'une haute gravité est venue montrer au gouverneur de Paris que les principes qui font la force et l'honneur des troupes se sont relâchés dans le corps d'armée de Saint-Denis.

Le sentiment du devoir, l'observation des règles, les respects sont quelquefois méconnus, et de telles infractions, même en temps de paix, ne sauraient être tolérées devant l'ennemi ; cette situation compromet au plus haut point la réputation, la dignité des troupes, et elle crée pour la défense de véritables périls.

L'ennemi exploite ces désordres qui se passent sous ses yeux, et le gouverneur a appris avec autant d'indignation que de surprise, que des relations, dont les officiers et la troupe ne jugent pas la portée, tendent à s'établir entre nos avant-postes et les avant-postes prussiens ; et c'est au moment où toutes les volontés et tous les cœurs doivent s'unir pour des efforts qui couronneraient dignement la résistance de Paris, que je recueille ces marques d'altération de l'esprit militaire dans un corps d'armée auquel j'avais remis avec confiance la garde d'une de nos plus importantes positions. J'y avais fait entrer la plupart des enfants de Paris, parce qu'ils m'avaient juré de défendre leurs foyers avec une énergie qui ne reculerait devant aucun sacrifice.

Ma sévérité s'exercera par tous les moyens pour ramener dans le devoir ceux qui s'en sont écartés; mais j'ai le ferme espoir que je n'aurai plus l'occasion de sévir, et que mon appel au patriotisme et à l'honneur des officiers, sous-officiers et soldats du corps d'armée sera entendu.

Au quartier général à Paris, le 19 novembre 1870.

Le gouverneur de Paris,
Général Trochu.

A toute heure de jour et de la nuit, depuis le commencement du siége, Paris entend des coups de canon. Cette musique monotone n'a plus le don de l'émouvoir; il sait que ces obus lancés dans les villages où l'ennemi se montre et sur les travaux qu'il élève contrarient sérieusement les Prussiens, mais n'abrégent pas le siége; il sait que la délivrance appelle un autre tonnerre, et il attend l'heure marquée par ses chefs.

Le général Schmitz profite de cette admirable patience pour ajouter le rationnement des nouvelles militaires au rationnement de la viande; rapport du jour :

19 novembre, soir.

Les forts de Bicêtre, Montrouge, Vanves et Issy, ont tiré avec beaucoup de succès sur les positions de l'ennemi, qui a dû évacuer à plusieurs reprises ses avancées.

Nos travaux sont poussés sur tous les points avec la plus grande activité.

SOIXANTE-QUATRIÈME JOURNÉE

20 novembre.

Le *Journal officiel* publie dans son intégrité un numéro du journal prussien de Versailles. La circulaire suivante de M. de Bismark est la pièce la plus importante de cette feuille émaillée de mensonges et de fanfaronnades :

Versailles, le 8 novembre.

Il est à Votre connaissance que M. Thiers avait exprimé le désir de pouvoir se rendre, pour négocier, au quartier général, après qu'il se serait mis en communication avec les différents membres du Gouvernement de la défense nationale à Tours et à Paris. Sur l'ordre de Sa Majesté le Roi, je me suis déclaré prêt à avoir cet entretien, et M. Thiers a obtenu de se rendre d'abord, le 30 du mois dernier, à Paris, d'où il est revenu, le 31, au quartier général.

Le fait qu'un homme d'Etat de l'importance de M. Thiers, et ayant son expérience des affaires, eût accepté les pleins pouvoirs du Gouvernement parisien, me faisait espérer que des propositions nous seraient faites dont l'acceptation nous fût possible et aidât au rétablissement de la paix. J'accueillis M. Thiers avec les égards et la déférence auxquels sa personnalité éminente, abstraction même de nos relations antérieures, lui donnait pleinement le droit de prétendre.

M. Thiers déclara que la France, suivant le désir des puissances neutres, était prête à conclure un armistice!

Sa Majesté le Roi, en présence de cette déclaration, avait à considérer qu'un armistice entraine nécessairement pour l'Allemagne tous les désavantages qui résultent d'une prolongation de la campagne pour une armée dont l'entretien repose sur des centres de ressources fort éloignés. En outre, avec l'armistice, nous prenions l'obligation de faire rester stationnaires, dans les positions qu'elles auraient eues au jour de la signature, les masses de troupes allemandes rendues disponibles par la capitulation de Metz, et de renoncer ainsi à occuper de nouvelles portions du territoire ennemi, dont nous pouvons actuellement nous rendre maîtres sans coup férir, ou, du moins, en n'ayant à vaincre qu'une résistance peu sérieuse. Les armées allemandes n'ont pas à attendre dans les prochaines semaines un accroissement essentiel de leurs forces ; au contraire, la France, grâce à l'armistice, se serait assuré la possibilité de développer ses propres ressources, de compléter l'organisation des troupes déjà en formation, et, — si les hostilités devaient recommencer à l'expiration de l'armistice, — de nous opposer des corps de troupes capables de résistance, qui aujourd'hui encore n'existent pas.

Malgré ces considérations, le désir de faire le premier pas pour la paix prévalut chez Sa Majesté le Roi, et je fus autorisé à aller immédiatement au devant de ce que souhaitait M. Thiers, en consentant à un armistice de vingt-cinq ou même, comme il le désira plus tard, de vingt-huit jours, sur le pied du *statu quo* militaire pur et simple, — à partir du jour de la signature. Je lui proposai : qu'une ligne de démarcation, à tracer, arrêtât la situation des troupes allemandes et françaises, telle que, de part et d'autre, elle serait au jour de la signature ; que durant quatre semaines, les hostilités restassent suspendues ; que pendant ce temps, fût élue et constituée une représentation nationale. Pour les Français, — de cette suspension d'armes, il ne devait résulter militairement, pendant la durée de l'armistice, que l'obligation de renoncer à de faibles sorties, toujours malheureuses, et à un gaspillage inutile et incompréhensible des munitions d'artillerie par le tir des forts.

Relativement aux élections en Alsace, je pus déclarer que nous n'insisterions sur aucune stipulation qui dût, avant la conclusion de la paix, mettre en question que les départements allemands fissent partie de la France, — et que nous ne demanderions pas compte à un de leurs habitants de ce qu'il eût figuré, comme représentant de ses compatriotes, dans une Assemblée nationale française.

Je fus étonné, lorsque le négociateur français rejeta ces propositions, qui étaient tout à l'avantage de la France, et déclara ne pouvoir accepter un armistice que si l'on y comprenait la faculté pour Paris de s'approvisionner sur une grande échelle. Je lui répondis que cette faculté contiendrait une concession militaire excédant à tel point le *statu quo* et toute exigence raisonnable, que je devais lui demander s'il était en situation de m'offrir un équivalent, et lequel ? M. Thiers répondit qu'il n'avait pas pouvoir de faire aucune contre-proposition militaire, et qu'il devait poser la condition du ravitaillement de Paris, sans pouvoir offrir en compensation rien autre chose que le bon vouloir du Gouvernement parisien pour mettre à même la nation française d'élire une représentation d'où vraisemblablement sortirait une autorité avec laquelle il nous serait possible de négocier la paix.

Dans cette situation, j'eus à soumettre au Roi et à ses conseillers militaires le résultat de nos négociations.

Sa Majesté le Roi fut justement surprise des demandes militaires si excessives et déçue dans ce qu'elle avait attendu des négociations avec M. Thiers. L'incroyable exigence d'après laquelle nous aurions dû renoncer au fruit de tous les efforts, faits depuis deux mois, à tous les avantages acquis par nous, et remettre les choses au point où elles étaient lorsque nous commençâmes à investir Paris, — ne pouvait fournir qu'une nouvelle preuve qu'à Paris on cherchait les prétextes pour refuser à la France des élections, mais non pas une occasion de les faire sans empêchement.

D'après le désir que j'exprimai d'essayer encore, avant la continuation des hostilités, de s'entendre sur d'autres bases, M. Thiers eut, le 5 de ce mois, aux avant-postes, un nouvel entretien avec les membres du Gouvernement de Paris, pour leur proposer ou un court armistice sur la base du *statu quo*, ou la simple convocation des électeurs, sans armistice conclu par une convention, — auquel cas je pouvais promettre que nous accorderions toute liberté et toute facilité compatibles avec la sûreté militaire.

M. Thiers ne m'a point donné de détails sur son dernier entretien avec MM. Favre et Trochu; il n'a pu que me communiquer, comme résultat de cette conférence, l'instruction qu'il avait reçue de rompre les négociations et de quitter Versailles, puisqu'un armistice avec ravitaillement de Paris ne pouvait être obtenu.

Il est reparti pour Tours, le 7 au matin.

Le cours des négociations n'a fait que me convaincre d'une chose, c'est que les membres du Gouvernement actuel en France, dès leur avènement au pouvoir, n'ont pas voulu sérieusement laisser l'opinion du peuple français s'exprimer par la libre élection d'une représentation nationale, — qu'ils avaient tout aussi peu l'intention d'arriver à conclure un armistice, et qu'ils n'ont posé une condition dont l'inadmissibilité ne pouvait être mise en doute par eux, que pour ne pas répondre par un refus aux puissances neutres, dont ils espèrent l'appui.

Je vous prie de vouloir bien vous exprimer conformément au contenu de cette dépêche, dont Vous êtes autorisé à donner lecture.

DE BISMARK.

Toujours même inertie militaire, toujours des rapports radicalement insuffisants :

20 novembre 1870, soir.

Le feu a été très vif, pendant une partie de la nuit, contre les positions du Bourget.

Des combats heureux d'avant-postes ont eu lieu hier à Villetaneuse.

Le gouverneur de Paris, ému des tristes événements qui se sont passés dans les journées des 18 et 19 novembre dans la plaine de Bondy, a demandé des rapports circonstanciés aux commandants des avant-postes les plus rapprochés de l'ennemi.

Les nouvelles informations ont confirmé les premiers renseignements qui ont été portés à la connaissance du public. Elles ont fait connaître, en outre, un nouvel exemple des inconvénients qu'amènent devant nos lignes de semblables désordres exploités par l'ennemi. Le 19 novembre, à 8 heures du matin, des Prussiens vêtus de blouses et de pantalons de toile, dissimulant leurs armes et favorisés par la foule des maraudeurs qui couvraient la plaine, se sont glissés le long de la berge du canal de l'Ourcq, ont tiré presque à bout portant sur une sentinelle avancée du 1er régiment d'éclaireurs, à nos premiers retranchements.

Un jeune physicien, M. E. Duchemin, présente un moyen ingénieux de recevoir des nouvelles de la province, en faisant jeter dans la Seine des petits bouchons traversés d'un tube en verre contenant des dépêches.

Le directeur des postes s'occupe déjà de réaliser un projet si simple et qui peut donner de si utiles résultats, si le secret n'est pas ébruité.

L'*Électeur libre*, journal des frères Picard, imprime le secret tout au long.

Adieu le projet et la correspondance !

SOIXANTE-CINQUIÈME JOURNÉE

21 novembre.

Trois piétons sont parvenus hier à rentrer à Paris. Ils portaient des dépêches déjà un peu anciennes de date, mais excellentes. Ils sont entrés par Neuilly, pendant qu'un marchand de vin amusait une patrouille prussienne ; les piétons, s'emparant d'un canot, le lancèrent dans la Seine, s'y précipitèrent, et, à force de rames, atteignirent l'autre rive. Les sentinelles prussiennes tirèrent sur eux, mais aucune balle ne porta, et les messagers sont rentrés sains et saufs.

Ils ont eu ce matin une entrevue de deux heures avec le général Trochu et le général Ducrot, qui leur ont recommandé de garder le secret sur certains faits. Ce soir, ils ont dû avoir une nouvelle audience.

Tout ce qu'ils racontent donne bon espoir.

RAPPORT MILITAIRE

21 novembre, soir.

Pendant la nuit dernière, une vive fusillade a eu lieu sur le front de nos lignes du sud; elle a été appuyée par le canon des forts. Il n'y a eu aucun incident particulier à faire ressortir.

Le gouverneur a visité la position de Saint-Denis dans la journée.

Si le bon sens s'exilait du reste de la terre, il ne pourrait choisir d'asile plus désirable que les clubs, où se débitent tous les soirs tant d'extravagances, soit à propos de « trouée, » soit pour le rationnement, soit à l'occasion des lenteurs du Gouvernement dans la défense de Paris. Mais de ce que certaines sottises ont cours au sein de ces réunions populaires, il ne s'ensuit pas qu'il ne tombe de la tribune que des sottises. A part l'expression, en général trop colorée et bouffonne, les clubs ont le sentiment juste du vice capital du commandement militaire : l'irrésolution. Quant aux exagérations, elles foisonnent et on n'a que l'embarras du choix.

Au club de Belleville, un orateur se livre à une gesticulation tragique :

« On a parlé, dit-il, de l'alliance de la Russie et d'une armée de 400,000 Russes. C'est une nouvelle illusion de Trochu. (Rires.) Les Russes sont les sujets du tsar et les alliés du despotisme prussien. Ils ont formé le projet de se partager l'Europe pour obéir aux clauses du testament de Pierre le Grand et de Frédéric. Le tsar aurait la Turquie et Guillaume prendrait la France, qui a été avachie par l'empire. Cela inquiète beaucoup l'Angleterre, à cause de Constantinople. Mais ce n'est pas l'Angleterre qui nous sauvera, et Trochu ne nous sauvera pas davantage ; il est trop mystique, et la preuve, c'est qu'il vient encore d'écrire un petit livre sur l'archange saint Michel. (Marques de surprise. Applaudissements et rires.)

« Savez-vous qui vous sauvera ? C'est Garibaldi et la République universelle. Je viens d'apprendre, ajoute l'orateur, que Garibaldi n'est plus dans les Vosges ; il a passé en Allemagne, où l'*Internationale* l'attendait pour proclamer la République. » (Mouvement de joie. Applaudissements prolongés.)

L'orateur invite les citoyens de l'auditoire à coopérer à l'œuvre de Garibaldi en s'affiliant à la *Légion de la défense à outrance*, dont le comité de vigilance de la Villette a pris l'initiative, et qui a pour mission d'exterminer toutes les tyrannies et de faire prévaloir dans le monde la révolution et le socialisme. Il termine par une question d'un caractère beaucoup plus pratique.

« Voulez-vous, dit-il en s'adressant aux citoyennes, avoir des pommes de terre ? (Cris enthousiastes des citoyennes : Oui ! oui !) Eh bien ! cela ne vous coûtera qu'un sou. » (Marques de désappointement. Exclamations. C'est un farceur !)

L'orateur explique qu'il n'est pas un farceur, mais qu'avec ce sou il fera imprimer et coller des affiches convoquant les gardes nationaux à se rendre sans armes à l'Hôtel de Ville, pour demander et au besoin pour exiger le rationnement des pommes de terre au prix de 2 fr. le boisseau.

Un autre orateur réfute une opinion qui a été professée à une précédente séance, mais qui lui paraît contraire aux principes, savoir : qu'il faut laver son linge sale après le départ des Prussiens. Il faut le laver avant. (Applaudissements, auxquels s'associe d'abord la partie modérée de l'auditoire, qui ne paraît pas avoir bien compris.) Mais l'orateur ne tarde pas à devenir plus clair. Le linge sale, c'est la réaction, dont le Gouvernement de l'Hôtel de Ville est le très humble serviteur. Il faut se débarrasser de la réaction (Applaudissements), il faut enfin faire la révolution. (Nouvelles et bruyantes acclamations.)

L'orateur se félicite toutefois de ce que le 31 octobre n'ait pas réussi. (Marques d'étonnement.) « Nous étions trop doux alors et trop confiants ; nous n'aurions pas fait ce qu'il fallait. Nous le ferons aujourd'hui. Ce qu'il nous faut, c'est un 93. Eh bien ! 93 reviendra, et, soyez-en sûrs, citoyens, nous retrouverons des Robespierre et des Marat. » (Tonnerre d'applaudissements.)

Un orateur encore plus radicalement révolutionnaire, s'il est possible, succède à celui-là. Il donne d'abord lecture d'une condamnation à mort, par contumace, qui a été prononcée à l'unanimité contre le traître Bazaine et ses complices Canrobert, Le Bœuf et Coffinières par plusieurs clubs du 4ᵉ arrondissement. Il invite les citoyens de Belleville à la confirmer.

(Toute la salle se lève. La condamnation est confirmée par acclamation.)

L'orateur ajoute que les citoyens sont invités à exécuter eux-mêmes la sentence. Abordant ensuite la question sociale et religieuse, l'orateur déclare que le moment est venu de remplacer la théologie et la métaphysique par la géologie et la sociologie, et il s'embarque dans une dissertation dont la clarté n'inonde pas suffisamment l'esprit des auditeurs ; mais il redevient bientôt plus intelligible ; peut-être même le devient-il beaucoup trop. « Je ne crains pas la foudre, dit-il, je hais le Dieu, le misérable Dieu des prêtres, et je voudrais, comme les Titans, escalader le ciel pour aller le poignarder. » (Cette seconde condamnation à mort obtient un peu moins de succès que la première. Quelques énergumènes applaudissent.)

Une voix : Faudrait un ballon ! — Des citoyennes se regardent effarées.

Ces discours incendiaires n'empêchent pas, du reste, les auditeurs et les auditrices de se retirer le plus paisiblement du monde.

SOIXANTE-SIXIÈME JOURNÉE.

22 novembre.

D'après les bruits venus des avant-postes prussiens, Orléans serait retombé aux mains de l'ennemi.

M. Jules Favre adresse la circulaire suivante aux agents diplomatiques de la France à l'étranger :

Monsieur,

Vous avez eu certainement connaissance de la circulaire par laquelle M. le comte de Bismark explique le refus opposé par la Prusse aux conditions de ravitaillement proportionnel que comportait naturellement la proposition d'armistice émanée des puissances neutres. Ce document rend une rectification d'autant plus nécessaire que, par une préoccupation très conforme d'ailleurs à toute sa politique antérieure, le représentant de la Prusse y a négligé des faits importants, dont l'omission ne pourrait manquer d'induire l'opinion publique en erreur. En lisant son travail, on doit croire que M. Thiers a demandé au nom du Gouvernement de la défense nationale l'ouverture d'une négociation, et que la Prusse l'a acceptée par un sentiment d'égard pour le caractère personnel de notre envoyé et par le désir d'arriver, s'il était possible, à une conciliation. Le chancelier de la Confédération du Nord paraît oublier, et il est indispensable de rappeler que la proposition d'armistice sur laquelle M. Thiers est venu conférer appartient aux puissances neutres, et que l'une d'elles a bien voulu faire auprès de la Prusse la démarche qui a donné à notre négociateur l'occasion d'entrer en pourparlers. Ce bon office n'était point un fait isolé. Dès le 20 octobre, lord Grandville adressait à lord Loftus une dépêche communiquée au cabinet de Berlin et dans laquelle il exposait, avec une grande autorité, les raisons d'intérêt européen qui devaient amener la cessation de la guerre.

Parlant de la continuation du siége et de l'éventualité de la prise de Paris, le chef du Foreing Office disait : « Il » n'est pas déraisonnable de mettre dans la balance les

« avantages et les désavantages qui accompagneront un
« tel fait ; et ces désavantages touchent aux sentiments
« de l'humanité, que le gouvernement de la reine se croit
« obligé de les signaler au roi et à ses ministres. Le sou-
» venir amer des trois derniers mois peut être un jour
» effacé par le temps et par le sentiment de la bravoure
« de l'ennemi sur les champs de bataille. Mais il y a des
« degrés dans l'amertume ; et la probabilité d'une guerre
» nouvelle et irréconciliable sera considérablement aug-
« mentée si toute une génération de Français a devant
« les yeux le spectacle de la destruction d'une capitale,
« accompagnée de la mort de personnes sans armes, de
» la destruction de trésors d'art et de science, de souve-
« nirs historiques d'un prix inestimable, impossibles à
« remplacer Une telle catastrophe sera terrible pour la
« France et dangereuse pour la paix future de l'Europe,
» en même temps, elle ne sera, comme le gouvernement
« de la reine le croit, à personne plus pénible qu'à l'Alle-
« magne et à ses princes. Le gouvernement français a
» décliné les négociations de paix depuis l'entrevue de
« M. de Bismark et de M. Jules Favre, mais le gouver-
» nement de la reine a pris sur lui d'insister auprès du
» gouvernement provisoire pour qu'il consente à un ar-
« mistice qui pourrait aboutir à la convocation d'une
» Assemblée constituante et au rétablissement de la
» paix.

« Le gouvernement de la reine n'a pas omis de faire
« sentir à Paris la nécessité de faire toutes les con-
« cessions compatibles dans la situation actuelle avec
« l'honneur de la France. Le gouvernement de la reine
« ne se croit pas autorisé à l'affirmer, mais il ne peut
« peut pas croire que les représentations faites par lui
« resteront sans effet. Pendant cette guerre, deux causes
« morales ont, à un degré incalculable, servi l'immense

« puissance matérielle des Allemands : ils ont combattu
« pour repousser l'invasion étrangère et affirmer le droit
« d'une grande nation à se constituer, de la manière la
« plus propre à développer ses aptitudes. La gloire de
« leurs efforts sera rehaussée, si l'histoire peut dire
« que le roi a épuisé tous les moyens pour rétablir
« la paix, et que les conditions de paix étaient justes,
« modérées, en harmonie avec la politique et les sen-
» timents de notre époque. »

Au moment où le ministre anglais tenait ce langage à la Prusse, son ambassadeur insistait à Tours sur les mêmes considérations, sans jamais mettre en doute que l'armistice ne dût être nécessairement accompagné de ravitaillement. Il m'est permis d'ajouter que, sur ce point, qui a été le seul objet du débat, l'opinion du chancelier de la Confédération du Nord ne pouvait être différente, puisqu'il avait eu connaissance de la mission officieuse du général Burnside, auquel il avait parlé d'un armistice sans ravitaillement que le Gouvernement de la défense nationale n'avait pu accepter.

C'était donc dans les termes du droit commun, c'est-à-dire avec un ravitaillement proportionné à la durée, que l'Angleterre conseillait l'armistice ; c'est aussi dans ces termes qu'il fut compris par les autres puissances, et directement proposé à la Prusse par une correspondance et des télégrammes auxquels elle adhéra. Dans sa conférence avec les membres du Gouvernement, le 30 octobre, M. Thiers n'admettait pas que cette condition pût être contestée en principe; seulement, il avait l'ordre de ne point être trop rigoureux pour son application. Aussi est-ce par erreur que le chancelier de la Confédération du Nord affirme qu'il aurait déclaré « ne pou-
« voir accepter un armistice que si l'on y comprenait

« la faculté, pour Paris, de s'approvisionner sur une
« grande échelle. » Cette assertion est inexacte.

Les chiffres d'une consommation journalière et modérée avaient été minutieusement arrêtés par le ministre du commerce, et seuls ils servaient de base à notre réclamation strictement limitée au nombre de jours de l'armistice. En cela, nous étions d'accord avec l'usage et l'équité, avec l'intention des puissances neutres, et, nous le croyions, avec le consentement de la Prusse elle-même. Peut-être n'eût-elle pas songé à le retirer sans la reddition de Metz et sans la funeste journée du 31 octobre, accueillie par elle avec une satisfaction mal dissimulée.

Le chancelier de la Confédération du Nord insiste sur les inconvénients auxquels l'armistice exposait l'armée assiégeante. Mais il ne tient pas compte de ceux, bien graves, du non ravitaillement pour la ville assiégée. Ces inconvénients sont tels qu'ils rendaient dérisoires la convocation d'une Assemblée réduite forcément à l'impuissance à l'heure de ses délibérations, et condamnée par la plus dure des nécessités à subir la loi du vainqueur. L'armistice sans ravitaillement, pour faire statuer au bout d'un mois sur la paix ou sur la guerre, n'était donc ni équitable ni sérieux ; il n'était pour nous qu'une déception et un péril.

J'en dis autant de la convocation d'une Assemblée sans armistice. S'il avait cru une pareille combinaison compatible avec la défense, le Gouvernement l'aurait adoptée avec joie. La Prusse peut lui reprocher « de n'avoir pas
« voulu lui laisser l'opinion du peuple français s'expri-
« mer librement par l'élection d'une représentation nationale. » Le besoin de diviser et d'affaiblir la résistance du pays explique suffisamment cette accusation. Mais quel homme de bonne foi voudra l'admettre ? qui ne sent

l'immense intérêt qu'ont les membres du Gouvernement à écarter la terrible responsabilité que les événements et le vote de Paris font peser sur leur tête? Ils ont constamment cherché, avec le désir ardent de réussir, les moyens les plus efficaces d'amener la convocation d'une Assemblée qui était et qui est encore leur vœu le plus cher. C'est dans ce but que j'abordai M. le comte de Bismark à Ferrières. Je laisse à la conscience publique le soin de juger de quel côté ont été les obstacles, et si le Gouvernement doit être dénoncé au blâme de l'Europe pour n'avoir pas voulu placer les députés de la France sous le canon d'un fort livré à l'armée prussienne. Une convocation sans armistice nous aurait, il est vrai, épargné cette humiliation, mais elle nous en aurait encore réservé de cruelles. Les élections auraient été livrées au caprice de l'ennemi, aux hasards de la guerre, à des impossibilités matérielles énervant notre action militaire et ruinant à l'avance l'autorité morale des mandataires du pays. Et cependant nous sentions si énergiquement le besoin de nous effacer devant les représentants réguliers de la France, que nous eussions bravé ces difficultés inextricables, si en descendant au fond de nos consciences nous n'y avions trouvé, impérieux, inflexible, supérieur à tout intérêt personnel, ce grand et suprême devoir de l'honneur à sauvegarder et de la défense à maintenir intacte.

Nous avons maudit et condamné cette guerre; quand des désastres inouïs dans l'histoire ont mis en poussière ses criminels instigateurs, nous avons invoqué, pour la faire cesser, les lois de l'humanité, les droits des peuples, la nécessité d'assurer le repos de l'Europe, offrant d'y concourir par de justes sacrifices. On a voulu nous imposer ceux que nous ne pouvions accepter; et la Prusse a continué la lutte, non pour défendre son territoire, mais pour conquérir le nôtre. Elle a porté dans plusieurs de nos départements le ravage et la mort; elle investit depuis plus de deux mois notre capitale qu'elle menace de bombardement et de famine, et c'est pour couronner ce système de violence qu'elle nous convie à réunir une Assemblée élue en partie dans ses camps et appelée à discuter paisiblement quand gronde le canon de la bataille !

Le Gouvernement n'a pas cru une telle combinaison réalisable. Elle le condamnait à discontinuer la défense ; et discontinuer la défense sans armistice régulier, c'était y renoncer. Or, quel est le citoyen français qui ne s'indigne à cette idée? le pays tout entier proteste contre elle. On lui demande de voter, — il fait mieux, il s'arme. Nos soldats, victorieux sur la Loire, effacent par leur généreux sang les hontes de l'empire. Paris, dont la Prusse devait forcer l'enceinte en quelques jours, résiste depuis plus de deux mois, et il demeure plus que jamais résolu, après l'avoir rendue inexpugnable. Ses chefs militaires, que la trahison de Sedan avait laissés sans ressources, ont dû improviser une armée et son matériel, former la garde mobile, organiser la garde nationale. Leurs travaux ne seront pas stériles ; et dans cette crise suprême que nous avons essayé de conjurer par tous les moyens que l'honneur commandait, nous avons la certitude que chacun fera son devoir.

Le Gouvernement n'a donc pas, comme l'en accuse le chancelier de la Confédération du Nord, cherché à se concilier l'appui de l'Europe, en paraissant se prêter à une combinaison qu'il avait en réalité le dessein de rompre. Il repousse hautement une pareille imputation. Il a accepté avec reconnaissance l'intervention des puissances neutres et s'est loyalement efforcé de la faire réussir dans les termes que l'une d'elles avait indiqués en rap-

pelant dans son télégramme « les sentiments de justice
« et d'humanité auxquels la Prusse devait se con-
« former. »

A cette heure suprême, il s'en remettrait volontiers au jugement de ceux dont la voix bienveillante n'a point été écoutée. Ce n'est pas d'eux que lui viendrait un conseil de défaillance.

Après lui avoir donné leur appui moral, ils estimeront qu'il continue à le mériter en défendant énergiquement le principe qu'ils ont posé ; il est prêt à convoquer une Assemblée, si un armistice avec ravitaillement le lui permet. Mais il faut qu'il soit bien entendu qu'en le refusant, la Prusse, malgré toutes ses déclarations contraires, cherche à augmenter nos embarras en nous empêchant de consulter la France ; c'est donc à elle seule que doit être renvoyée la responsabilité d'une rupture démontrant une fois de plus qu'elle est déterminée à tout braver pour faire triompher sa politique de conquête violente et de domination européenne. »

Je crois, monsieur, avoir exactement traduit les sentiments qui ont inspiré le Gouvernement, et je vous prie de vous en pénétrer lorsque vous serez appelé à vous en expliquer.

A dater de la semaine prochaine, plus d'autre viande fraîche que celle de cheval.

Les journaux anglais attribuent au maréchal Bazaine l'ordre du jour suivant :

ORDRE DU MARÉCHAL BAZAINE A L'ARMÉE.

Metz, le 26 octobre.

La plus grande anarchie règne dans toutes les parties

de la France ; l'armée de Lyon a été défaite à Orléans, et la municipalité de Rouen a été obligée d'appeler à son aide l'armée prussienne pour rétablir l'ordre. La Prusse ne traitera qu'avec le gouvernement tombé ; le maréchal Bazaine est nommé régent ; le général Boyer est envoyé à l'impératrice pour obtenir son consentement ; à partir d'aujourd'hui, l'armée ne recevra plus de pain ; on donnera du vin et de la viande de cheval ; dans trois jours l'armée qui est sous Metz partira probablement avec le consentement de la Prusse, le maréchal Bazaine à sa tête, et marchera pour rétablir l'ordre en France.

Fait au quartier général de Metz.

SOIXANTE-SEPTIÈME JOURNÉE

23 novembre.

La convocation d'une Assemblée, même sans armistice, est débattue sans grand profit par un certain nombre de journaux. Les uns mettent en avant les conseils généraux, ces émanations directes des candidatures officielles, et leur reconnaissent une autorité suffisante pour débattre les grands intérêts du moment ; d'autres se contenteraient « d'hommes de peine » pour résoudre les problèmes capitaux du pays en proie à l'étranger.

Toutes ces idées se heurtent malheureusement à un fait brutal, l'occupation du territoire par l'ennemi.

Comment songer à élire une Assemblée sous les baïonnettes ennemies ?

Un véritable déluge de journaux anglais farcis de correspondances prussiennes. Des journaux de province, jamais un seul. M. de Bismark ne veut pas que Paris les lise.

Un pigeon apporte la dépêche suivante :

Gambetta à Jules Favre.

Tours, 16 novembre, 1870.

Au dedans l'ordre le plus parfait règne sur tous les points du pays, et nos ressources militaires prennent une tournure tout à fait satisfaisante. Outre les deux cent mille hommes qui sont en ligne sur la Loire, et dont le point culminant est Orléans, au 1er décembre, une nouvelle armée, parfaitement organisée et munie de tout, qui comptera cent mille hommes, sans compter près de deux cent mille mobilisés prêts à marcher au feu à la même époque, mais tout à fait en seconde ligne.

Nous occupons fortement Orléans sur les deux rives de la Loire, à droite et à gauche, prêts à résister vigoureusement à un retour offensif.

Notre succès à Orléans a excité au plus haut degré les sentiments patriotiques de la nation, et les préparatifs de défense sont poussés avec une prodigieuse activité de tous côtés ; les plus faibles sont entraînés.

Au dehors, l'Europe a manifesté au sujet de notre récent succès autant de sympathie que d'étonnement. Ses doutes sur l'existence de nos forces sont aujourd'hui dissipés. Ses sympathies nous sont revenues. Nous en recevons des témoignages irrécusables aussi bien par la voie des journaux que par la conversation de ses représentants autorisés.

Tout le monde s'accorde à reconnaître que notre situation diplomatique s'est considérablement améliorée.

Sauf de rares exceptions, on ne parle plus d'élections ni d'armistice. Le refus de ravitailler Paris a été unanimement blâmé et attribué à M. de Bismark. On n'a voulu voir dans ce refus qu'un stratagème pour affamer Paris et donner aux troupes prussiennes dégagées de Metz le temps d'arriver et de faire échec à notre armée de la Loire.

La garde nationale mobilisée va être envoyée aux avant-postes. Les militaires de profession qui, depuis l'ouverture de la campagne, ont fait preuve, comme on sait, de si rares talents, laissent percer une certaine pitié méprisante pour ces soldats improvisés, enlevés au commerce, à l'industrie, aux ateliers, aux lettres et aux beaux-arts.

RAPPORT MILITAIRE

23 novembre, soir.

Rien d'important à signaler. Le feu des forts a continué contre les travaux de l'ennemi, principalement à l'ouest et vers les positions de Meudon et de Châtillon.

Une reconnaissance a été tentée par l'ennemi hier, à onze heures et demie du soir, dans la presqu'île de Gennevilliers. Une barque, montée par plusieurs hommes, a cherché à passer la Seine du côté du Pont-aux-Anglais.

Cette reconnaissance n'a pu s'effectuer, grâce à la surveillance de nos postes avancés qui ont tiré à bout portant sur cette barque, dans laquelle plusieurs hommes ont été tués ou blessés.

Le corps franc des carabiniers parisiens n'a cessé de se faire remarquer par ses bons services et sa discipline.

La 2ᵉ compagnie, capitaine Baquey, est établie à Courbevoie sous les ordres du général de Bellemare. Quelques-uns des hommes de cette compagnie étant descendus dans la cave de la maison qu'ils occupent, trouvèrent, dans un tiroir ouvert, une somme de 3,600 francs en or. Ils la remirent immédiatement à leur commandant, et elle est actuellement à la caisse des dépôts et consignations.

Il est interdit aux journaux de faire aucune publication relative aux mouvements de troupes, aux travaux de fortifications, aux mesures militaires prises par la défense.

SOIXANTE-HUITIÈME JOURNÉE

24 novembre.

L'événement du jour est la quatorzième livraison des papiers de la correspondance impériale. L'historien n'aura qu'à lire les dépêches échangées entre les généraux et le ministre de la guerre au début de la campagne, pour mesurer l'imprévoyance et l'ineptie du régime déchu. On croit rêver devant un spectacle pareil, et il y allait du sang de la France !

La guerre est déclarée. On est à Metz ; que va-t-on faire ? Jusqu'au 31 juillet, quinze jours après la déclaration de guerre, nous ne trouvons que ces renseignements adressés à l'impératrice : *Louis a dormi seize heures de suite*. Le même jour, le chef de l'État, toujours galant, fait venir de Paris *un bracelet pour la préfète*. Le lendemain, l'impératrice annonce l'envoi *de deux trèfles à quatre feuilles que la petite Malakoff a encore trouvés*.

Fort bien ; mais que disent les généraux qui ne s'occupent ni de la préfète ni des trèfles à quatre feuilles ? Ils se récrient sur le manque absolu d'approvisionnements ; ils cherchent leurs divisions et ne les trouvent pas.

Le chef du 5ᵉ corps, Mˢ de Failly, ne trouve d'argent nulle part, ni dans les caisses publiques, ni dans celle des corps (18 juillet).

Le 20 du même mois, l'intendant général constate qu'il n'y a à Metz ni sucre, ni café, ni riz, ni sel, ni lard, ni biscuit.

Le même jour, le général Ducrot signale l'abandon complet de plusieurs places. Cinquante hommes gardent Neuf-Brisach.

Le 21, on s'aperçoit qu'il n'est arrivé du dépôt de la guerre aucune carte de la frontière de France.

Ce même jour, la dépêche suivante est adressée au ministre par le général Michel :

Belfort, 21 juillet, 7 h. 30, matin.

Suis arrivé à Belfort ; pas trouvé ma brigade ; pas trouvé général de division. Que dois-je faire ? Sais pas où sont mes régiments.

Le 4ᵉ et le 3ᵉ corps ne sont pas mieux organisés que le 5ᵉ; de Mézières et de Sedan, aussi bien que de Metz, on signale le manque absolu de provisions. Qu'en pense le major général Lebœuf, lui qui a répondu de tout devant le pays? Voici sa dépêche à l'Empereur :

Sarreguemines, le 25 juillet 1870, 4 h. 5 m., soir.

Je suis près du général de Failly. Tout bien au moral. *Les troupes vivent bien.* L'organisation est encore fort incomplète pour ce qui concerne les *accessoires seulement.* J'en écris au ministre par télégramme.

Les troupes vivent bien ; qu'on en juge par la dépêche suivante, qui est datée du lendemain :

Intendant chef à guerre — Paris.

Metz, le 26 juillet 1870, 8 h. 47 m. soir.

Par suite du manque absolu de boulangers et de l'impossibilité d'en trouver dans la classe civile, malgré les marchés passés pour fourniture à la ration, les nombreuses troupes en dehors de Metz sont obligées *pour vivre de consommer le biscuit qui devrait servir de réserve, et qui n'arrive pas, d'ailleurs, dans une proportion suffisante.* Il n'est arrivé, avec les 120,000 hommes de l'armée, que 38 nouveaux boulangers.

Les mêmes plaintes affluent de toutes parts. On n'a ni pain, ni tentes-abris, ni munitions, mais *les troupes vivent bien.*

Le jour de la déclaration de guerre, M. de Kératry posa au maréchal Lebœuf cette question :

— M. le ministre de la guerre, êtes-vous prêt ?

— Oui, répondit Lebœuf, je suis prêt, cinq fois prêt.

— Qu'entendez-vous par là, M. le ministre, insiste M. de Kératry.

— Je veux dire que la guerre, durât-elle un an, nous n'aurons pas un bouton de guêtre à acheter.

Aucun chef de corps ne réclame en effet de boutons de guêtre; ils ne demandent tous en chœur que des vivres et des munitions. Bagatelles !

Brillant début des bataillons de marche de la garde nationale :

Le contre-amiral Saisset écrit de Noisy, à six heures du soir, la dépêche dont la teneur suit :

Le 72e bataillon de guerre de la garde nationale, conjointement avec le 4e bataillon des éclaireurs de la Seine, est allé aujourd'hui, à deux heures, occuper militairement le village de Bondy; sous le commandement supérieur du capitaine de frégate Massiou.

L'entrain du 72e bataillon a été tel qu'il a franchi les barricades de Bondy, refoulé l'ennemi d'arbre en arbre sur la route de Metz et le long du canal de l'Ourcq.

Le commandant Massiou a été blessé et transporté à l'ambulance du ministère de la marine.

Le 72e bataillon compte quatre blessés, aucun tué. Le 4e bataillon des éclaireurs de la Seine, qui gardait la droite dans les tranchées qui relient le village de Bondy au cimetière, n'a pas eu de blessés.

Quelques obus du fort de Noisy envoyés sur le pont de la Poudrette et sur les maisons bordant la lisière du bois, ont réussi à faire mettre le pavillon d'ambulance à l'ennemi sur la 4e maison de droite du littoral du bois.

Un grand mouvement a précipité cet incident, et la

retraite à découvert faite par l'ennemi l'a montré très nombreux.

A quatre heures, le 72ᵉ bataillon de guerre, commandant de Brancion, s'est replié avec le plus grand sang-froid, et a ainsi bien inauguré son entrée en campagne.

Paris est vivement ému de ce premier fait d'armes de ses soldats-citoyens.

SOIXANTE-NEUVIÈME JOURNÉE

25 novembre.

M. de Raynal, substitut à Versailles, a été emmené prisonnier dans une forteresse d'Allemagne pour avoir, selon M. de Bismark, entretenu des intelligences avec l'ennemi. M. de Raynal a, en effet, écrit à sa famille à Paris *qu'il se portait bien*. Voilà ce que le peu scrupuleux chancelier de la Confédération du Nord appelle donner des renseignements à « l'ennemi ». Le Gouvernement français dénonce le fait à l'indignation de l'Europe; mais y a t-il encore une Europe?

Les voyageurs en ballon tombés aux mains des Prussiens sont également conduits en Allemagne et déférés devant une cour martiale.

M. Washburn, ministre des États-Unis, ayant bien voulu servir d'intermédiaire pour cet incident entre notre Gouvernement et M. de Bismark, a reçu de celui-ci la lettre suivante, véritable monument d'impudence :

A Monsieur Washburn, ministre des États-Unis d'Amérique, à Paris.

Versailles le 19 novembre 1870.

Monsieur le ministre,

J'ai eu l'honneur de recevoir la lettre que vous avez bien voulu m'adresser, le 10 novembre dernier, pour m'informer que M. Jules Favre vous avait exprimé le désir d'une manière non officielle d'obtenir des renseignements sur le sort de M. de Raynal.

D'après les informations qui me parviennent à ce sujet, son arrestation a été décidée par les autorités militaires, parce qu'il était démontré, par des papiers saisis chez lui et des notes écrites de sa main, qu'il avait entretenu des correspondances pour faire parvenir des renseignements à l'ennemi. Il a été dirigé sur l'Allemagne, où il sera jugé par un conseil de guerre.

Je profite de l'occasion pour vous informer que plusieurs ballons expédiés de Paris sont tombés entre nos mains, et que les personnes qui les montaient seront également jugées par un conseil de guerre.

Je vous prie de vouloir bien porter ce fait à la connaissance du Gouvernement français, en ajoutant que toutes les personnes qui prendraient cette voie pour franchir nos lignes sans autorisation, ou pour entretenir des correspondances au préjudice de nos troupes, s'exposeront si elles tombent en notre pouvoir, au même traitements qui leur est tout aussi applicable qu'à ceux qui feraient des tentatives semblables par voie ordinaire.

Veuillez agréer, monsieur le ministre, les assurances réitérées de ma haute considération

Signé: De Bismark.

A partir de dimanche matin, les barrières des différentes portes de l'enceinte seront fermées à la circulation jusqu'à nouvel ordre, et elles ne s'ouvriront que pour le passage des troupes, du matériel, des convois de voitures militaires ou civils au service de l'armée, des militaires isolés, des ingénieurs et ouvriers appelés au dehors pour des travaux militaires.

Si la fermeture des portes contrarie le commerce des espions, elle sauvera la vie à bien des maraudeurs, dont plusieurs sont tombés sous les balles prussiennes. Tout le long de la rue de Flandre, à la Villette, on peut voir, apposée sur les devantures des boutiques fermées, une affiche lithographiée en gros caractères et conçue en ces termes :

Les Prussiens tirent sur les maraudeurs.
ON NE PEUT PLUS LAISSER SORTIR.

On croit avoir de bonnes raisons pour espérer que cette précaution inusitée est l'indice d'une action militaire prochaine, et on s'en réjouit.

Réquisition est faite de toutes les huiles de pétrole épurées existant dans les magasins publics et privés de Paris et de la banlieue.

Par décret, un recensement général de tous les chevaux, ânes et mulets, sera fait dans Paris et la banlieue.

Un pigeon parti d'Orléans ce matin a apporté dans l'après-midi environ cinq cents dépêches télégraphiques privées.

SOIXANTE-DIXIÈME JOURNÉE

26 novembre.

Vagues rumeurs sur des combats qui auraient eu lieu entre Orléans et Étampes.

D'après les journaux anglais, le calme, un instant troublé à Marseille, serait complètement rétabli.

Effervescence dans les clubs, violentes attaques contre la mollesse et l'inaction du général Trochu.

Selon un orateur du club de l'École de médecine, « le Gouvernement ne veut pas qu'on attaque les Prussiens, ni demain ni jamais. Eh bien ! quand on n'est pas content d'un gouvernement, la sagesse consiste à le renverser. » (Interruptions. Bravos.)

Suit une apologie du 31 octobre et cette phrase : « Le Gouvernement ne repose que sur la fourberie, la violence et le mensonge. (Nouvelles clameurs.) Il ne faut pas agir en dehors du Gouvernement, qui a tous les instruments de triomphe en main et sans lequel on ne peut rien faire : il faut le supprimer. »

Une voix : Et vous mettre à sa place. (Bravos, cris et rires.)

L'orateur voulait soumettre au vote de l'assemblée une sommation au général Trochu d'avoir à quitter son poste au Gouvernement sur l'heure, mais le bureau lui conseille d'ajourner sa proposition.

Les circonstances commandent d'ajouter au courage

du cœur l'intrépidité de l'estomac. Déjà de hardis explorateurs s'avancent dans les régions encore mal connues de l'art culinaire, pour le plus grand bien de leurs semblables. Un dîner de découverte vient d'avoir lieu entre sept ou huit de ces braves. Le menu était celui-ci :

Potage.

1. Consommé de cheval au millet.

Relevés.

2. Brochettes de foie de chien à la maître d'hôtel.
3. Émincé de râble de chat sauce mayonnaise.

Entrées.

4. Épaules et filets de chien braisés sauce tomate.
5. Civet de chat aux champignons.
6. Côtelettes de chien aux petits pois.
7. Salmis de rats sauce Robert.

Rôt.

8. Gigots de chien flanqués de ratons sauce poivrade.

Légumes.

9. Begonias au jus.

Entremets.

10. Plum-pudding au rhum et à la moelle de cheval, etc.

Impressions des convives, à l'usage des peureux et des hésitants :

1° Le potage était parfait, le millet peut-être un peu dur, mais d'une agréable saveur.

2° Les brochettes de foie de chien, plat pour lequel, nous l'avons avoué après, la plupart d'entre nous n'étaient pas sans répugnance, les brochettes ont été trouvées exquises. La saveur du foie nous a rappelé celle des rognons de mouton; les morceaux étaient tendres, et tout à fait agréables.

3° L'émincé de râble de chat a été très goûté. Cette viande blanche est d'un aspect agréable; les morceaux étaient tendres et leur goût pouvait rappeler un peu celui du veau froid.

4° Les épaules et filets de chien étaient tendres. Leur saveur a été comparée par plusieurs convives à celle de la viande d'isard ou de chamois.

5° Le civet de chat était de tous points excellent quoiqu'un peu dur; mais je crois que si nous n'avions pas eu d'autres devoirs à faire remplir à notre estomac, nous serions tous revenus à ce mets parfait.

6° Les côtelettes de chien avaient été un peu trop marinées; le goût de vinaigre était trop sensible. La chair n'était pas mauvaise, mais un peu filandreuse.

7° Le salmis de rats nous a semblé très bon. La plupart d'entre nous ont trouvé que cette viande avait le goût de la chair d'oiseau.

8° Les gigots de chien étaient bons, surtout les parties saignantes; les parties trop cuites avaient perdu de leur saveur et étaient filandreuses. Bonne viande en somme, mieux que mangeable.

Quant aux ratons grillés qui *flanquaient* les gigots,

ils ont paru fades, leur chair a été trouvée molle et filandreuse.

9° Les bégonias au jus ont la plus grande analogie avec l'oseille. Ce nouveau légume est peut-être plus acide encore que l'oseille. S'il était abondant, il serait à recommander, en ce moment plus que jamais, pour lutter contre les effets de la nourriture à la viande salée.

10° Le plum-pudding à la moelle de cheval était exquis.

Allons, mesdames et messieurs, un peu de courage ! Il n'y a que le premier plat qui coûte.

Hier matin, au marché Saint-Germain, la foule s'arrêtait devant une voiture de boucherie d'un nouveau genre, sur les deux faces latérales de laquelle on lisait en gros caractères :

RÉSISTANCE A OUTRANCE
GRANDE BOUCHERIE CANINE ET FÉLINE

Et sur le fond on lisait ces vers :

L'héroïque Paris brave les Prussiens.
Il ne sera jamais vaincu par la famine.
Quand il aura mangé la race chevaline,
Il mangera ses rats, et ses chats, et ses chiens.

SOIXANTE-ONZIÈME JOURNÉE

27 novembre.

Pas de rapport militaire ; le général Schmitz se tait, parce que le général Trochu se repose. Le public s'inquiète et de ce silence et de cette inaction.

Le Gouvernement de la défense nationale décrète :

Art. 1er. Cinq bourses entretenues au frais de l'État dans les lycées nationaux seront affectées par voie de concours aux élèves des écoles primaires publiques ou libres du département de la Seine.

Art. 2. Cinq bourses entretenues aux frais de l'État dans l'école normale primaire de jeunes filles de la ville de Paris, seront affectées par voie de concours aux élèves des écoles primaires publiques ou libres de jeunes filles du département de la Seine,

Art. 3. Des dispositions analogues seront prises, après la levée du siége, pour les élèves des écoles des départements.

Les derniers œufs ont été vendus 528 fr. le mille à la criée : cela fait 52 fr. 80 c. le cent, et il y a des frais en sus.

Les rares œufs frais qu'on peut se procurer coûtent 1 fr. la pièce.

SOIXANTE-DOUXIÈME JOURNÉE

28 novembre.

La période d'action et d'action énergique va-t-elle commencer ? On en accepte l'augure en lisant les deux proclamations suivantes :

Citoyens de Paris,
Soldats de la garde nationale et de l'armée,

La politique d'envahissement et de conquête entend achever son œuvre. Elle introduit en Europe et prétend fonder en France le droit de la force. L'Europe peut subir cet outrage en silence, mais la France veut combattre, et nos frères nous appellent au dehors pour la lutte suprême.

Après tant de sang versé, le sang va couler de nouveau. Que la responsabilité en retombe sur ceux dont la détestable ambition foule aux pieds les lois de la civilisation moderne et de la justice. Mettons notre confiance en Dieu, marchons en avant pour la patrie.

Le gouverneur de Paris,
Général TROCHU.

Le Gouvernement de la défense nationale à la population de Paris.

Citoyens,

L'effort que réclamaient l'honneur et le salut de la France est engagé.

Vous l'attendiez avec une patriotique impatience que vos chefs militaires avaient peine à modérer. Décidés comme vous à débusquer l'ennemi des lignes où il se retranche et à courir au-devant de vos frères des départements, ils avaient le devoir de préparer de puissants moyens d'attaque. Ils les ont réunis; maintenant, ils combattent; nos cœurs sont avec eux. Tous, nous sommes prêts à les suivre, et, comme eux, à verser notre sang pour la délivrance de la patrie.

A cette heure suprême, où ils exposent noblement leur vie, nous leur devons le concours de notre constance et de notre vertu civique.

Quelle que soit la violence des émotions qui nous agitent, ayons le courage de demeurer calmes. Quiconque fomenterait le moindre trouble dans la cité trahirait la cause de ses défenseurs et servirait celle de la Prusse. De même que l'armée ne peut vaincre que par la discipline, nous ne pouvons résister que par l'union et l'ordre.

Nous comptons sur le succès, nous ne nous laisserons abattre par aucun revers.

Cherchons surtout notre force dans l'inébranlable résolution d'étouffer, comme un germe de mort honteuse, tout ferment de discorde civile.

Vive la France! vive la République!

Les membres du Gouvernement,

Jules Favre, vice-président du Gouvernement;

Emmanuel Arago, Jules Ferry, Garnier-Pagès, Eugène Pelletan, E. Picard, Jules Simon.

Les ministres,

Général Le Flô, Dorian, J. Magnin.

Les secrétaires du Gouvernement,

André Lavertujon, F. Hérold, A. Dréo. Durier.

Paris, le 28 novembre 1870.

L'insuffisance de l'indemnité de 1 fr. 50, accordée aux gardes nationaux, n'étant malheureusement que trop évidente en présence de la hausse générale des denrées, le Gouvernement décrète qu'un subside de 75 cent. sera accordé aux femmes des gardes nationaux.

Les Prussiens ont fait afficher à Saint-Germain l'*ordre* que voici :

1º Il ne sera permis à tout habitant de sortir que pendant *deux heures* par jour ;

2º Ils devront profiter de cette sortie pour faire leurs achats ;

3º Chaque individu qui ne *saluera pas* les officiers prussiens sera rigoureusement puni.

On croit encore entendre la canonnade du côté de Villeneuve-Saint-Georges, et l'on se demande si c'est l'armée de province qui arrive.

SOIXANTE-TREIZIÈME JOURNÉE

29 novembre.

On lit dans le *Journal officiel* :

Le Gouvernement invite le public à se tenir en garde contre les bruits qui pourraient circuler.

Les opérations militaires entreprises par le gouverneur de Paris sont complexes ; elles comportent de feintes attaques et de feintes retraites ; il est donc impossible de rien préjuger en annonçant la prise ou l'évacuation de tel ou tel poste. Les indications de cette nature pourraient parvenir à l'ennemi et lui dévoiler nos desseins.

Les mouvements préparatoires ont été accomplis par nos troupes avec un courage et un entrain qui remplissent leurs chefs d'espoir et de confiance.

En présence d'événements imminents, chaque citoyen doit comprendre que le devoir est la réserve et le calme.

Après ces observations, on nous permettra de nous borner à dire que sur les points principaux des avancées, nos troupes ont occupé les positions qui leur avaient été désignées et qu'elles sont en mesure d'agir.

Paris est dans l'attente, attente fiévreuse mais pleine d'espérance ; la grande ville n'a en ce moment qu'un cœur et qu'une âme. Il n'est personne qui ne comprenne tout ce que les opérations militaires qui commencent ont de gravité pour le pays tout entier : craintes, défiances, récriminations, tout se fond en un immense espoir. La docilité de la foule égale son patriotisme.

Le Gouvernement publie la proclamation suivante :

Hier soir 28, les opérations projetées ont commencé dans la presqu'île de Gennevilliers. De nombreuses batteries de mortiers, de fusées et d'artillerie, établies à proximité des ponts d'Argenteuil et de Bezons, ont, par leur feu ouvert à six heures du soir jeté le trouble dans ces positions, que l'ennemi occupait fortement. L'incendie s'est développé sur plusieurs points ; le feu, commencé avec une grande intensité pendant une partie de la soirée, a repris à minuit. Nos troupes se sont logées dans l'île de Marante et au Pont-aux-Anglais, où elles ont établi des retranchements.

Hier, au lever du jour, une forte reconnaissance a été faite sur les positions de Buzenval et sur les hauteurs de de Boispréau.

Du côté du sud, le général Vinoy, appuyé par une artillerie considérable, a fait un mouvement en avant contre l'Hay et la Gare-aux-Bœufs de Choisy-le-Roi. L'affaire a été vive. La garde nationale, la garde mobile et la troupe ont été engagées. Le but que se proposait le gouverneur a été atteint.

D'autre part, une dépêche du gouverneur, reçue à l'instant (deux heures), fait connaître qu'il occupe solidement la position qu'il avait en vue, et que l'opération suit son cours.

Paris, le 29 novembre 1870.

Les membres du Gouvernement :

Jules Favre, vice-président du Gouvernement; Emmanuel Arago, Jules Ferry Garnier-Pagès, Eugène Pelletan, Ernest Picard, Jules Simon.

29 novembre soir.

Au nombre des bataillons de la garde nationale qui se sont distingués aujourd'hui, nous devons signaler les 106e et 116e, commandants Ibos et Langlois.

Aidés de nos marins, ces deux bataillons ont pris possession de la Gare-aux-Bœufs de Choisy, avec un entrain et une bravoure qui méritent les plus grands éloges.

P. O. Le général, chef d'état-major général,
Schmitz.

SOIXANTE-QUATORZIÈME JOURNÉE

30 novembre.

Une effroyable canonnade tient Paris en éveil pendant une partie de la nuit; au jour, elle éclate sur tout le périmètre de la ville, véritablement entourée d'une ceinture de feu, de fumée et de tonnerre. Le gros de l'action se passe du côté de la Marne. Foule immense sur les hauteurs du Père-Lachaise. Quelle anxiété sur tous les visages, quelles espérances dans tous les cœurs, quelles poignantes émotions à la pensée de toutes les existences qui sont fauchées là-bas, derrière cet horizon brumeux, par cette matinée glaciale, comme des gerbes d'épis. On se précipite vers les rapports que le gouverneur de Paris adresse au Gouvernement, du théâtre même de l'action.

*Le Gouvernement de la défense nationale
au peuple de Paris.*

Paris, le 30 novembre 1870, 5 h. soir.

L'action est engagée vivement sur plusieurs points.

La conduite des troupes est admirable. Elles ont abordé les positions avec un grand entrain.

Toutes les divisions de l'armée du général Ducrot ont passé la Marne et ont occupé les postes qui leur étaient assignés.

Le gros de l'affaire est à Cœuilly et à Villiers-sur-Marne.

La bataille continue.

Les membres du Gouvernement
de la défense nationale.

30 novembre, 4 heures.

Le gouverneur de Paris est à la tête des troupes depuis avant-hier.

L'armée du général Ducrot passe la Marne depuis ce matin, sur des ponts de bateaux, dont l'établissement avait été retardé par une crue subite et imprévue de la rivière.

L'action s'engage sur un vaste périmètre, soutenue par les forts et les batteries de position qui, depuis hier, écrasent l'ennemi de leur feu.

Cette grande opération, engagée sur un immense développement, ne saurait sans danger être expliquée en ce moment avec plus de détails.

—

Le gouverneur au Gouvernement.

Plateau entre Bry-sur-Marne et Champigny, 3 h.

La droite a gardé les positions qu'elle avait brillamment conquises. La gauche, après avoir un peu fléchi, a tenu ferme, et l'ennemi, dont les pertes sont considérables, a été obligé de se replier en arrière des crêtes. La situation est bonne. L'artillerie, aux ordres du général Frébault, a magnifiquement combattu. Si l'on avait dit, il y a un mois, qu'une armée se formerait à Paris, capable de passer une rivière difficile en face de l'ennemi, de pousser devant elle l'armée prussienne retranchée sur des hauteurs, personne n'en aurait rien cru.

Le général Ducrot a été admirable, et je ne puis trop l'honorer ici. La division Susbielle qui, en dehors et sur la droite de l'action générale, avait enlevé avec beaucoup d'entrain la position de Montmély, n'a pu y tenir devant des forces supérieures et s'est repliée sur Créteil;

mais sa diversion a été fort utile. Je passe la nuit sur le lieu de l'action qui continuera demain.

GÉNÉRAL TROCHU.

Gouverneur au général Schmitz, au Louvre.

Rosny, 7 h. 42 du soir.

La fin de la journée a été bonne.

Une division du général d'Exéa ayant passé la Marne, l'offensive a été reprise, et nous couchons sur les positions.

L'ennemi nous a laissé deux canons et a abandonné sur place ses blessés et ses morts.

Pendant que le gros de l'armée passait la Marne et livrait le terrible combat de Villiers, le village d'Épinay, au-dessus de Saint-Denis, était enlevé avec un entrain remarquable.

Le vice-amiral commandant en chef à Saint-Denis au gouverneur de Paris.

Saint-Denis, 8 h. 20 du soir.

Le programme que vous m'avez tracé a été accompli en tous points. Ce matin, la brigade Lavoignet, à laquelle étaient adjoints les mobiles de l'Hérault et de Saône-et-Loire, soutenue par la division de cavalerie Bertin de Vaux, s'est avancée dans la plaine d'Aubervilliers, a occupé Drancy et a continué son opération jusqu'à Groslay.

L'ennemi s'est concentré, avec une nombreuse artillerie, dans ses retranchements, en arrière de la Morée, et n'est pas sorti de ses positions.

Dans l'après-midi, avec une vive canonnade des forts et

de la batterie flottante n° 4, la brigade Henrion, sous un feu très nourri d'artillerie, s'est emparée du village retranché d'Épinay.

Le 135e, deux compagnies de matelots fusiliers et les 1er, 2e et 10e bataillons de mobiles de la Seine ont enlevé le village avec un entrain remarquable.

J'ignore encore le chiffre de nos pertes, je le crois faible.

Le commandant Saillard, du 1er mobiles de la Seine, qui commandait une des colonnes d'attaque, a reçu trois blessures qui ne mettent pas sa vie en danger.

Soixante-douze prisonniers, dont un aide-de-camp, des munitions et deux pièces nouveau modèle, sont restés entre nos mains.

Le *Journal officiel* publie les deux notes suivantes :

« La journée du 30 novembre comptera dans notre histoire.

« Elle consacre, en relevant notre honneur militaire, le glorieux effort de la ville de Paris. Elle peut, si celle de demain lui ressemble, sauver Paris et la France.

« Notre jeune armée, formée en moins de deux mois, a montré ce que peuvent les soldats d'un pays libre. Cernée par un ennemi retranché derrière de formidables défenses, elle l'a abordé avec le sang-froid et l'intrépidité des plus vieilles troupes. Elle a combattu douze heures sous un feu meurtrier et conquis pied à pied les positions sur lesquelles elle couche. Ses chefs ont été dignes de la commander et de la soutenir dans cette grande épreuve. Nous ne pouvons encore nommer tous les braves qui l'ont électrisée par leur courage. Le gouverneur a cité le général Ducrot et c'était justice, il devait s'oublier lui-même : ceux qui l'ont vu donner l'exemple au milieu de l'action lui rendent le témoignage qu'il ne pouvait se décerner. Le général Renault, commandant en chef le 2ᵉ corps, toujours le premier au danger, a été rapporté du champ de bataille grièvement blessé. Le général Ladreit de la Charrière a été aussi gravement atteint. Un grand nombre d'officiers sont glorieusement tombés. Les rapports militaires nous permettront bientôt de les connaitre et d'honorer leur sacrifice. Aujourd'hui, nous ne pouvons sortir de la réserve à laquelle nous oblige la continuation de la lutte. Quelle qu'en soit l'issue, notre armée a bien mérité de la patrie. Notre reconnaissance et notre admiration lui sont acquises et l'accompagneront dans l'accomplissement de la tâche que le salut du pays impose encore à son dévouement.

« Cette nuit une fausse alerte a été donnée au gouvernement et l'a mis à même de juger avec quel entrain seraient reçus les Prussiens si, profitant de notre mouvement vers le sud-est, ils s'avisaient de nous attaquer au nord-ouest.

Vers dix heures du soir, le général Schmitz a été informé par une dépêche officielle que l'ennemi passait en force le pont de Bezons, menaçant la plaine de Gennevilliers et Courbevoie. Il a pris aussitôt toutes ses dispositions de défense.

« Le ministre de la guerre s'est rendu de sa personne au pont de Neuilly. Malheureusement, vers onze heures et demie, une nouvelle dépêche a fait savoir que le mouvement remarqué ne se continuait pas.

« On doit le regretter ; car s'ils avaient essayé cette entreprise, les Prussiens auraient été convenablement accueillis ; ils auraient trouvé chacun prêt à faire son devoir. C'est ce qu'exprimait très bien le gouverneur de Paris, qui, prévenu de cet incident, répondait à minuit par une dépêche dont nous extrayons ce qui suit :

« Je reviens sur l'affaire des Prussiens à Bezons ; je dis que c'est une bonne affaire, et qu'il est bien temps qu'on nous attaque. D'abord, cela prouve que nos efforts par ici les incommodent. Le feu du Mont-Valérien et celui de la batterie de Saint-Ouen ne les laisseront guère tranquilles. Certaines pièces de l'enceinte leur joueront aussi de mauvais tours. Demain matin, à moins que la Providence ne s'y oppose encore une fois, nous en verrons bien d'autres. »

Heureusement, les obstacles dont parle le général dans sa dépêche ont disparu. Le soleil s'est levé radieux ; il brille sur nos soldats, qui s'avancent résolûment à l'ennemi, pénétrés du grand devoir qu'ils accomplissent. Nous ne voulons pas nous livrer à de téméraires espérances, mais il est permis d'avoir confiance.

« En rendant compte d'une reconnaissance vigoureusement exécutée par lui hier, et qu'il fera connaître par un rapport détaillé, le général Noël, commandant le Mont-Valérien, télégraphiait :

« J'ai eu de la peine à faire lâcher prise aux mobiles de l'Ille-et-Vilaine. Toutes les troupes ont montré de l'entrain. »

« Ainsi, sur tous les points, inspirés par le saint

16

amour de la patrie, nos soldats se conduisent bravement. Ils relèvent l'honneur de notre drapeau. Ils nous vengent. Encore un peu, ils nous sauveront. »

SOIXANTE-QUINZIÈME JOURNÉE

1er décembre.

Le gros de l'action, dans la journée d'hier, s'est concentré sur Villiers et Petit-Bry. La bataille a duré quinze heures. Les forts avaient ouvert le feu à trois heures du matin ; à six heures du soir, ils tonnaient encore. Le plateau de Villiers, emporté à force de bravoure et d'audace par notre jeune armée, était couvert de cadavres prussiens. On a des raisons de croire que les pertes de l'ennemi sont très considérables. Ç'a été toute la journée une canonnade infernale, entremêlée du crépitement sinistre des mitrailleuses.

Le gouverneur de Paris à général Schmitz.

1er décembre 1870.

Nos troupes restent ce matin sur les positions qu'elles ont conquises hier et occupées cette nuit. Elles relèvent les blessés que l'ennemi a abandonnés sur le champ de bataille et ensevelissent ses morts.

Le transport de nos blessés achève de s'effectuer dans le plus grand ordre.

L'armée est pleine d'ardeur et de résolution.

P. O. Le général, chef d'état-major général,

SCHMITZ.

Jeudi 1er décembre, 3 h. après midi.

L'artillerie placée sur le plateau d'Avron ne cesse pas de couvrir l'ennemi de ses feux. Nos troupes, solidement établies dans leurs positions, n'ont pas été inquiétées. Elles sont prêtes à reprendre le combat au premier signal et ne demandent qu'à marcher. L'enlèvement des blessés prussiens a pris une partie de la journée. D'un moment à l'autre, la lutte peut recommencer. Les chefs de corps sont très satisfaits de l'action d'hier et pleins de confiance.

Le ministre de l'intérieur par intérim,
JULES FAVRE.

Nos troupes campent sur le plateau de Villiers. Journée calme.

Dix voitures, contenant les soixante-douze prisonniers faits hier à Épinay par la brigade Henrion, sont entrées ce soir à Paris à six heures et demie. Un escadron de gendarmerie de la garnison de Saint-Denis accompagnait ces voitures.

La victoire d'hier fait battre tous les cœurs. Le calme et l'espérance renaissent. La fortune nous revient; nos jeunes soldats et nos défenseurs improvisés ont combattu comme les troupes les plus aguerries; ils ont vaincu les meilleurs régiments de la Prusse, ceux de la garde royale mis en première ligne par l'ennemi.

Ce combat a montré dans tout son jour la valeur française; il a fait voir ce que peuvent nos troupes lorsque les chefs savent tirer parti de leurs mérites et employer utilement leurs grandes qualités; il a constaté une fois de plus, et c'est là un fait capital, que les soldats prussiens, très forts derrière des redoutes, derrière des murs ou des maisons crénelés, sont inférieurs aux nôtres pour lutter en plaine, pour combattre à découvert.

Il a montré aussi que nous avons profité des fautes passées en créant une artillerie formidable et en sachant tirer, sur le champ de bataille, un parti puissant des nouvelles pièces, dont la portée et la justesse dépassent toutes les espérances.

Les nouvelles de la province combinées avec celles de Paris sont également rassurantes.

Le général Renault a été grièvement blessé ; on craint pour ses jours.

SOIXANTE-SEIZIÈME JOURNÉE

2 décembre.

Dès l'aube, la canonnade a recommencé, furieuse ; les Prussiens veulent leur revanche.

Gouverneur au général Schmitz.

2 décembre 1870, 1 h. 45 m. soir.

Plateau entre Champigny et Villiers, 1 h. 15.

Attaqués ce matin, au point du jour, par des forces énormes, nous sommes au combat depuis plus de sept heures. Au moment où je vous écris, l'ennemi, placé sur toute la ligne, nous cède encore une fois les hauteurs. Parcourant nos lignes de tirailleurs de Champigny jusqu'à Brie, j'ai recueilli l'honneur et l'indicible joie des acclamations des troupes soumises au feu le plus violent. Nous aurons sans doute des retours offensifs, et cette seconde bataille durera, comme la première, toute une journée. Je ne sais quel avenir est réservé à ces généreux efforts des troupes de la République, mais je leur dois cette justice qu'au milieu des épreuves de toutes sortes, elles ont bien mérité du pays. J'ajoute que c'est au général Ducrot qu'appartient l'honneur de ces deux journées.

Général TROCHU.

—

Gouverneur à général Schmitz, pour le Gouvernement.

Paris, de Nogent, 6 h. 30 m. soir.

Je reviens à mon logis du fort, à cinq heures, très fatigué et très content. Cette deuxième grande bataille est beaucoup plus décisive que la précédente. L'ennemi nous a attaqués au réveil avec des réserves et des troupes fraîches ; nous ne pouvions lui offrir que les adversaires de l'avant-veille, fatigués, avec un matériel incomplet, et glacés par des nuits d'hiver, qu'ils ont passées sans couvertures ; car, pour nous alléger, nous avions dû les laisser à Paris. Mais l'étonnante ardeur des troupes a suppléé à tout ; nous avons combattu trois heures pour conserver nos positions et cinq heures pour enlever celles de l'ennemi, où nous couchons. Voilà le bilan de cette dure et belle journée. Beaucoup ne reverront pas leurs foyers ; mais ces morts regrettés ont fait à la jeune République de 1870 une page glorieuse dans l'histoire militaire du pays.

Général Trochu.

Pour copie conforme :
Le ministre de l'intérieur par intérim,
Jules Favre.

Dans l'après-midi, le Gouvernement fait afficher le placard suivant :

Vendredi 2 décembre, 3 h. 10.

Dès ce matin, à l'aube, l'ennemi a attaqué les positions de l'armée du général Ducrot avec la plus grande violence. Nos troupes étaient prêtes à recevoir le combat.

Un développement considérable d'artillerie, appuyé par les positions d'Avron, les forts de Nogent, de la Faisanderie, de Gravelle, des redoutes de Saint-Maur et du fort de Charenton, a empêché l'ennemi de gagner du terrain.

Les dernières nouvelles du champ de bataille sont de 1 h. 45 m. L'infanterie prussienne se repliait dans les bois et jusqu'à présent nous avons l'avantage.

Aussitôt la nouvelle de l'attaque, le chef d'état-major général a demandé des troupes au général Vinoy, au général Clément Thomas, qui avait déjà conduit lui-même sur les lieux trente-trois bataillons de la garde nationale.

Les généraux de Beaufort et de Lignères ont été prévenus de tenir leurs troupes prêtes, et nos positions du Sud, sous les ordres du général Vinoy, appuient la bataille par une vigoureuse diversion. Le combat continue.

Le ministre de l'intérieur par intérim,
Jules Favre.

Émotion indescriptible dans Paris; touchons-nous à la délivrance? Tant de sang coulera-t-il inutilement? Énorme affluence à tous les coins de rue, sur les boulevards, devant les mairies.

Le Gouvernement de la défense nationale vient d'adresser la lettre suivante au général Trochu :

Général et bien cher président,

Depuis trois jours nous sommes avec vous par la pensée sur ce champ de bataille glorieux où se décident les destinées de la patrie. Nous voudrions partager vos dangers en vous laissant cette gloire qui vous appartient bien d'avoir préparé et d'assurer maintenant, par votre noble dévouement, le succès de notre vaillante armée.

Nul mieux que vous n'a le droit d'en être fier, nul ne peut plus dignement en faire l'éloge; vous n'oubliez que vous-même, mais vous ne pouvez vous dérober à l'acclamation de vos compagnons d'armes électrisés par votre exemple.

Il nous eût été doux d'y joindre les nôtres; permettez-nous au moins de vous exprimer tout ce que notre cœur contient pour vous de gratitude et d'affection. Dites au brave général Ducrot, à vos officiers si dévoués, à vos vaillants soldats que nous les admirons. La France républicaine reconnaît en eux l'héroïsme noble et pur qui déjà l'a sauvée. Elle sait maintenant qu'elle peut mettre en eux et en vous l'espoir de son salut.

Nous, vos collègues, initiés à vos pensées, nous saluons avec joie ces belles et grandes journées où vous vous êtes révélé tout entier, et qui, nous en avons la conviction profonde, sont le commencement de notre délivrance.

JULES FAVRE, GARNIER-PAGÈS, JULES SIMON, EUGÈNE PELLETAN, EMMANUEL ARAGO, JULES FERRY, ERNEST PICARD.

Le Gouvernement a reçu aujourd'hui les deux dépêches suivantes :

Gambetta à Trochu.

30 novembre.

N'ai reçu que ce matin, cinq heures, dépêche du 24, par ballon Deschamps-Robert, ballon tombé Christiania, en Norwége ; consul France recueilli aéronaute. Ai télégraphié cette nuit votre dépêche.

Notre situation excellente, rien à craindre à droite et à gauche. Centre gauche, à la date du 20 novembre, complètement dégagé ; les Prussiens, repoussés, ne peuvent se maintenir ni à Saint-Calais, Cloyes, ni à Châteaudun ; depuis trois jours offensive heureuse sur droite. Occupons Montargis.

Pour copie conforme :
Le ministre de l'intérieur par intérim,
JULES FAVRE.

Bourbaki au général Trochu.

Amiens, 20 novembre.

Mes troupes sont prêtes à marcher. J'ai avec moi de l'artillerie et de la cavalerie.

Je suivrai tes instructions.

Pas de Prussiens entre Amiens, Beauvais, Chantilly et Gisors.

BOURBAKI.

Dans la soirée, le bruit court que la bataille de Champigny, chèrement repris par nos troupes, est une véritable victoire ; on en conçoit les plus grandes espérances, on se livre à la joie.

SOIXANTE-DIX-SEPTIÈME JOURNÉE

3 décembre, soir.

RAPPORTS MILITAIRES

Nous n'avons eu, ce matin, aucun incident remarquable sur nos positions. Dès le point du jour, les Prussiens ont commencé une série d'attaques d'avant-postes, précédées d'une courte canonnade. Le calme est revenu promptement sur nos positions de la Marne.

Avron a continué son feu pour inquiéter les convois incessants de l'ennemi dans la direction de Chelles.

Les Prussiens ont fait hier des pertes considérables ; de nombreux convois de blessés quittant dès midi le champ de bataille étaient signalés par toutes nos vigies.

D'après des renseignements émanant des prisonniers, des régiments entiers auraient été écrasés.

La journée d'aujourd'hui est consacrée à améliorer la situation de nos troupes par ce temps déjà rigoureux qu'elles supportent avec un grand courage.

L'armée du général Ducrot bivaque, cette nuit, dans le bois de Vincennes ; elle a repassé la Marne dans la journée, et elle a été concentrée sur ce point pour donner suite à ses opérations.

Environ quatre cents prisonniers prussiens, dont un groupe d'officiers, ont été amenés aujourd'hui dans Paris.

P. O. Le général chef d'état-major général,
SCHMITZ.

Stupéfaction générale. Pourquoi le général Ducrot a-t-il repassé la Marne ? Pourquoi abandonne-t-on des positions si chèrement conquises ? Pourquoi recule-t-on ? Que se passe-t-il et qu'est-ce que cela veut dire ? Une terrible anxiété s'empare des esprits ; l'opinion générale, c'est qu'on va profiter des grandes concentrations de troupes faites par les Prussiens du côté de la Marne, pour frapper un grand coup et forcer les lignes du côté de Versailles. Le désappointement n'en est pas moins très vif. Le général Ducrot a dit, dans une énergique proclamation, qu'il reviendrait « mort ou victorieux. » On est fort aise qu'il ne soit pas mort, mais on se demande s'il est assez victorieux pour revenir sur ses pas.

Le général Renault a été amputé hier, 5 décembre. Il a passé une bonne nuit à la suite de l'opération.

La journée d'aujourd'hui a été bonne aussi, seulement, le malade a eu un peu de fièvre ce soir.

Le général Ladreit de la Charrière, frappé de deux balles à l'attaque de Montmesly, est mort aujourd'hui de ses blessures.

Les généraux Paturel et Boissonnet, le commandant en second de l'artillerie, colonel Villiers, ont été blessés dans le combat d'hier.

Le *Journal officiel* publie la lettre suivante, adressée au ministre des affaires étrangères :

Paris le 3 décembre 1870.

Monsieur le ministre,

J'ai l'honneur de vous informer des faits suivants qui se sont passés hier, entre dix et onze heures du soir, aux avant-postes, en avant de Champigny.

Autorisée par le général Ducrot, une escouade des ambulances de la presse s'est dirigée vers ce point où nous avaient été signalés des blessés à recueillir, des morts à enterrer.

Désigné pour me rendre en qualité de parlementaire auprès de l'ennemi, je m'y rendis, à cheval, accompagné d'un porte-fanion et d'un trompette mis à notre disposition par le général Ducrot.

Le personnel médical, les frères des écoles chrétiennes (nos brancardiers) attendirent à une petite distance.

Quelques coups de feu ayant été tirés, le commandant français fit sonner le signal de cesser le feu ; cet ordre fut aussitôt exécuté et un silence complet s'établit du côté de nos lignes.

C'est à ce moment qu'au milieu du silence permettant d'entendre le clairon, par un clair de lune permettant de voir le drapeau de Genève, je fis sonner les quatre appels à l'usage des parlementaires.

Craignant qu'ils n'eussent pas été suffisamment entendus, je m'avançai vers les lignes ennemies, pour les faire sonner une seconde fois.

Au lieu de la réponse qu'obtiennent toujours les appels

parlementaires entre nations civilisées, nous avons été accueillis par une vive fusillade.

Veuillez agréer, monsieur le ministre, l'assurance de ma très haute considération,

Marie-Bernard Bauer.
Protonotaire apostolique, aumônier en chef des ambulances de la presse.

Étaient présents et ont signé le présent rapport : Dr Demarquay, membre du comité; M. Armand Gouzien, secrétaire du comité; MM. les chirurgiens des ambulances de la presse; Wœlker, Barlemont, Lejeault, Lauras, Vermersch, Urba, Le Danois; le porte-fanion, M. Ramond; les estafettes : MM. Bower père et fils; M. Austin, correspondant du *Times*.

Du 13 au 19 novembre, le chiffre des décès s'était élevé à 2,064; la semaine suivante, il avait baissé à 1,927; du 27 novembre au 3 décembre, ce chiffre est un peu remonté, car il arrive à 2,023.

SOIXANTE-DIX-HUITIÈME JOURNÉE

4 décembre.

Le général Ducrot adresse l'ordre suivant à ses troupes :

Vincennes, le 4 décembre 1870.

Soldats,

Après deux journées de glorieux combats, je vous ai fait repasser la Marne, parce que j'étais convaincu que de nouveaux efforts, dans une direction où l'ennemi avait eu le temps de concentrer toutes ses forces et de préparer tous ses moyens d'action, seraient stériles.

En nous obstinant dans cette voie, je sacrifiais inutilement des milliers de braves, et, loin de servir l'œuvre de la délivrance, je la compromettrais sérieusement; je pouvais même vous conduire à un désastre irréparable.

Mais, vous l'avez compris, la lutte n'est suspendue que pour un instant; nous allons la reprendre avec résolution : soyez donc prêts, complétez en toute hâte vos munitions, vos vivres, et surtout élevez vos cœurs à la hauteur des sacrifices qu'exige la sainte cause pour laquelle nous ne devons pas hésiter à donner notre vie.

Le général en chef de la 2e armée,
A. Ducrot.

Pour copie conforme :

Le ministre de l'intérieur par intérim,
Jules Favre.

Tout Paris demeure stupéfait devant cette énigme : le découragement perce sous chacune de ces phrases. On se perd en conjectures, et personne n'y comprend rien ; mais les espérances qui s'épanouissaient sont subitement desséchées.

Le rapport du général Schmitz ne fournit pas une compensation suffisante :

4 décembre 1870.

Les pertes de l'ennemi ont été tellement considérables pendant les glorieuses journées des 29, 30 novembre et 2 décembre, que, pour la première fois, depuis le commencement de la campagne, frappé dans sa puissance et dans son orgueil, il a laissé passer une rivière en sa présence, en plein jour, à une armée qu'il avait attaquée la veille avec tant de violence.

On ne saurait trop insister sur ce fait unique dans la guerre de 1870, car il consacre les efforts faits par une armée qui n'existait pas il y a deux mois. Il faut en chercher la cause dans le patriotisme des éléments qui la composent et dans la force que la population de Paris a, par son attitude, inspirée à tous les défenseurs de la capitale.

L'armée, réunie en ce moment à l'abri de toute atteinte, puise de nouvelles forces dans un court repos, qu'elle était en droit d'attendre de ses chefs après de si rudes combats. Il y a des cadres à remplacer, et c'est avec la plus grande activité que l'on procède au remaniement de certaines parties de son organisation.

Le gouverneur est resté à la tête des troupes, et il pourvoit par lui-même à tous les besoins signalés.

P. O. Le général chef d'état-major général,

Schmitz.

Le Gouvernement a reçu une dépêche annonçant que la tranquillité la plus parfaite règne en Algérie. Le gouvernement civil y a été accepté et y fonctionne avec régularité. Quelques personnes avaient fait craindre une insurrection des indigènes. Les Arabes, au contraire, ont semblé, par leur excellente attitude, donner raison à ceux qui ont constamment soutenu la supériorité du régime civil.

SOIXANTE-DIX-NEUVIÈME JOURNÉE

5 décembre.

Dans les batailles de Villiers et de Champigny, le nombre des prisonniers faits à l'ennemi s'élève à plus de huit cents hommes.

Sur la demande du général Noël, gouverneur du Mont-Valérien, une cour martiale est instituée dans cette citadelle, à l'effet de punir exemplairement les pillards et les maraudeurs qui déshonorent l'armée en foulant aux pieds toute discipline.

QUATRE-VINGTIÈME JOURNÉE

6 décembre.

Jeux d'esprit de M. de Moltke. Hier soir, le gouverneur de Paris a reçu une lettre dont voici le texte :

Versailles, 5 décembre 1870.

Il pourrait être utile d'informer Votre Excellence que l'armée de la Loire a été défaite hier, près d'Orléans, et que cette ville est réoccupée par les troupes allemandes.

Si toutefois Votre Excellence juge à propos de s'en convaincre par un de ses officiers, je ne manquerai pas de le munir d'un sauf-conduit pour aller et venir.

Agréez, mon général, l'expression de la haute considération avec laquelle j'ai l'honneur d'être votre très humble serviteur.

Le chef de l'état-major,
Comte DE MOLTKE.

A cette impertinente prévenance, le gouverneur a répondu :

Paris, le 6 décembre 1870.

Votre Excellence a pensé qu'il pourrait être utile de m'informer que l'armée de la Loire a été défaite près d'Orléans et que cette ville est occupée par les troupes allemandes.

J'ai l'honneur de vous accuser réception de cette communication, que je ne crois pas devoir faire vérifier par les moyens que Votre Excellence m'indique.

Agréez, mon général, l'expression de la considération avec laquelle j'ai l'honneur d'être votre très humble serviteur.

Le gouverneur de Paris,
Général TROCHU.

Le Gouvernement ajoute ce qui suit :

Cette nouvelle, qui nous vient par l'ennemi, en la supposant exacte, ne nous ôte pas le droit de compter sur le grand mouvement de la France accourant à notre secours. Elle ne change rien ni à notre résolution ni à notre devoir. Un seul mot les résume : Combattre.

Vive la France ! vive la République !

Les membres du Gouvernement :
Général Trochu, Jules Favre, Emmanuel Arago, Jules Ferry, Garnier-Pagès, Eugène Pelletan, Ernest Picard, Jules Simon.

Les ministres :
Général Le Flô, Dorian, J. Magnin.

Les secrétaires du Gouvernement :
André Lavertujon, F. Hérold, A. Dréo, Durier.

Le général Renault est mort ce matin des suites de l'amputation de sa jambe. Ce brave général, que les soldats d'Afrique appelaient Renault l'Arrière-Garde, laisse après lui le souvenir d'une existence glorieusement consacrée au service de la patrie. Il couronne par une mort éclatante une vie pleine d'éclat.

La mort a emporté en même temps que ce vaillant officier le jeune commandant Franchetti, frappé dans le même combat. Les éclaireurs Franchetti se sont maintes fois signalés depuis le commencement de la guerre ; ils adoraient leur intrépide commandant, très connu, du reste, et très aimé dans le monde parisien. Il n'avait guère plus de trente ans.

Ces deux morts répandent une morne tristesse dans Paris.

Un décret dissout le bataillon dit des tirailleurs de Belleville, que commandait M. Flourens. Les motifs de cette mesure sévère sont développés dans un ordre du jour du général Clément Thomas, dont voici les conclusions :

Il résulte des documents qui précèdent, que deux compagnies du bataillon des tirailleurs de Belleville, de service dans les tranchées, ont pris lâchement la fuite devant le feu de l'ennemi ; que le bataillon a refusé de se rendre à son poste sur l'ordre qui lui a été donné, et que, s'y étant rendu plus tard, il l'a abandonné au milieu de la nuit.

Il résulte, de plus, que le citoyen Flourens s'est rendu coupable d'une usurpation d'insignes et de commandement militaires.

En présence de pareils faits que la garde nationale tout entière répudie, le commandant supérieur propose :

1º La dissolution des tirailleurs de Belleville ;

2º Les soixante et un gardes de ce corps qui ont disparu seront traduits devant les conseils de guerre pour désertion en présence de l'ennemi, ainsi que l'aide-major Lemray (Alexis), parti le 28 pour conduire des blessés à l'ambulance et qui n'a plus reparu ;

3º Une enquête sera faite sur la conduite du capitaine Ballandier, pour apprécier si la même mesure ne lui sera pas appliquée ;

4º Le citoyen Flourens sera immédiatement arrêté et traduit en conseil de guerre pour les faits imputés à sa charge.

Un certain nombre d'hommes du bataillon ayant mérité par leur conduite de ne pas être confondus avec ceux que frappe cet ordre du jour, ils formeront le noyau d'oranisation d'un nouveau bataillon.

QUATRE-VINGT-UNIÈME JOURNÉE

7 décembre.

Rapport officiel sur les batailles du 29 novembre au 3 décembre.

Les dernières sorties opérées par l'armée de Paris pendant les journées des 29 et 30 novembre, 1er, 2 et 3 décembre, ont amené des engagements sur la plupart des points des lignes d'investissement de l'ennemi.

Dès le 28 novembre au soir, les opérations étaient commencées.

A l'est, le plateau d'Avron était occupé à huit heures par les marins de l'amiral Saisset, soutenus par la division Hugues, et une artillerie nombreuse de pièces à longue portée était installée sur ce plateau, menaçant au loin les positions de l'ennemi et les routes suivies par ses convois à Gagny, à Chelles et à Gournay.

A l'ouest, dans la presqu'île de Gennevilliers, des travaux de terrassements étaient commencés sous la direction du général de Liniers; de nouvelles batteries étaient armées; des gabionnages et des tranchées-abris étaient installées dans l'île Marante, dans l'île de Bezons et sur le chemin de fer de Rouen. Le lendemain, le général de Beaufort complétait les opérations de l'ouest en dirigeant une reconnaissance sur Buzenval et les hauteurs de la Malmaison, en restant sur sa droite relié devant Bezons aux troupes du général de Liniers.

Le 29, au point du jour, les troupes de la 3e armée, aux ordres du général Vinoy, opéraient une sortie sur Thiais, l'Hay et Choisy-le-Roi, et le feu des forts était dirigé sur les divers points signalés comme servant au rassemblement des troupes de l'ennemi.

Des mouvements exécutés depuis deux jours avaient garni de forces imposantes la plaine d'Aubervilliers et réuni les trois corps de la 2e armée aux ordres du général Ducrot sur les bords de la Marne.

Le 30 novembre, au point du jour, des ponts préparés hors des vues de l'ennemi se trouvaient jetés sur la Marne, sous Nogent et Joinville, et les deux premiers corps de la 2e armée, conduits par les généraux Blanchard et Renault, exécutaient rapidement avec toute leur artillerie le passage de la rivière. Ce mouvement avait été assuré par un feu soutenu d'artillerie partant des batteries de position établies sur la rive droite de la Marne à Nogent, au Perreux, à Joinville et dans la presqu'île de Saint-Maur.

A neuf heures, ces deux corps d'armée attaquaient le village de Champigny, le bois du Plant, et les premiers échelons du plateau de Villiers. A onze heures, toutes ces positions étaient prises, et les travaux de retranchement étaient déjà commencés par les troupes de seconde ligne, lorsque l'ennemi fit un vigoureux effort en avant, soutenu par de nouvelles batteries d'artillerie. A ce moment, nos pertes furent sensibles : devant Champigny, les pièces prussiennes, établies à Chennevières et à Cœuilly, refoulaient les colonnes du 1er corps, tandis que de nombreuses troupes d'infanterie, descendant des retranchements de Villiers, chargeaient les troupes du général Renault. Ce furent alors les énergiques efforts de l'artillerie, conduite par nos généraux Frébault et Boissonnet, qui permirent d'arrêter la marche offensive que prenait l'ennemi.

Grâce aux changements apportés dans l'armement de nos batteries, l'artillerie prussienne fut en partie démontée, et nos hommes, ramenés à la baïonnette par le général Ducrot, purent prendre définitivement possession des crêtes.

Pendant ces opérations, le 3ᵉ corps, sous les ordres du général d'Exéa, s'était avancé dans la vallée de la Marne jusqu'à Neuilly-sur-Marne et Ville-Évrard. Des ponts avaient été jetés au Petit-Bry, et Bry-sur-Marne était attaqué et occupé par la division Bellemare. Son mouvement, retardé par le passage de la rivière, se prolongea au-delà du village jusqu'aux pentes du plateau de Villiers, et les efforts de ses colonnes vinrent concourir à la prise de possession des crêtes, opérée par le 2ᵉ corps en avant de Villiers. Le soir, nos feux de bivacs s'étendaient sur tous les coteaux de la rive gauche de la Marne, tandis que brillaient sur les pentes de Nogent et Fontenay les feux de nos troupes de réserve.

Ce même jour, 30 novembre, la division Susbielle, soutenue par une importante réserve des bataillons de la garde nationale, s'était portée en avant de Créteil, et avait enlevé à l'ennemi les positions de Mesly et Montmesly, qu'elle devait occuper jusqu'au soir. Cette diversion sur la droite des opérations de la deuxième armée était soutenue par de nouvelles sorties opérées sur la rive gauche de la Seine, vers Choisy-le-Roi et Thiais, par des troupes du général Vinoy.

Au nord, l'amiral La Roncière, soutenu par l'artillerie de ses forts, avait occupé, dans la plaine d'Aubervilliers, Drancy et la ferme de Groslay ; de fortes colonnes ennemies avaient été ainsi attirées sur les bords du ruisseau la Morée, en arrière du pont Iblon. Vers deux heures, l'amiral traversa Saint-Denis, et, se portant de sa personne à la tête de nouvelles troupes, dirigeait l'attaque d'Épinay, que nos soldats, soutenus par des batteries de la presqu'île de Gennevilliers, ont pu occuper avec succès.

Le 1ᵉʳ décembre, il n'y eut que quelques combats de tirailleurs, au début de la journée, devant les positions de la deuxième armée, et le feu du plateau d'Avron continua à inquiéter les mouvements de l'ennemi à Chelles et à Gournay. dans le mouvement de concentration considérable qu'il opérait, la nuit surtout, pour amener de nouvelles forces en arrière des positions de Cœuilly et de Villiers.

Le 2 décembre, avant le jour, les nouvelles forces ainsi rassemblées s'élancèrent sur les positions de l'armée du général Ducrot ; sur toute la ligne, l'attaque se produisit subitement et à l'improviste sur les avant-postes des trois corps d'armée, de Champigny jusqu'à Bry-sur-Marne.

L'effort de l'ennemi échoua : soutenues par un ensemble d'artillerie considérable, nos troupes, malgré les pertes qu'elles avaient à subir, opposèrent la plus vive résistance. La lutte fut longue et terrible. Nos batteries arrêtèrent les colonnes prussiennes sur le plateau, et dès onze heures les efforts de l'ennemi étaient entièrement vaincus. A quatre heures le feu cessait, et nous restions maîtres du terrain de la lutte. Le 3 décembre, sans que l'ennemi pût inquiéter notre retraite, aidés par le brouillard, 100,000 hommes de la deuxième armée avaient de nouveau passé la Marne, laissant l'armée prussienne relever ses morts.

Nos pertes, dans ces diverses journées, ont été de :

	OFFICIERS.		TROUPES.	
	Tués	Blessés	Tués	Blessés
Deuxième armée..............	61	301	711	4,098
Troisième armée............	8	22	192	364
Corps d'armée de Saint-Denis..	3	19	33	218
Totaux.....	72	342	936	4,680

RÉSUMÉ

	Tués	Blessés
Officiers.	72	352
Troupes.	934	4,680
Totaux.	1,006	5,032

Un rapport détaillé, adressé au ministre de la guerre, sera ultérieurement publié.

Les pertes de l'ennemi ont été des plus considérables ; elles sont en rapport, du reste, avec les efforts qu'il a faits pour nous enlever nos positions. Écrasé par une artillerie formidable sur tous les points où il se présentait, nos projectiles l'atteignaient jusque dans ses plus extrêmes réserves, et, d'autre part, des officiers prisonniers ont déclaré que plusieurs régiments avaient été détruits par notre feu d'infanterie en avant de Champigny.

Par ordre :
Le général chef d'état-major général,
SCHMITZ.

Il est annoncé par décret que les obsèques du général Renault auront lieu à l'église des Invalides, aux frais de l'État.

La *Patrie en danger*, journal de M. Blanqui, cesse de paraître, avouant qu'il ne peut couvrir ses frais, malgré le désintéressement de ses rédacteurs.

Le bruit court que l'escadre française de la mer du Nord aurait franchi les passes de la Jahde, en sacrifiant deux frégates cuirassées, et capturé la flotte prussienne mouillée au fond du port.

D'après une autre rumeur, par suite de la reprise d'Orléans et de nouveaux mouvements stratégiques, la délégation de Tours aurait quitté cette ville pour aller se fixer à Lyon.

Le *Journal officiel* est muet sur la reprise d'Orléans, annoncée, comme on sait, par M. de Moltke au général Trochu. On n'ose pas croire que M de Moltke ait tout à fait menti ; mais on est disposé à l'accuser d'exagération. Ne sait-on pas que c'est avec des fausses nouvelles que les Prussiens ont ébranlé le courage des défenseurs de Metz et de Strasbourg ? La perte d'Orléans, en admettant qu'elle soit authentique, serait un nouveau malheur; mais on n'admet pas pour cela que l'armée de la Loire soit détruite et réduite à l'impuissance. Les nouvelles officielles sont attendues avec anxiété.

Pas de pigeons voyageurs, pas de nouvelles; il neige.

QUATRE-VINGT-DEUXIÈME JOURNÉE

8 décembre.

Nous sommes toujours sans nouvelles précises du prétendu désastre de notre armée de la Loire. S'il fallait en croire le *Gaulois* et les *Nouvelles* qui disent tenir leur renseignement d'une personne sûre, nous n'aurions eu que 14,000 hommes en tout engagés devant Orléans. La victoire des Prussiens serait donc sans importance.

Un journal annonce qu'un paysan est arrivé ce matin à Paris, après avoir franchi périlleusement les lignes ennemies.

Ce paysan viendrait de Corbeil, et il aurait annoncé au syndicat de la boulangerie, où il s'est rendu aussitôt, qu'une armée française venait d'arriver en cette ville.

Le bruit se répand en outre que l'armée de la Loire aurait fait sa jonction avec celle de Kératry ou de Bourbaki (on ne sait pas au juste) dans la forêt de Fontainebleau.

Le gouverneur de Paris écrit au général Schmitz la lettre suivante :

Vincennes, 8 décembre 1870.

« Mon cher général,

« J'apprends, avec une véritable douleur, que les quatre officiers prussiens que j'avais fait conduire à Paris, ont été l'objet de manifestations malveillantes dont le caractère pouvait devenir insultant.

« Ces officiers, prisonniers sur parole comme le sont les nôtres en Prusse, se trouvent à Paris sous la sauvegarde de l'honneur national.

« Envoyez-les moi immédiatement, je stipulerai leur échange contre un pareil nombre d'officiers français du même grade. Ils ne pourront porter à l'armée prussienne qu'un avis, c'est que l'état moral de Paris, soutenu par l'esprit de dévouement et de sacrifice, n'a jamais été plus solide, et que tous nous nous préparons au combat.

« Recevez, etc.

« Le général Trochu. »

Les officiers, dont parle le général Trochu, ont été l'objet de manifestations malveillantes, parce qu'ils se sont montrés insolents dans un établissement public, où ils avaient fait d'abondantes libations. On ne peut raisonnablement demander à la population de Paris de se laisser insulter par des soudards, alors même qu'ils sont en goguette.

QUATRE-VINGT-TROISIÈME JOURNÉE

9 décembre.

Les bataillons de guerre de la garde nationale sont divisés en régiments, afin, dit le général Clément Thomas, « d'établir dans tous les corps la cohésion et l'unité d'action indispensables à leur efficacité. »

Hier, on a enseveli près de Champigny, dans l'île

de Beauté, nos soldats morts dans les combats de Villiers et de Bry-sur-Marne. Il y en avait près de sept cents. Les frères de la doctrine chrétienne avaient creusé dans la terre glacée et neigeuse une immense tranchée : c'est là qu'allaient descendre, pêle-mêle, ces hommes venus de tous les points de l'horizon dans une même pensée : la défense de la patrie ! Enfants du Nord et du Midi, de l'Est et de l'Ouest, couchés côte à côte dans les tragiques attitudes du combat, vont dormir du sommeil éternel au milieu de cette riante vallée de la Marne, si morne aujourd'hui sous son manteau de neige, et le même oubli va planer sur eux. Les voilà; on les amène par charretées ; leurs vêtements sont ensanglantés; des maraudeurs les ont dépouillés de leurs souliers pendant la nuit. Dès qu'une rangée est reconnue, elle va prendre sa place dans la fosse. On ne sait même pas leurs noms, on les appelle par leurs numéros matricules. O mères ! ô sœurs ! ô fiancées ! où êtes-vous ?

Quand tout est fini, une bénédiction suprême tombe sur ces humbles et héroïques victimes de la guerre, et l'on plante sur l'immense fosse une croix de bois noir avec cette inscription :

ICI REPOSENT

SIX CENT QUATRE-VINGT-CINQ
SOLDATS ET OFFICIERS FRANÇAIS TOMBÉS
SUR LE CHAMP DE BATAILLE
ENSEVELIS PAR LES *Ambulances de la Presse*
LE 8 DÉCEMBRE 1870

Aujourd'hui, à midi, ont eu lieu, dans la chapelle

des Invalides, les obsèques du général Renault, tombé glorieusement sur le champ de bataille de Villiers.

L'église, la cour d'honneur et la nef étaient tendues de noir, et sur la façade de l'hôtel se détachaient les armes du défunt entourées de branches de lauriers. Le service extérieur était fait par la garde mobile ; le service d'honneur à l'intérieur, par un détachement de soldats invalides.

Le Gouvernement de la défense nationale était représenté par MM. Jules Favre et Ernest Picard. Le général Le Flô, ministre de la guerre, assistait à la cérémonie. Le gouverneur de Paris, qui n'avait pu s'y rendre, retenu par la direction des opérations militaires, s'était fait représenter par son état-major.

Presque tous les généraux présents à Paris avaient tenu à apporter un suprême témoignage de regrets à celui qui a si vaillamment donné sa vie pour le pays.

Après l'absoute, une allocution a été prononcée par l'archevêque de Paris ; puis, la dépouille mortelle du général ayant été descendue dans un caveau provisoire, la foule grave et recueillie s'est lentement écoulée sous le coup de l'impression profonde qu'a laissée dans tous les cœurs cette mort qui lègue à tous un grand exemple de dévouement et de patriotisme.

QUATRE-VINGT-QUATRIÈME JOURNÉE

10 décembre.

La fameuse lettre de M. de Moltke avait laissé Paris incrédule et indifférent ; voici que les Prussiens se servent des pigeons pour accréditer leurs mensonges. Le Gouvernement porte à la connaissance du public la note suivante :

Le 12 novembre dernier, le ballon *Daguerre*, parti de Paris, tombait à Ferrières au pouvoir des Prussiens. Ce ballon contenait un certain nombre de pigeons, dont la plupart sont restés aux mains des Prussiens.

Le 9 décembre, à cinq heures du soir, un de ces pigeons rentrait au colombier auquel il appartenait. Il était porteur d'une dépêche de Rouen, 7 décembre, qui sera reproduite plus bas (n° 1).

Le même jour, 9 décembre, à sept heures et demie du soir, un second pigeon rentrait au même colombier, porteur d'une dépêche datée de Tours, 8 décembre, reproduite plus bas (n° 2).

Aucun doute n'existe sur l'identité des pigeons recueillis avec deux des pigeons pris à Ferrières par les Prussiens. Les agents de l'administration l'attestent avec toute certitude.

Les deux dépêches étaient attachées de la même manière, suivant un mode différent de celui qu'emploient les agents français.

Elles trahissent d'ailleurs leur origine germanique autant par le style que par la forme de l'écriture.

L'origine prussienne des deux dépêches est donc incontestable.

Le Gouvernement, résolument décidé à communiquer à la population toutes les nouvelles qui l'intéressent, ne croit devoir accompagner d'aucun commentaire la reproduction des dépêches prussiennes, dont suit le texte :

Rouen, 7 décembre.

N° 1er. — Gouvernement Paris.

Rouen occupé par Prussiens qui marchent sur Cherbourg. Population rurale les acclame : délibérez. Orléans repris par ces diables. Bourges et Tours menacés.

Armée de la Loire complètement défaite. Résistance n'offre plus aucune chance de salut.

A. Lavertujon (1).

Tours, 8 décembre.

N° 2. — Rédacteur *Figaro*, Paris.

Quels désastres ! Orléans repris. Prussiens deux lieues de Tours et Bourges. Gambetta parti Bordeaux. Rouen s'est donné : Cherbourg menacé. Armée Loire n'est plus, fuyards, pillards. Population rurale partie, connivence Prussiens. Tout le monde en a assez. Champs dévastés. Brigandage florissant. Manque de chevaux, de bétail.

Partout la faim, le deuil. Nulle espérance. Faites bien que les Parisiens sachent que Paris n'est pas la France. Peuple veut dire son mot.

Signature illisible, ressemblant à celle-ci : Comte de Pujol ou de Puget.

(1) M. A. Lavertujon n'a pas quitté Paris ; le faussaire est trop mal renseigné.

On s'amuse beaucoup de cette grosse ruse allemande cousue de fil de Prusse ; les gens qui rédigent ainsi des dépêches « après boire » sont sans doute plus méprisables que ridicules; mais on est obligé de reconnaître que les butors de Berlin sont encore plus bêtes que méchants ; même en faisant beaucoup de mal, ils rappellent toujours l'âne qui veut caresser le visage de son maitre. Paris, d'ailleurs, n'est pas désarmé parce qu'il rit.

QUATRE-VINGT-CINQUIÈME JOURNÉE

11 décembre.

Sur les nouvelles que le pain allait être rationné, un grand émoi se produit dans divers quartiers de Paris. Les boulangeries sont envahies ; le pain, enlevé en un clin d'œil par des acheteurs effarés, ne tarde pas à manquer à une partie de la population. De là, des rixes, des plaintes, des frayeurs. A Montmartre, à Belleville, c'est une véritable émeute aux portes des boulangers ; on craint des désordres.

Le préfet de police adresse au ministre de l'intérieur la lettre suivante :

Paris, le 11 décembre 1870.

Monsieur et cher ministre,

Lorsque je suis entré à la préfecture de police le 3 novembre dernier, la caisse des fonds secrets avait une avance de 1,680 fr. 55 c. J'ai eu la satisfaction d'élever ce chiffre de telle façon que je puisse disposer, dès à présent, d'une somme de 30,000 francs, sans gêner les services actuels. Si la meilleure police est, comme nous le pensons tous, celle de la charité, il faut la faire.

Je vous demande donc l'autorisation, dans les douloureuses circonstances que nous traversons, d'employer en secours les fonds secrets de la République. La somme de 30,000 fr. serait partagée, si vous y consentez, entre les œuvres charitables des vingt arrondissements de Paris et de la banlieue.

Veuillez agréer, monsieur et cher ministre, l'hommage respectueux de votre tout dévoué.

CRESSON.

Le ministre a répondu :

Mon cher préfet,

Je vous remercie au nom de la ville de Paris de votre détermination. Vous avez raison : le meilleur emploi des fonds secrets est de prévenir le mal, et de tous les maux la misère est le plus grand. Il est vrai qu'aujourd'hui elle est anoblie par l'épreuve que notre chère cité supporte avec tant de courage; mais elle n'en appelle pas moins tous les dévouements et tous les efforts. J'ai la plus ferme confiance que, grâce à ce concours, nous dominerons cette redoutable crise, et je suis heureux que votre souvenir reste associé à ce grand résultat.

Recevez, mon cher préfet, l'expression de mes bien affectueux sentiments.

JULES FAVRE.

Ce 11 décembre 1870.

QUATRE-VINGT-SIXIÈME JOURNÉE

12 décembre.

AUX HABITANTS DE PARIS

Hier, des bruits inquiétants répandus dans la population ont fait affluer les consommateurs dans certaines boulangeries.

On craignait le rationnement du pain.

Cette crainte est absolument dénuée de fondement.

La consommation du pain ne sera pas rationnée.

Le Gouvernement a le devoir de veiller à la subsistance de la population; c'est un devoir qu'il remplit avec la plus grande vigilance. Nous sommes encore fort éloignés du terme où les approvisionnements deviendraient insuffisants.

La plupart des siéges ont été troublés par des paniques. La population de Paris est trop intelligente pour que ce fléau ne nous soit pas épargné.

Paris, le 12 décembre 1870.

JULES FAVRE, JULES FERRY, JULES SIMON, EUGÈNE PELLETAN, ERNEST PICARD, GARNIER-PAGÈS, EMMANUEL ARAGO.

Toujours la brume, la neige, les brouillards; pas de pigeon voyageur, pas de nouvelles de la province. Vive anxiété.

Le 5 courant, il y avait trois cent cinquante canons de fondus, dont vingt entièrement terminés.

Aujourd'hui, il y a trente-deux canons reçus, dont vingt-cinq livrés et vingt-et-un essayés.

QUATRE-VINGT-SEPTIÈME JOURNÉE

13 décembre.

ORDRE DU JOUR

Le commandant supérieur des gardes nationales est informé, par un rapport de l'officier qui commande les avant-postes de Créteil, qu'une section de la 4e compagnie du 214e bataillon, détachée à ces avant-postes, s'est laissé entraîner, dans la nuit du 10 au 11 décembre, à une fausse alerte qui a presque dégénéré en panique. Après quelques coups de feu, cette troupe s'est précipitamment retirée en arrière du point qu'elle occupait aux avancées, et sur lequel a dû la ramener le capitaine de la compagnie.

La fermeté d'une troupe dépendant, en grande partie, de l'attitude et du sang-froid du chef qui la commande, le commandant supérieur ordonne qu'une enquête soit faite sur la conduite qu'a tenue, en cette circonstance, le lieutenant Fischer de la 4e compagnie du 214e bataillon.

Quant aux hommes sous les ordres de cet officier, comme ils n'ont donné lieu à aucune plainte contre la discipline et qu'ils ont réoccupé leur poste avec calme après cet incident, le commandant supérieur se bornera, pour cette fois, en ce qui les concerne, au blâme que leur inflige cet ordre du jour.

Il est d'autant plus pénible au commandant supérieur

d'avoir à signaler de pareils faits, que les rapports qui lui parviennent sur la conduite, aux avant-postes, des nombreux bataillons qui les occupent, sont on ne peut plus satisfaisants.

Paris, le 13 décembre 1870.

Le général commandant supérieur,
Clément Thomas.

Un certain nombre de personnes dont les parents, officiers de l'armée, sont prisonniers de guerre en Prusse, croient pouvoir leur adresser des lettres lorsque des communications régulières ont lieu avec l'ennemi, par voie de parlementaires, pour l'enlèvement des blessés, l'enterrement des morts, etc. C'est là une erreur qu'il importe de rectifier. Tous rapports avec l'ennemi, toute transmission de lettre, etc., sont formellement interdits par les lois de la guerre, même dans les circonstances particulières dont il s'agit. La surveillance la plus active sera exercée à cet égard : les personnes qui contreviendraient au présent ordre seront justiciables des tribunaux militaires.

Le général chef d'état-major général,
Schmitz.

QUATRE-VINGT-HUITIÈME JOURNÉE.

14 décembre.

Deux pigeons, arrivés aujourd'hui, ont apporté les dépêches suivantes :

Tours, 5 décembre 1870.

Gambetta à Trochu.

Vos dépêches nous sont parvenues. Elles ont provoqué l'admiration pour la grandeur des efforts de l'armée et des citoyens. Nous nous associons à vos vues et nous les servirons.

Orléans a été évacué devant les masses de l'armée de Frédéric-Charles. Nous avons dû reprendre sur notre gauche avec le 16e, le 17e, le 21, et la moitié du 19e corps en formation, les positions par nous occupées avant la reprise d'Orléans, le général Chanzy commandant toutes ces forces réunies.

Le 15e corps, commandant des Pallières, est prêt à se porter à droite ou à gauche, selon les exigences de l'action.

Bourbaki commande le 18e et le 20e corps, auxquels on envoie incessamment des renforts pour couvrir Bourges et Nevers. Nous sommes donc exactement dans les vues de votre dépêche du jeudi 20 novembre. A la suite de l'évacuation d'Amiens, l'ennemi a marché sur Rouen qu'il menace d'occuper aujourd'hui ou demain. Le général Briand couvre le Havre. Le général Faidherbe, qui a remplacé Bourbaki dans le Nord, est en action.

Les Prussiens ont levé le siège de Montmédy et de Mézières. Ils sont vigoureusement tenus en échec par Garibaldi, entre Autun et Dijon.

GAMBETTA.

Tours, le 11 décembre 1870, midi.

Gambetta à Trochu et Jules Favre.

Je vous écris tous les jours, mais le vent est si contraire. Nous sommes également sans nouvelles depuis le 6. Ici les choses sont moins graves que ne le répandent les Prussiens à vos avant-postes. Après l'évacuation d'Orléans, l'armée de la Loire a été divisée en deux parties, l'une sous le commandement de Chanzy, l'autre de Bourbaki. Le premier tient avec un courage et une ténacité indomptables contre l'armée de Mecklembourg et du prince Frédéric-Charles, depuis six jours, sans perdre un pouce de terrain, entre Josnes et Beaugency. Les Prussiens tentent un mouvement tournant par la Sologne. Bourbaki s'est retiré sur Bourges et Nevers. Le Gouvernement s'est transporté à Bordeaux pour ne pas gêner les mouvements stratégiques des armées. Faidherbe opère dans le Nord, et Manteuffel a rebroussé chemin de Honfleur vers Paris. Nous tenons ferme; l'armée, malgré sa retraite, est intacte, et n'a besoin que de quelques jours de repos. Les mobilisés sont prêts et entrent en ligne sur plusieurs points. Bressolles, à Lyon, se dispose à se jeter avec trente mille hommes dans l'Est, appuyé sur les forces de Garibaldi et les garnisons de Besançon et de Langres. Je suis à Tours, et je me rends dans une heure à Bourges pour voir Bourbaki.

La France entière applaudit à la réponse que vous avez faite au piége de Moltke.

Saluts fraternels.

L. GAMBETTA.

Ces nouvelles font une triste impression sur Paris; on voit s'éloigner le jour de la délivrance. Le général Trochu persiste dans son inaction funeste; les grands froids démoralisent l'armée, qui se demande à quoi servent ses souffrances et ses nuits glaciales, si l'on reste toujours l'arme au pied. La presse est unanime à représenter au général Trochu les dangers de sa mollesse ; est-ce que l'ennemi ne pourrait pas détacher un corps de l'armée assiégeante pour aller écraser nos frères de la Loire ? est-on sûr qu'il ne l'ait pas déjà fait ? Hélas ! l'avenir se voile.

Un journal ose dire tout haut ce que bien des gens pensent tout bas : C'est que le Gouvernement de la défense nationale, écrasé sous le poids des difficultés, étale dans ses proclamations une espérance mensongère et qu'il sait bien être vaine. S'il n'ouvre pas les portes à l'ennemi, ce n'est que pour donner satisfaction à une vanité purement militaire. Il est de plus en plus certain qu'il y a dans le sein du Gouvernement un dissolvant dangereux, dans la personne de M. Ernest Picard. Pourquoi M. Picard reste-t-il à l'Hôtel-de-Ville et au ministère des finances, pourquoi met-il sa signature au bas des affiches qui sont faites pour donner confiance à Paris ? Pourquoi ses collègues laissent-ils semer au milieu d'eux le découragement et le septicisme ? Quelle faiblesse ! quel affaissement de caractères ! quelle effroyable situation !

Rien ne ralentit cependant le patriotisme de Paris ; il fond des canons nuit et jour, et les livraisons de pièces se succèdent rapidement.

Les arrondissements prennent tour à tour possesion des pièces commandées au moyen des souscriptions patriotiques, et les livrent de jour en jour à la défense nationale.

Hier, c'était le tour du XVIe arrondissement. Trois canons de 7, avec leurs caissons, ont été amenés du Conservatoire, reçus solennellement à l'Arc de Triomphe de l'Etoile, et promenés à travers Passy et Chaillot, aux fanfares de la *Marseillaise* et du *Chant du Départ,* par les bataillons du XVIe arrondissement, auxquels s'étaient joints les bataillons réfugiés de Sèvres et Boulogne.

L'amiral Fleuriot de Langle marchait auprès du maire M. Henri Martin, en tête du cortége, attestant ainsi l'étroite union qui, dans cette région de Paris autrefois si paisible, aujourd'hui si guerrière, n'a jamais cessé d'associer le secteur avec la municipalité dans l'œuvre de la défense nationale.

Le cortége a fait halte sur le Trocadéro, où le maire a rappelé qu'un bataillon de l'arrondissement, le 72e, avait le premier, entre les bataillons de la garde nationale, versé son sang pour la patrie ; il a félicité, au nom de ses concitoyens, le brave et habile commandant de ce bataillon, M. de Brancion, de la juste récompense qui venait d'honorer en lui tous ses compagnons d'armes; il a enfin salué ces canons si impatiemment attendus, qui allaient bientôt jeter leurs notes dans le concert formidable et sublime de la délivrance.

En ce moment, le Mont-Valérien tonnait au loin sur Garches et Montretout. — A quoi bon les paroles? reprend l'orateur ; cette voix en dit assez. A nous de répondre! Nous avons voulu nos canons, les voilà ! Envoyons-les au plus vite à l'ennemi !

Et la *Marseillaise,* à son tour, a donné la réplique à 'orateur et au canon.

QUATRE-VINGT-NEUVIÈME JOURNÉE

15 décembre.

En présence de mille anxiétés que causent à Paris les longs intervalles de silence et d'isolement avec la province, on s'est demandé si l'administration des postes avait fait tous les efforts nécessaires pour obtenir des nouvelles régulières du dehors. Cette solitude est, en même temps qu'un danger, une des caractères les plus pénibles de ce siège. On ne voudra pas croire plus tard que Paris soit resté près d'un mois sans aucune relation avec le reste de la France. Aux diverses questions qui lui sont posées, l'administration des postes répond ce qui suit :

Plusieurs journaux, en apprenant l'arrivée à Paris de correspondances privées apportées par un messager, se sont demandé si le ministre des finances et l'administration des postes avaient fait les efforts nécessaires pour rétablir les communications interrompues entre Paris et les départements.

L'administration des postes, pleinement autorisée par le ministre des finances, ne recule devant aucun sacrifice pour atteindre ce résultat. Elle accueille tous les bons vouloirs, adopte et met en pratique tous les procédés ingénieux et sollicite le succès par de larges rémunérations.

A plusieurs reprises, elle a fait appel au dévouement de ses facteurs, et ce n'a jamais été en vain. Un grand nombre d'entre eux ont, au péril de leur vie, pénétré sur le territoire occupé par l'ennemi. Plusieurs ont franchi les lignes d'investissement et ont rapporté des lettres de l'extérieur. Il en est qui ne sont pas encore revenus.

Le patriotisme a été pour beaucoup dans de semblables efforts. Mais l'administration des postes a su les apprécier à leur valeur ; elle en a rémunéré les auteurs dans le présent, elle ne les oubliera pas dans l'avenir.

A tous les points de vue, ces tentatives ont été nombreuses et répétées ; mais on doit comprendre que, dans l'intérêt même de leur réussite, la discrétion la plus grande lui est absolument imposée.

o

Le bruit court que le général d'Aurelles de Paladines a dû quitter le commandement de l'armée de la Loire, pour avoir livré Orléans à l'ennemi sans combat.

Réquisition est faite, au nom du Gouvernement de la défense nationale, de tous les chevaux, ânes et mulets existant à Paris et dans le territoire en deçà de la ligne d'investissement.

Pour les chevaux amenés après injonction, et qui seront en bon état, le prix sera de :

1 fr. 75 le kilogr. au maximum.
1 fr. 25 le kilogr. au minimum.

Les animaux inférieurs seront payés au prix qui sera fixé.

L'abattage des chevaux, ânes et mulets est absolument interdit aussi bien dans le territoire compris en deçà de la ligne d'investissement de Paris, que dans Paris même.

QUATRE-VINGT-DIXIÈME JOURNÉE

16 décembre.

Le Gouvernement de la défense nationale aux habitants de Paris :

L'avis publié il y a deux jours par le Gouvernement paraît avoir dissipé les inquiétudes de la population relativement au pain. Il importe qu'il n'en reste aucune trace.

Il est clair que s'il y a quatre pains pour quatre consommateurs, et que l'un d'eux en achète trois, il condamne tous les autres à se contenter d'un tiers de ration. Voilà les effets de la peur.

Nous répétons qu'il n'y a aucun sujet de crainte et que le pain ne sera pas rationné.

Assurément, s'il fallait se résigner à des privations dans un moment comme celui-ci, Paris n'hésiterait pas. Il n'est aucun sacrifice qu'il ne soit prêt à faire pour la patrie. Mais les approvisionnements existants permettent de lui épargner cette nécessité. La quantité de pain vendue quotidiennement n'a pas varié depuis le commencement du siége, et rien ne fait prévoir qu'elle doive être diminuée. Il n'y aura de différence que pour la qualité.

Le plus grand intérêt de la défense étant de prolonger autant que possible la résistance de Paris, le gouvernement, sûr de répondre en cela à la volonté de tous les citoyens, a résolu qu'aussitôt après le délai nécessaire pour écouler les quantités existantes, il ne serait plus vendu ni distribué dans la ville que du pain bis. Ce pain est nourrissant, agréable au goût et sans aucun inconvénient pour la santé. Nos paysans n'en mangent pas d'autre, même dans les départements les plus favorisés. Il va sans dire que le pain sera de qualité uniforme pour tous les consommateurs, et qu'aucune exception ne sera tolérée.

La viande ne nous manque pas. Il en sera distribué tous les jours dans les boucheries municipales, sans réduction d'aucune sorte sur les quantités actuellement distribuées. On a eu d'abord quelque difficulté pour organiser le service ; maintenant tout est en ordre. Le pain et la viande, c'est-à-dire la double base de l'alimentation, sont assurés. La situation est donc satisfaisante. On peut dire qu'elle est inespérée, après trois mois de siége.

Ces résultats sont dus en majeure partie à la sagesse et au patriotisme de la population, aussi résignée devant les privations qu'elle est héroïque devant le péril. Nous avons tous juré que rien ne nous coûterait pour sauver notre pays, et nous y parviendrons à force de calme, de vigilance et de courage.

Pourquoi le Gouvernement n'ajoute-t-il pas ces mots plus pratiques : *Et en rationnant le pain?* Il est de notoriété publique que le pain est gaspillé ; gaspillé aux remparts, gaspillé aux avant-postes, gaspillé en ville. On cite des gens qui en nourrissent leurs chevaux. Si nous avons en blé et en farine des approvisionnements assez considérables pour défier la famine, passe encore ; mais quelle faute et quelle responsabilité pour nos administrateurs, si le pain venait à **manquer!**

Le vin ne manque pas non plus, et c'est à bien des points de vue un terrible ennemi. L'ivrognerie fleurit honteusement ; il y a malheureusement beaucoup de gens qui ne se doutent pas des dangers de l'ivresse pour des hommes qui ont un fusil à la main, qui sont soldats, qui devraient avoir toujours tout leur sang-froid en vue des éventualités. On rougit de honte en lisant des lettres comme celle du général Clément Thomas au général Trochu :

Paris, le 16 décembre 1870.

Monsieur le gouverneur,

Le 200e bataillon est sorti aujourd'hui de Paris pour occuper les avant-postes de Créteil. Je reçois de M. le général commandant supérieur à Vincennes la dépêche suivante :

« Chef de bataillon du 200e ivre ! La moitié des hommes ivre ! Impossible d'assurer le service avec eux. Obligation de faire relever leurs postes. Dans ces conditions, la garde nationale est une fatigue et un danger de plus. »

J'ai l'honneur de vous demander la révocation du chef de bataillon Leblois, commandant le 200e bataillon.

Veuillez agréez, monsieur le gouverneur, etc.

CLÉMENT THOMAS.

QUATRE-VINGT-ONZIÈME JOURNÉE

17 décembre.

Un pigeon apporte les dépêches suivantes :

Bourges, 14 décembre.

Gambetta à Jules Favre et Trochu.

Depuis quatre jours, je suis à Bourges, occupé avec Bourbaki à réorganiser les trois corps, 15e, 18e, 20e de la première armée de la Loire, que les marches forcées sous les pluies affreuses qui ont suivi l'évacuation d'Orléans avaient mis en fort mauvais état.

Ce travail demande encore quatre à cinq jours pour être complet.

Les positions occupées par Bourbaki couvrent à la fois Nevers et Bourges.

L'autre partie de l'armée de la Loire, après l'évacuation d'Orléans, s'est repliée sur Beaugency et Marchenoir, positions dans lesquelles elle a soutenu tous les efforts du prince Frédéric-Charles, grâce à l'indomptable énergie du général Chanzy, qui parait être le véritable homme de guerre révélé par les derniers événements.

Cette armée, composée des 16e, 17e et 21e corps, et appuyée, selon les prescriptions du général Trochu, de toutes les forces de l'Ouest, a exécuté une admirable retraite et causé aux Prussiens les pertes les plus considérables. Chanzy s'est dérobé à un grand mouvement tournant de Frédéric-Charles sur la rive gauche de la Loire. Frédéric-Charles a vainement essayé de passer la Loire à Blois et à Amboise, et menace Tours. Chanzy est aujourd'hui en parfaite sécurité dans le Perche, prêt à prendre l'offensive sur..... lorsqu'il aura fait reposer ses troupes, qui n'ont cessé de se battre admirablement contre des forces supérieures depuis le 30 novembre jusqu'au 12 décembre.

Vous voyez que l'armée de la Loire est loin d'être anéantie, selon les mensonges prussiens. Elle est séparée en deux armées d'égale force prêtes à opérer : l'une....., l'autre....., pour marcher sur.....

Faidherbe, dans le Nord, aurait repris La Fère avec beaucoup de munitions, artillerie, approvisionnements. Mais nous sommes fort inquiets de votre sort. Voilà plus de huit jours que nous n'avons aucune nouvelle de vous, ni par vous, ni par les Prussiens, ni par l'étranger. Le câble avec l'Angleterre est interrompu. Que se passe-t-il? Tirez-nous de nos angoisses en profitant, pour envoyer un ballon, du vent sud-ouest qui le portera en Belgique.

Le mouvement de retraite des Prussiens s'est accentué. Ils paraissent las de la guerre. Si nous pouvons durer, et nous le pouvons si nous le voulons énergiquement, nous triompherons d'eux. Ils ont déjà éprouvé des pertes énormes, suivant des rapports certains qui m'ont été faits ; ils se ravitaillent difficilement. Mais il faut se résigner aux suprêmes sacrifices, ne pas se lamenter, et lutter jusqu'à la mort.

A l'intérieur, l'ordre le plus admirable règne partout.

Le Gouvernement de la défense nationale est partout respecté et obéi.

GAMBETTA.

Bordeaux, 10 décembre 1870.

L'amiral Bourgois, commandant aux Açores, annonce, par Lisbonne, que l'amiral Dupré, sur la frégate française *Vénus*, a coulé, dans les mers de la Chine, la frégate prussienne *Etha*, après un combat acharné.

Ce matin, à une heure et demie, deux ballons-poste, construits par les frères Godard, se sont élevés simultanément de la gare d'Orléans.

Le *Gutenberg*, sous la conduite du marin Perruchon, était monté par trois personnes et emportait de nombreux bagages.

Le *Parmentier*, aéronaute marin Paul Louis, emportait deux voyageurs et toutes les lettres de la poste.

Plusieurs cages contenant des pigeons étaient suspendues sur les côtés de ces aérostats, qui ont pris la direction du nord-est.

QUATRE-VINGT-DOUZIÈME JOURNÉE

18 décembre.

L'effort immense de la province, révélé par la dépêche de M. Gambetta, pénètre Paris de grandes espérances, mais il fait péniblement ressortir l'inertie du général Trochu. Est-ce que cette quiétude solennelle qui se donne pour savante ne recouvrirait pas une grande incapacité ou un grand découragement ? Les opinions sont partagées.

Le siége de l'état-major de la garde nationale est transféré de la place Vendôme au palais de l'Élysée.

Les Prussiens viennent d'établir sur la terrasse du château de Meudon un appareil d'éclairage électrique analogue à ceux employés dans nos forts.

Avec cet appareil, ils éclairent les abords du fort d'Issy et les régions environnantes. Les gardes nationaux de faction au rempart du sixième secteur aperçoivent nettement le rayon lumineux, qui se déplace constamment.

QUATRE-VINGT-TREIZIÈME JOURNÉE

19 décembre.

Circulaire de M. de Chaudordy, reproduite par le *Journal officiel*.

La première partie de ce document est consacrée à rechercher les causes et le but d'une guerre dont l'Europe, dit M. de Chaudordy, ne peut comprendre la prolongation. Après avoir rappelé d'abord la démarche faite le 18 septembre, à Ferrières, par M. Jules Favre, pour obtenir la paix, démarche accueillie avec tant de hauteur, et ensuite les négociations entamées et poursuivies par M. Thiers sans plus de succès, l'auteur de la circulaire se demande ce que veut la Prusse, et si, après avoir eu raison du gouvernement impérial qui l'avait si follement provoquée, c'est contre la France elle-même qu'elle poursuit une guerre d'extermination, contre tout droit et toute justice. C'est au nom de ces principes essentiels de toute civilisation que la circulaire, en protestant devant l'Europe, fait un appel à la conscience humaine.

« Même quand un pareil appel ne doit pas être immédiatement entendu, il n'est jamais inutile. »

On avait accusé le Gouvernement de tenir secrètes des dépêches d'intérêt public et de continuer les mauvaises traditions du régime déchu. On avait tort, paraît-il :

« Quand nous recevons des dépêches, est-il répondu dans le *Journal officiel,* nous ne gardons pour nous que les appréciations confidentielles ; nous avons toujours publié et nous publierons toujours les faits qu'elles renferment. De ces faits constants, il résulte pour tout esprit impartial que la nation accepte résolûment la lutte et qu'elle ne se laissera pas dominer par l'étranger. »

QUATRE-VINGT-QUATORZIÈME JOURNÉE

20 décembre.

Mouvements de troupes ; les canons roulent sur le pavé, les soldats traversent les rues sac au dos, les bataillons de marche de la garde nationale sont convoqués pour la nuit ; l'heure de la bataille va sonner.

Paris est profondément ému.

Le gouverneur est parti ce soir pour se mettre à la

tête de l'armée, des opérations de guerre importantes devant commencer demain, 21 décembre, au point du jour. Tous les mouvements de troupes se sont exécutés avec la plus grande régularité, et, à l'heure qu'il est, il y a plus de cinquante bataillons de garde nationale mobilisée qui vont sortir de Paris.

QUATRE-VINGT-QUINZIÈME JOURNÉE

21 décembre.

Les mouvements de troupes et le départ des bataillons de guerre de la garde nationale au milieu de la nuit ont tenu la ville en émoi.

Au jour naissant, la canonnade commence du fort de Romainville ; les forts de l'Est, de La Briche, de la Double-Couronne et d'Aubervilliers ouvrent un feu terrible sur les positions occupées par les Prussiens, notamment sur le Bourget. Une heure après, le crépitement de la fusillade indique que l'action se concentre autour de ce village, d'où s'élèvent des nuages de fumée. Des forces considérables d'infanterie et d'artillerie sont disposées dans la plaine, entre Aubervilliers, Rosny et Pantin. Paris est entouré d'une ceinture de feux ; le canon gronde de tous les côtés.

Paris, 21 décembre, deux heures.

L'attaque a commencé ce matin sur un grand développement, depuis le Mont-Valérien jusqu'à Nogent.

Le combat est engagé et continue avec des chances favorables pour nous, sur tous les points.

Cent prisonniers prussiens provenant du Bourget viennent d'être amenés à Saint-Denis.

Le gouverneur est à la tête des troupes.

P. O. Le général, chef d'état-major général
des armées de défense,
SCHMITZ.

RAPPORT MILITAIRE

Les opérations militaires engagées aujourd'hui ont été interrompues par la nuit. Sur notre droite, les généraux de Malroy et Blaise, sous les ordres du général Vinoy, ont occupé heureusement Neuilly-sur-Marne, Ville-Evrard et la Maison-Blanche. Le feu de l'ennemi a été été éteint sur tous les points où il avait établi des batteries pour arrêter notre action, à la suite d'un combat d'artillerie très vif. Le général Favé, commandant l'artillerie de la troisième armée, a été blessé. Le plateau d'Avron et le fort de Nogent ont appuyé l'opération.

Dès le matin, les troupes de l'amiral de La Roncière ont attaqué le Bourget. Elles étaient composées de marins, de troupes de ligne et de gardes mobiles de la Seine. La première colonne, qui avait pénétré dans le village, n'a pu s'y maintenir. Elle s'est retirée après avoir fait une centaine de prisonniers qui ont été dirigés sur Paris.

Le général Ducrot fit alors avancer une partie de son artillerie, qui engagea une action très violente contre les batteries de Pont-Iblon et de Blanc-Mesnil. Il occupe ce soir la ferme de Groslay et Drancy.

Du côté du Mont-Valérien, le général Noël, vers sept heures du matin, a fait une forte démonstration à gauche sur Montretout, au centre sur Buzenval et Longboyau, en même temps que sur sa droite le chef de bataillon Faure, commandant du génie du Mont-Valérien, s'emparait de l'île du Chiard. Au moment où cet officier supérieur y pénétrait à la tête d'une compagnie de francs-tireurs de Paris, il fut blessé très grièvement. Le capitaine Haas, qui commandait cette compagnie, fut tué raide.

La garde nationale mobilisée a été engagée aujourd'hui avec les troupes. Tous ont montré une grande ardeur. Le chiffre de nos blessés n'est pas encore connu. Il n'est pas très considérable, eu égard au vaste périmètre sur lequel se sont développées les opérations. Cependant les marins et la garnison de Saint-Denis ont fait des pertes assez sérieuses dans l'attaque du Bourget, qui d'ailleurs a été fort contrariée par une brume intense très gênante pour l'action de notre artillerie. Le gouverneur passe la nuit avec les troupes sur le lieu de l'action.

Paris, le 21 décembre 1870.

Par ordre :
Le général chef d'état-major général,
SCHMITZ.

Le rapport du général Schmitz n'est ni assez net ni assez précis pour qu'on se fasse une opinion raisonnée sur les résultats de la bataille d'aujourd'hui. On s'entretient dans les groupes avec une grande animation ; l'impression générale est bonne. On exalte le rare courage déployé par les marins, qui ont attaqué à coups de hache les barricades et les maisons crénelées du Bourget.

QUATRE-VINGT-SEIZIÈME JOURNÉE

22 décembre.

RAPPORT OFFICIEL SUR LES ENGAGEMENTS D'HIER

22 décembre, 3 heures et demie.

La journée d'hier n'est que le commencement d'une série d'opérations. Elle n'a pas eu et ne pouvait guère avoir de résultat définitif; mais elle peut servir à établir deux points importants : l'excellente tenue de nos bataillons de marche engagés pour la première fois qui se sont montrés dignes de leurs camarades de l'armée et de la mobile, et la supériorité de notre nouvelle artillerie, qui a éteint complètement les feux de l'ennemi. Si nous n'avions pas été contrariés par l'état de l'atmosphère, il n'est pas douteux que le village du Bourget serait resté entre nos mains.

A l'heure où nous écrivons, le général gouverneur de Paris a réuni les chefs de corps pour se concerter avec eux sur les opérations ultérieures.

Nous publions le rapport de l'amiral de La Roncière sur l'attaque du Bourget.

Le vice-amiral commandant en chef au gouverneur de Paris.

Au fort d'Aubervilliers.

Conformément à vos ordres, nous avons attaqué le Bourget ce matin. Le bataillon des marins et le 138ᵉ, sous l'énergique direction du capitaine de frégate Lamothe-Penet, ont enlevé la partie nord du village, en même temps qu'une attaque menée vigoureusement par le général Lavoignet dans la partie sud se voyait arrêtée, malgré ses efforts, par de fortes barricades et des murs crénelés qui l'empêchaient de dépasser les premières maisons dont on s'était emparé.

Pendant près de trois heures, les troupes se sont maintenues dans le nord du Bourget, jusqu'au delà de l'église, luttant pour conquérir les maisons une à une, sous les feux tirés des caves et des fenêtres, et sous une grêle de projectiles. Elles ont dû se retirer; leur retraite s'est faite avec calme.

Simultanément, une diversion importante était effectuée par les 10e, 12e, 13e, 14e bataillons des gardes mobiles de la Seine et une partie du 12e bataillon de la garde nationale de Saint-Denis, sous le commandement du colonel d'Autremont.

Enfin, au même moment, le 68e bataillon de la garde nationale mobilisée de Saint-Denis se présentait devant Épinay, tandis que les deux batteries flottantes nos 1 et 4 canonnaient le village, ainsi qu'Orgemont et le Cygne d'Enghien, qui ripostaient vigoureusement.

Nos pertes sont sérieuses, surtout parmi le 133e et le 138e. Bien que notre but n'ait pas été atteint, je ne saurais assez louer la vaillante énergie dont nos troupes ont fait preuve. Cent prisonniers prussiens ont été ramenés du Bourget.

De La Roncière.

La nuit dernière, des soldats ennemis restés dans les caves de Ville-Évrard ont fait une attaque sur les postes occupés par les troupes. Nos hommes ayant riposté vigoureusement, ont tué ou fait prisonniers la plus grande partie des assaillants. Malheureusement, le général Blaise, qui s'était porté en toute hâte à la tête de ses troupes, a été mortellement atteint. Il est l'objet des plus vifs regrets de la brigade qu'il commandait depuis le commencement du siége, et l'armée perd en lui un de ses chefs les plus vigoureux.

Les pertes de l'ennemi ont été des plus sérieuses aux affaires d'hier ; elles sont confirmées par les prisonniers qui ont été faits sur les différents points.

P. O. Le général, chef d'état-major général,

Schmitz.

Pourquoi le dissimuler ? Les opérations militaires engagées le 21 décembre nous apportent un nouveau désappointement. Le Bourget n'est pas resté en notre pouvoir ; il est vrai que nous avons été « contrariés par l'état de l'atmosphère. » M. Trochu n'avait pas prévu le brouillard quand il a conçu son plan, et voilà toute l'action suspendue ! On tire le canon ce matin par acquit de conscience.

Que dire encore de ces Prussiens « restés dans les caves » et qui sortent la nuit pour attaquer nos postes ? Est-il possible d'avouer plus naïvement son ineptie et son imprévoyance ?

QUATRE-VINGT-DIX-SEPTIÈME JOURNÉE

23 décembre.

Peu de victoires, mais beaucoup de décorations au *Journal officiel*. Le rapport de M. Schmitz, le découragé et le décourageant, ne signale que des faits de peu d'importance :

Les nuits qui ont suivi l'attaque du 21 ont été rudes pour nos soldats; le froid le plus intense n'a cependant pas arrêté nos efforts. On a travaillé activement à abriter les troupes contre les coups de l'ennemi, et si les tranchées ouvertes n'ont pas été terminées aussi promptement qu'on pouvait s'y attendre, cela tient à l'effet d'une gelée intense qui a durci la terre et en a rendu le maniement plus difficile.

Le 22 décembre, le commandant du fort d'Issy a envoyé une forte reconnaissance dans les bois de Clamart. Elle a été brillamment exécutée par huit compagnies de gardes mobiles de la Seine (4e et 5e bataillons) sous les ordres du chef de bataillon Delclos, du 5e bataillon.

L'ennemi a eu un nombre assez considérable de tués et blessés; de notre côté, les pertes, quoique légères, ont été sensibles. Le capitaine Guyonnet, commandant la 7e compagnie du 5e bataillon, a été blessé grièvement par une balle qui lui a fracturé les reins, en soutenant les éclaireurs du sous-lieutenant Giraud, du 4e bataillon.

Il reste à signaler les nommés Gervaise, sergent au 4e bataillon, blessé, et le garde mobile Descamps, qui ont déployé une grande bravoure.

Ainsi, sur tous les points où nos troupes ont été engagées, elles ont rempli leur devoir avec le dévouement que l'on pouvait attendre d'elles.

P. O. Le général chef d'état-major général,
SCHMITZ.

On apprend que la Prusse a dénoncé le traité de Londres de 1867, relatif à la neutralisation du Luxembourg. La Russie saisit cette occasion pour dénoncer le traité de Paris. Il est hors de doute que la Prusse et la Russie s'entendent comme larrons en foire.

QUATRE-VINGT-DIX-HUITIÈME JOURNÉE

24 décembre.

Le général Trochu disait à l'occasion de l'attaque du Bourget, que c'était le commencement d'une série d'opérations militaires. Tout Paris croyait que l'action engagée le 21 allait continuer, se poursuivre, avancer patiemment. Point du tout : les troupes sont rentrées et tout est fini !

Stupéfaction générale ! Mais quel est donc le plan du général Trochu ? Mais à quoi songe le Gouvernement ? MM. Jules Favre, Arago, Jules Simon, Pelletan sont comme s'ils n'étaient pas. Cette torpeur est inexplicable et irritante. Que pouvons-nous attendre d'un Gouvernement qui annonce la victoire dans ses proclamations et qui ne fait rien de sérieux pour l'obtenir ? Les troupes sont démoralisées ; la bise glaciale de ce terrible hiver les achève.

Voici tous les événements militaires de la journée :

24 décembre, soir.

La journée s'est passée sans incident remarquable. Les troupes ont continué les travaux de terrassement en voie d'exécution ; elles ont eu beaucoup à souffrir pendant la nuit dernière des rigueurs de la température. Le gouverneur les a visitées aujourd'hui sur les points les plus avancés et il a constaté leur bon esprit : les distributions sont faites dans de larges proportions.

Deux bataillons mobilisés de la garde nationale ont fait une reconnaissance sur le Raincy et ont eu quelques hommes blessés après avoir échangé bon nombre de coups de fusil avec l'ennemi.

L'artillerie des forts, celles de Bondy et du plateau d'Avron ont tiré fréquemment sur les travaux des Prussiens, qui déploient de leur côté une grande activité. La terre est toujours rebelle au maniement de la pioche ; néanmoins nos abris se consolident.

P. O. le général chef d'état-major général,

SCHMITZ.

Un décret suspend pour trois jours la *Patrie*, par application du décret du 29 novembre 1870, qui interdit aux journaux les récits des opérations militaires.

On désapprouve généralement cette mesure, et l'on aimerait mieux voir le général Trochu signer des récits de bataille qu'un décret de suspension contre un journal, dont les bavardages sont passés à l'état de proverbe.

Les journaux allemands saisis sur des prisonniers, parlent du bombardement de Paris comme d'un fait résolu.

Des froids extraordinaires aggravent les souffrances de Paris. On faisait « queue » pour le pain, pour la viande ; pour comble de malheur, le bois commence à manquer, les approvisionnements de charbon et de combustible sont épuisés. Justement émue de ces misères, qui amènent un accroissement sensible dans la mortalité, l'administration de la ville a ordonné de larges coupes dans les bois de Vincennes et de Boulogne; les arbres qui bordent les boulevards et les routes de la banlieue sont abattus. Des nuées de pauvres gens, de femmes et d'enfants se précipitent sur l'arbre tombé et s'en disputent les branches. Heureux ceux qui rentrent dans leur triste foyer avec une bûche : ils auront du feu ! Ils n'oublieront pas, mais ils sentiront moins, devant l'âtre qui pétille, les misères sans nom de ce triste et dur hiver. Veillée de Noël, tu rassemblais les familles autour de tes joyeux arbustes enrubannés; la famille est dispersée ! Vois ces hommes qui s'entr'égorgent; ce sont les enfants qui entouraient, hier encore, ton joyeux arbre ruisselant de lumières et chargé de fruits. Noël, fête de la paix et de la fraternité, le canon te salue et le sang te célèbre !

QUATRE-VINGT-DIX-NEUVIÈME JOURNÉE

RAPPORT MILITAIRE

25 décembre, soir.

Les troupes ont cruellement souffert pendant la dernière nuit : de nombreux cas de congélation se sont produits.

Le travail des tranchées a dû être arrêté par suite de la dureté du sol, qui est gelé jusqu'à 50 centimètres de profondeur.

Dans cette situation, devenue grave pour la santé de l'armée et qui pourrait l'atteindre dans son moral, le gouverneur de Paris a décidé que tous les corps qui ne seraient pas nécessaires à la garde des positions occupées, seraient cantonnés de manière à être abrités. Ils s'y remettront des pénibles épreuves qu'ils viennent de subir et seront prêts à agir selon les événements.

Une partie des bataillons de la garde nationale employés au dehors rentrera dans Paris. Ceux qui resteront devant les positions seront cantonnés comme la troupe et relevés à tour de rôle.

P. O. Le général chef d'état-major général,
Schmitz.

A la suite de ce rapport, le *Journal officiel* publie la note que voici :

« Les mesures que l'on vient de prendre pour sauvegarder la santé de nos troupes ont été nécessitées par une température tellement exceptionnelle, qu'il faudrait remonter à une époque très éloignée pour en retrouver un autre exemple.

« Elles n'impliquent à aucun degré l'abandon des opérations commencées. Le Gouvernement, l'armée, le peuple, persévèrent plus que jamais dans la résolution de continuer la défense, au prix de tous les sacrifices, jusqu'à la victoire définitive. »

Le général, l'armée, le peuple persévèrent plus que jamais dans la résolution de *continuer la défense*. Ne dirait-on pas que cette curieuse phrase vient là tout exprès pour provoquer l'opinion contraire? Une vigoureuse sortie vaudrait mieux que ces phrases creuses. Le Gouvernement s'oublie, le général s'endort, l'armée se décourage, le peuple murmure. Fait merveilleux et qui honore Paris : on a beau souffler sur son espérance, son espérance ne s'éteint pas. On est plein de confiance, toujours et quand même, parce qu'on est plein d'abnégation.

CENTIÈME JOURNÉE

26 décembre.

On lit dans le *Journal officiel* un rapport dont le but est d'atténuer le fâcheux effet produit sur l'opinion publique par la suspension des opérations militaires ; le voici :

« L'exposé des événements militaires qui ont eu lieu depuis le mois de novembre n'a pu être livré à la publicité, en raison de la gravité des circonstances au milieu desquelles ils s'accomplissaient. Il était d'intérêt public qu'à leur sujet aucune discussion ne s'ouvrît prématurément, alors que l'ennemi, on le sait, reçoit les journaux de Paris, qui lui portent les nouvelles quotidiennes du siège et les commentaires auxquels elles donnent lieu.

« Cet exposé, avec la raison et le but des opérations qui ont été faites, sera prochainement communiqué au public ; mais le Gouvernement a le devoir de lui fournir, dès à présent, des informations générales sur la situation de l'armée.

« C'est le 20 décembre au soir, pendant la nuit suivante, et le 21 au matin, que l'armée et la garde nationale mobilisée s'établissaient sur les positions qui s'étendent des bords de la Marne, en avant du plateau d'Avron, jusqu'à Saint-Denis. Cette concentration, bien que partiellement opérée par le chemin de fer de ceinture, avait été fatigante pour les troupes. Le temps s'était mis au froid. Un vent glacial souffla pendant toute la journée du 21, qui fut consacrée à l'occupation de Neuilly-sur-Marne, de Ville-Evrard, de Maison-Blanche, de Bondy, de la Ferme de Groslay et du Drancy.

« L'occupation du Bourget, bien qu'effectuée en partie dans la matinée, fut contrariée par des accidents de guerre imprévus et ne put avoir lieu. Un vif engagement d'artillerie dura jusqu'à la chute du jour. A la nuit, les têtes de colonne gardant les positions, les troupes furent repliées en arrière dans les tranchées qui formaient les points d'appui du champ de bataille préparé. Les unes et les autres, à peu d'exceptions près, étaient sans abri, et cette première nuit de bivouac, par une gelée intense, les éprouva très péniblement ; il y eut quelques cas de congélation.

« Le lendemain, les troupes furent appliquées à des travaux de jour et de nuit, nécessaires à la continuation des opérations ; il eût été à souhaiter que la journée du surlendemain fût consacrée au repos ; mais **l'ennemi avait fait sur ses propres positions des con-**

centrations considérables qui semblaient indiquer des intentions offensives et pouvaient nous offrir l'occasion d'un engagement général.

« Cet espoir ne se réalisa pas ; les troupes qui avaient marché pour reprendre leurs postes de combat, eurent encore une journée fatigante, pendant laquelle l'intensité du froid ne fit que s'accroître. A dater de ce moment, leur santé dut être considérée comme sérieusement atteinte. Les cas de congélation, contre lesquels l'activité des travaux entrepris ne put rien, se multiplièrent dans une proportion menaçante ; ces travaux eux-mêmes furent ralentis par suite de la dureté du sol, et dès le 24, ils devenaient impossibles.

« Assurément l'ennemi, dans ses positions, est assujetti aux mêmes sévices. Mais ses soldats sont des hommes du Nord ; les nôtres, originaires de contrées dont le climat est tempéré ou chaud, en éprouvent des effets plus caractérisés, et leur santé, dans une campagne de plein hiver, réclame des ménagements particuliers. Dans cette situation, et quelque douloureuse que pût être la suspension temporaire des opérations, le devoir de les continuer était primé par le devoir de donner aux troupes un repos et des soins devenus indispensables.

« Prolonger la résistance jusqu'aux dernières limites du possible, pour donner à la France le temps et les moyens de se soulever tout entière contre l'envahisseur et d'organiser la défense nationale, a été le but de tous les sacrifices que les citoyens de Paris ont faits ; constituer une armée dans Paris, combattre énergiquement sur le périmètre d'investissement fortifié par l'ennemi pour chercher à percer ses lignes, et l'obliger, dans tous les cas, à immobiliser autour de nous des forces considérables, a été le but de tous les efforts que la garde nationale et l'armée ont faits. L'esprit public s'associera à la continuation de ce double effort, et Paris remplira noblement envers la France son devoir de capitale. »

RAPPORTS MILITAIRES

Lundi 26 décembre 1870, 12 heures.

Sur l'ordre du général Vinoy, trois bataillons de garde nationale ont été chargés ce matin d'occuper le parc de la Maison-Blanche pour renverser le mur crénelé qui le ferme au sud-ouest. Nos tirailleurs, après avoir trop tiré, ont débusqué le poste ennemi qui occupait le parc et tenait ferme dans la tranchée du chemin de fer.

On travaille maintenant à abattre le mur, nous mettant en garde contre un retour offensif de l'ennemi. Le général d'Hugues, pour éviter des imprudences, s'est porté lui-même auprès des troupes de soutien. L'artillerie du plateau d'Avron a tiré seule pour appuyer l'opération qui est en bonne voie.

12 heures 35 minutes.

Pour occuper la Maison-Blanche le 21, j'avais prescrit de pratiquer plusieurs brèches dans le mur du parc pour nous y introduire. Depuis lors, l'ennemi a constamment envoyé ses tirailleurs pour inquiéter nos avant-postes. J'ai donc prescrit d'abattre en entier le restant du mur qui nous fait face.

Cette opération, dirigée par le général d'Hugues, s'est faite ce matin et s'achève en ce moment. Nos troupes ont chassé du parc un bataillon du 106ᵉ régiment, 6ᵉ saxon, qui s'y était établi, et nos canons ont protégé le travail contre les troupes ennemies qui semblaient vouloir s'y opposer. Nous avons peu de pertes. Je vous enverrai un rapport aussitôt que possible.

26 décembre, 4 heures 27, soir.

L'opération sur la Maison-Blanche, conduite par le colonel Valette, avec trois bataillons de mobiles, a été très bien dirigée. La grand'garde ennemie a été chassée du parc; on a fait six prisonniers. Le mur a été complètement abattu, ce qui ôte à l'ennemi toute possibilité de s'y abriter pour inquiéter nos postes. Nos pertes sont d'un homme et huit blessés, dont un officier.

Général VINOY.

Pour copie conforme :
Le ministre de l'intérieur par intérim,
JULES FAVRE.

CENT UNIÈME JOURNÉE

27 décembre.

La *Gazette de Silésie* examine avec un rare sang-froid les avantages que l'armée assiégeante peut retirer du bombardement. Elle pense que les obus et l'incendie causeront de sérieuses craintes dans la population; mais elle n'espère pas amener par ce moyen la chute de Paris. Avec toutes les feuilles allemandes, la *Ga-*

zette de Silésie compte sur le soulèvement des quartiers populeux de Belleville et de La Villette. Du reste, voici le plan mis en avant par ce journal :

« Le plan d'attaque doit désormais être étendu à la prise d'au moins deux ou trois forts, pour prendre dans ces ouvrages des positions depuis lesquelles on pourra projeter les coups incendiaires sur une plus vaste étendue de l'océan de maisons de Paris.

« Mais, même alors, se trouveront certaines parties, *entre autres celles de l'est, où sont situés les faubourgs, importants pour la décision, de Belleville et La Villette, encore hors d'atteinte.* Pour bombarder efficacement ces parties, la prise des fortifications de Saint-Denis ou de celles des hauteurs de Romainville et de Montreuil, ainsi justement les plus fortes et presque les plus imprenables parties des fortifications de Paris, seraient indispensables. »

La *Gazette de Cologne* annonce la mort d'Alexandre Dumas, décédé au Puy, près de Dieppe, le 5 de ce mois.

27 décembre, matin.

L'ennemi a démasqué ce matin des batteries de siége contre les forts de l'Est, de Noisy et Nogent, et contre la partie nord du plateau d'Avron. Ces batteries se composent de pièces à longue portée.

En ce moment, onze heures, le feu est très vif contre les points indiqués, et comme cette canonnade pourrait être le prélude d'un bombardement général de nos forts, toutes les dispositions sont prises dans le but de repousser les attaques et de protéger les défenseurs.

Cette nuit on a entendu du Mont-Valérien deux fortes détonations qui peuvent donner à penser que l'ennemi a fait sauter le pont du chemin de fer de Rouen. Le fait sera vérifié dans la journée.

Dès ce matin, l'ennemi a fait sauter la Gare-aux-Bœufs de Choisy.

Cet ensemble de faits tendrait à prouver que l'ennemi, fatigué d'une résistance de plus de cent jours, se dispose à employer contre nous les moyens d'attaque à grande distance qu'il a depuis longtemps rassemblés.

Le gouverneur de Paris,
Par ordre :
Le général chef d'état-major général,
SCHMITZ.

Le bombardement commence.

LE BOMBARDEMENT

—

CENT DEUXIÈME JOURNÉE

28 décembre.

Contrairement aux usages reçus de temps immémorial, le bombardement a été commencé par les Prussiens sans avertissement, sans sommation préalable. Les Prussiens changent toutes les traditions des pays civilisés; cette race haineuse et sombre nous ramène à la barbarie.

Constatons maintenant les ravages de leurs obus qui, depuis hier, pleuvent comme grêle sur le plateau d'Avron et sur les forts de l'Est.

RAPPORTS MILITAIRES

L'ennemi a établi trois batteries de gros calibre au-dessus de la route de l'Ermitage au Raincy; trois batteries à Gagny; trois batteries à Noisy-le-Grand; trois batteries au pont de Gournay.

Le feu a été engagé dès le matin, avec la plus grande violence : il était dirigé sur les forts de Noisy, de Rosny, de Nogent et sur les positions d'Avron.

Tout le monde s'est tenu ferme à son poste, sauf quelques hommes qui ont quitté les tranchées dès le début et qui y ont été ramenés, pour y passer la nuit, par ordre du général Vinoy.

Ce combat d'artillerie a duré jusqu'à cinq heures, entretenu plus ou moins activement. Nos pertes s'élèvent à environ huit tués et cinquante blessés, dont quatre officiers de mariné.

Au fort de Noisy, il n'y a eu aucun homme atteint; deux hommes, au fort de Rosny, et trois à celui de Nogent, ont été blessés.

En résumé, cette première journée de bombardement partiel de nos avancées et nos forts, avec des moyens dont la puissance est considérable, n'a pas répondu à l'attente de l'ennemi.

Notre feu, très vif, a dû lui faire éprouver des pertes sérieuses sur les points les plus à portée du plateau.

―

28 novembre, 10 h. 30 m., matin.

L'ennemi n'a pas recommencé avec la même violence le bombardement qu'il avait entrepris hier contre les positions d'Avron. Cependant son feu n'a pas cessé. Le gouverneur est parti dès le matin pour se rendre à Avron. Aucun incident ne s'est encore produit. Nos batteries de Bondy et annexes fouillent les bois avec précision et inquiètent vivement l'ennemi.

Le commandant Delclos, du 5e bataillon de la Seine, a opéré hier une vigoureuse reconnaissance sur le Bas-Meudon, le Val et Fleury, à la tête de douze compagnies des 4e et 5e bataillons de la Seine et du 3e de la Somme. Le commandant Delclos fit fouiller ces trois villages, où restent encore quelques habitants, et d'où les postes prussiens s'enfuirent à notre approche, laissant quelques prisonniers entre nos mains. Une fusillade assez vive s'engagea au moment où la reconnaissance regagnait le fort d'Ivry. L'ennemi fut repoussé et contraint de se rejeter précipitamment dans ses retranchements du Haut-Meudon. Nous avons eu de notre côté deux tués et six blessés.

CENT TROISIÈME JOURNÉE

29 décembre.

Le feu, qui avait été modéré dans la matinée d'hier sur les positions bombardées, est devenu très vif dans l'après-midi et la soirée. De nouvelles batteries ont appuyé celles qui avaient été précédemment établies par l'ennemi.

Nos pièces, moins puissantes que les canons Krupp, ayant dû renoncer à faire feu, le plateau est devenu tout à fait intenable pour l'infanterie.

Le gouverneur avait le devoir impérieux de soustraire cette artillerie et ces troupes à une situation que l'intensité croissante du feu de l'ennemi ne pouvait qu'aggraver : il a ordonné et organisé sur place la rentrée des pièces en arrière des forts.

Cette opération difficile et laborieuse s'est effectuée pendant la nuit et dans la matinée.

Le tir de l'ennemi, dans la soirée, passant par-dessus le plateau d'Avron, atteignait la route stratégique et par moments les villages environnants.

La nouvelle phase, prévue depuis longtemps, dans laquelle entre le siége de Paris, pourra transformer les conditions de la défense, mais elle ne portera atteinte ni à ses moyens ni à son énergie.

Aujourd'hui le bombardement a redoublé d'intensité ; ses effets sur le plateau d'Avron, qui n'a cessé d'être canonné, ont démontré l'opportunité de l'évacuation, qui a été opérée la nuit dernière. Les soixante-quatorze pièces d'artillerie, qui ont été retirées à peu près intactes, auraient été complètement désorganisées par le feu violent de la journée ; il a été plus particulièrement dirigé contre les forts de Rosny, Nogent et Noisy, qui ont fait bonne contenance sous une pluie d'obus d'une dimension extraordinaire, lancés à grande distance.

Des dispositions sont prises pour que cette artillerie soit contre-battue par les plus gros calibres dont dispose la défense.

Il y a eu au fort de Nogent quatorze blessés, dont deux canonniers auxiliaires ;

Au fort de Rosny, trois tués, dont deux artilleurs de la garde nationale ; neuf blessés, dont quatre artilleurs de la garde nationale ;

Au fort de Noisy, quelques contusionnés seulement.

L'ennemi a ouvert le feu sur Bondy, où nous avons eu deux hommes tués et six blessés.

Paris, le 29 décembre 1870.

Le gouverneur de Paris.

P. O. Le général chef d'état-major général,

SCHMITZ.

L'évacuation du plateau d'Avron produit une véritable stupeur. Prolongement très utile de la ligne de nos forts du côté de l'Est, ce plateau menaçait de son artillerie les positions de Chelles et de Gournay. La prévoyance la plus vulgaire commandait de nous y fortifier, d'ouvrir des tranchées, de nous mettre sérieusement à l'abri de toute attaque ; point. Depuis un mois que le plateau est en notre pouvoir, on n'a rien fait pour s'y maintenir ; aux premiers obus prussiens, il faut battre en retraite, la position n'est pas tenable.

Paris est profondément irrité contre ses chefs militaires et notamment contre le général Trochu, dont le plan n'est, depuis le commencement du siége, qu'une reculade perpétuelle et une incroyable série de bévues.

Ses collègues du Gouvernement se décideraient-ils à ouvrir les yeux? On dit que des dissentiments graves se seraient élevés entre eux et le général; on blâmerait son système de temporisation, on voudrait que le commandement actif de nos armées fût délégué à un homme plus actif. Mais où le trouver?

La presse est unanime à prévenir le général Trochu que le bombardement pourrait bien avoir pour but de masquer le départ d'une partie de l'armée assiégeante contre l'armée de la Loire.

CENT QUATRIÈME JOURNÉE

30 décembre.

Le gouverneur de Paris vient d'adresser à la population et à l'armée de Paris la proclamation suivante :

CITOYENS ET SOLDATS!

De grands efforts se font pour rompre le faisceau des sentiments d'union et de confiance réciproque auxquels nous devons de voir Paris, après plus de cent jours de siége, debout et résistant. L'ennemi, désespérant de livrer Paris à l'Allemagne pour la Noël, comme il l'a solennellement annoncé, ajoute le bombardement de nos avancées et de nos forts aux procédés si divers d'intimidation par lesquels il a cherché à énerver la défense. On exploite devant l'opinion publique les mécomptes dont un hiver extraordinaire, des fatigues et des souffrances infinies ont été la cause pour nous. Enfin, on dit que les membres du Gouvernement sont divisés dans leurs vues sur les grands intérêts dont la direction leur est confiée.

L'armée a subi de grandes épreuves, en effet, et elle avait besoin d'un court repos que l'ennemi lui dispute par le bombardement le plus violent qu'aucune troupe ait jamais éprouvé. Elle se prépare à l'action avec le concours de la garde nationale de Paris, et, tous ensemble, nous ferons notre devoir.

Enfin, je déclare ici qu'aucun dissentiment ne s'est produit dans les conseils du Gouvernement, et que nous sommes tous étroitement unis en face des angoisses et des périls du pays, dans la pensée et dans l'espoir de sa délivrance.

Le gouverneur de Paris,
Général Trochu.

Des mots et des phrases. Il est vrai que la confiance s'en va, mais à qui la faute? Est-ce à Paris, qui a cru aveuglément à l'énergie patriotique du gouverneur, ou au gouverneur qui a ruiné la confiance de Paris par des fautes successives, dont la plus récente est l'évacuation du plateau d'Avron? La foi s'en est allée; on ne la ramène pas avec des proclamations, mais par des actes.

RAPPORT MILITAIRE

Le feu de l'ennemi a recommencé ce matin, à sept heures quarante-cinq minutes; il a été vif pendant une partie de la journée, mais il n'a pas produit de sérieux effets. Il n'y a eu que trois blessés au fort de Nogent, sur lequel se sont portés principalement ses efforts, et deux au fort de Rosny.

Le fort de Nogent a cependant été bombardé de huit heures du matin à quatre heures et demie du soir.

Le gouverneur a pu juger par lui-même de la solidité du moral des défenseurs des forts. L'artillerie de la garde nationale, éprouvée dès le premier jour, est pleine d'entrain et de dévouement.

Paris, le 30 décembre 1870.

CENT CINQUIÈME JOURNÉE

31 décembre.

Sur le plateau d'Avron même, qui était la position la plus avancée et la plus furieusement attaquée, nous n'avons eu le premier jour que soixante hommes, et le deuxième que quarante-deux hors de combat; deux pièces de canon seulement ont été mises hors de service, et trois autres ont eu des avaries très réparables.

Un rapport du commandant du Mont-Valérien constate que, de ce côté aussi, l'ennemi redouble d'activité, fait voir plus de forces et prend des mesures qui présagent une attaque. Cet ensemble de circonstances est de nature à faire complètement abandonner une des hypothèses qui ont été mises en avant : le bombardement n'est évidemment pas une simple feinte destinée à masquer d'autres mouvements de l'armée assiégeante, il n'avait pas non plus simplement pour objet de nous débusquer du plateau d'Avron ; il deviendra très probablement général, comme le Gouvernement l'avait, du reste, prévu dans son premier bulletin ; mais l'esprit de la population sera à la hauteur de cette nouvelle épreuve.

RAPPORT MILITAIRE

L'ennemi a augmenté ses batteries de gros calibre et a rapproché plusieurs d'entre elles des points d'attaque. Ses projectiles sont arrivés aujourd'hui en assez grand nombre à la ferme de Groslay, à Drancy, Bobigny, Bondy, et quelques-uns même sont parvenus jusqu'à la Folie et Noisy-le-Sec.

Il a continué en même temps le bombardement sur les forts de Rosny, Nogent et Noisy. Nous n'avons eu que quelques dégâts matériels et un très petit nombre de blessés.

Nous sommes arrivés à cette période du siège où les produits de toute nature n'ont plus de cours aux halles et aux marchés ; ils sont laissés à l'arbitraire du vendeur et aux caprices des spéculateurs. Sous ce rapport, l'alimentation publique n'ayant plus un approvisionnement fixe et assuré, offre quelque chose de curieux au point de vue économique.

Voici des exemples pris sur les marchés, le *cent cinquième jour* du siége de Paris :

Légumes verts. — Une carotte potagère, 60 centimes; la botte de douze, avant le siége, valait 20 c., ce qui met son prix, en ce moment, à 7 fr. 20 c.

Un navet de la grosseur d'une pomme reinette, 80 centimes.

Une betterave, 4 francs; son prix ordinaire était de 30 centimes.

Une tête de céleri, 2 fr. 25; elle valait 25 centimes avant le siége.

Un pied de céleri, 2 fr.; il valait communément 30 centimes.

Une escarole, 1 fr. 25 c., c'est-à-dire dix fois son ancienne valeur.

Un poireau, 40 cent.; on s'en procurait autrefois une botte de dix pour 20 centimes.

Le litre d'oignons, 4 fr.; son prix ordinaire était de 25 centimes.

Pommes de terre, introuvables à aucun prix. Dans un des précédents marchés, elles étaient cotées 1 fr. 60 c. le litre.

Un chou-fleur, 5 fr.

Un chou ordinaire, pommé, 6 fr.; un petit chou, 1 fr.; une livre de feuilles de choux, qu'on mettait autrefois aux ordures, 75 centimes.

Un beau et gros chou-fleur, 8 fr.

Légumes secs. — Haricots, lentilles, pois, fèves, font complètement défaut sur les marchés. Les derniers haricots qui y ont paru se sont vendus 3 fr. 50 c. le litre, les mêmes qui avaient été achetés 60 centimes en détail.

Champignons frais, la livre, 3 fr. 25 c.; leur prix ordinaire était 80 centimes.

Conserves de champignons, représentant le poids de 400 grammes, 2 fr. 50 c.

Conserve de petits pois, 4 fr. 50 et 5 fr.; sa valeur avant le siége était de 1 fr. 25 c.

Conserve de haricots verts, 3 fr.; son prix courant était de 1 fr.

Charcuterie. — Lard, très rare, 6 fr. la livre.

Jambon, plus rare encore, 10 fr. la livre chez quelques marchands de comestibles, ce qui élève le prix d'un jambon ordinaire à 120 fr.; on s'en procurait un du même poids, en temps ordinaire, à 18 fr.

Boudin de cheval, comestible exécrable, 2 fr. 20 c. la livre.

Fromage d'Italie, mélange horrible de toutes sortes de chairs d'animaux, 2 fr. la livre.

Beurre frais, très rare, 35 à 40 fr. la livre (500 grammes).

Fromage introuvable, si ce n'est dans quelques mairies, en très minime quantité, où il se vend 1 fr. 80 centimes.

Œufs. — Un œuf de poule, 5 fr.

Chocolat. — 5 fr. la livre; et il manque à la consommation.

Café et Sucre. — Le prix n'a subi qu'une augmentation d'un cinquième.

Volailles. — Ce comestible, très rare, est devenu un aliment de luxe, si l'on en juge par les prix suivants de leur vente :

Une dinde, non truffée, bien entendu, 125 fr.;

Une oie ordinaire, que l'on se procurait pour 5 et 6 fr., se vend aujourd'hui 85 fr.

Une poule, 35 fr.

Un pigeon, 10 fr., c'est-à-dire *dix fois* sa valeur vénale.

Gibier. — Un lièvre, que quelques restaurateurs renommés ont en réserve, 65 fr.

Un lapin, 45 fr.

Un canard de basse-cour, 30 fr.

Un canard sauvage, 38 fr.

Un corbeau, 2 fr. 50 c.

CENT SIXIÈME JOURNÉE

1er janvier 1871.

RAPPORT MILITAIRE

L'ennemi a tiré pendant une grande partie de la nuit; nous avons eu quelques blessés parmi les travailleurs et un lieutenant d'artillerie de la garde nationale tué.

Dans nos forts, pas de blessés, peu de dommages. Le bombardement de Bondy a redoublé d'intensité pendant la nuit; celui de Rosny a été régulier, sans accident ni incident.

A onze heures du soir, une assez forte reconnaissance prussienne s'est approchée de Bondy; nos soldats ont laissé venir l'ennemi à bonne portée et l'ont reçu par une vive fusillade, qui l'a fait rentrer dans ses lignes après avoir essuyé des pertes.

Ce matin, l'attaque est plus vive, les coups se succèdent presque sans interruption.

—

1ᵉʳ janvier 1871, soir.

Le feu de l'ennemi, qui s'est ralenti à partir de onze heures ce matin, a été presque nul sur les forts de Noisy et Rosny pendant l'après-midi.

On a continué à tirer lentement sur Nogent, qui n'a eu qu'un homme blessé légèrement.

Une note du *Journal officiel* est commentée comme l'indice d'une action militaire imminente ; la voici :

« Au moment où l'ennemi menace Paris d'un bombardement, le Gouvernement, résolu à lui opposer la plus énergique résistance, a réuni en conseil de guerre, sous la présidence du Gouverneur, les généraux commandant les trois armées, les amiraux commandant les forts, les généraux des armes de l'artillerie et du génie. Le conseil a été unanime dans l'adoption des mesures qui associent la garde nationale, la garde mobile et l'armée à la défense la plus active.

« Ces mesures exigeront le concours de la population tout entière. Le Gouvernement sait qu'il peut compter sur son courage et sur sa volonté inflexible de combattre jusqu'à la délivrance.

« Il rappelle à tous les citoyens que, dans les moments décisifs que nous allons traverser, l'ordre est plus nécessaire que jamais. Il a le devoir de le maintenir avec énergie, on peut compter qu'il n'y faillira pas. »

Le bruit court que le général Chanzy aurait remporté une victoire. Il est certain qu'une bataille a été livrée, et l'on pense que M. de Moltke aurait eu la prévenance de nous apprendre notre défaite, si nous avions été battus.

CENT SEPTIÈME JOURNÉE

2 janvier.

La nuit a été calme. Deux ou trois explosions se sont fait entendre sur le plateau de Châtillon. La tour des Anglais a sauté. L'ennemi semble y travailler activement.

Une forte patrouille a pénétré cette nuit dans Rueil et s'est retirée après avoir essuyé le feu du poste de l'avenue de la Gare.

Le bombardement des forts de Nogent, Rosny et Noisy, et des villages environnants, a continué ce matin, sans causer jusqu'à présent de dommages bien sérieux.

Le feu est cependant très vif sur Nogent, et des obus, dont beaucoup éclatent en l'air, sont dirigés sur le village.

CENT HUITIÈME JOURNÉE

Paris, 3 janvier.

Le bataillon Poulizac, des éclaireurs de la Seine, a fait une petite expédition en avant de Groslay.

Quelques Prussiens ont été tués, six ont été ramenés prisonniers : ils appartiennent à la garde.

Nous avons eu trois blessés, dont un officier.

La canonnade sur les forts a commencé ce matin, il n'y a aucun incident à signaler.

Le gouverneur de Paris,
P. O. Le général chef d'état-major général,
Schmitz.

—

Ainsi qu'il a été dit, le feu contre nos forts a repris ce matin avec vivacité. Il a été extrêmement violent jusqu'à quatre heures trois quarts sur le fort de Nogent. Il n'y a eu qu'un seul blessé sans gravité. Sur Bondy, le feu a continué à raison de trois coups par minute.

Au fort de Rosny, le feu a été assez actif. Il y a eu trois hommes légèrement atteints par des éclats.

Le nommé Weiter, soldat d'infanterie de marine, ayant été pris par un poste avancé, au moment où il passait à l'ennemi, a été jugé par la cour martiale et passé par les armes immédiatement. Les ordres les plus rigoureux ont été renouvelés aux avants-postes pour se saisir des individus qui chercheraient à les dépasser, et au besoin pour faire feu sur ceux qui ne s'arrêteraient pas au premier signal.

Le gouverneur de Paris,
P. O. Le général chef d'état-major général,
Schmitz.

CENT NEUVIÈME JOURNÉE

Paris, 4 janvier 1871, 11 h. matin.

Ce matin, vers quatre heures, un détachement ennemi s'est avancé en avant de la ferme des Mèches pour la surprendre ; il a été reçu par une vive fusillade, et les hommes se sont sauvés au pas de course, en enlevant plusieurs blessés.

Une demi-heure plus tard, une patrouille ennemie a été surprise par nos éclaireurs du 139e d'infanterie de ligne, et a laissé entre nos mains trois prisonniers.

L'ennemi a canonné Montreuil pendant une partie de la nuit. Il a également tiré sur Bondy très vivement, mais sans résultat appréciable.

Paris, 4 janvier 1871, soir.

Le bombardement des forts de l'est a continué aujourd'hui. Le fort de Nogent a reçu plus de 1,200 obus, qui n'ont pas produit plus d'effet que les jours précédents.

Le gouverneur de Paris,
P. O. Le général chef d'état-major général,
SCHMITZ.

CENT DIXIÈME JOURNÉE

5 janvier.

On attend avec une fébrile impatience la traduction des journaux saisis sur les prisonniers. Il est impossible qu'ils ne nous apprennent pas ce qui se passe en province, ce que tout Paris brûle de savoir.

RAPPORT MILITAIRE

5 janvier, matin.

Une forte reconnaissance a été opérée cette nuit sur le plateau d'Avron; elle a eu un plein succès. L'ennemi a eu un certain nombre de tués et de blessés; il a laissé des prisonniers entre nos mains.

Le feu a continué pendant la nuit sur le fort de Nogent, mais sans résultat.

L'ennemi a commencé ce matin à bombarder avec la plus grande violence les forts de Montrouge, Vanves et Issy. Ses batteries sont placées sur le plateau de Châtillon. Les forts répondent vigoureusement.

Le bombardement des forts du Sud semble annoncer que l'ennemi est impatient d'en finir, et qu'il voudrait épouvanter Paris en redoublant l'intensité de son feu.

Attendons-nous à une attaque générale. Qui nous dit que les obus ne vont pas bientôt passer par-dessus les forts, pour atteindre certains quartiers de la ville? Le bruit court qu'il en est déjà tombé ce matin auprès de l'Observatoire.

Paris, 5 janvier au soir.

Sur nos positions de Créteil, un officier bavarois, aide de camp, a été fait prisonnier et conduit à Vincennes.

Le général Fournès a dirigé, la nuit dernière, une reconnaissance très vigoureuse sur le plateau d'Avron. Après avoir chassé les postes prussiens qui s'y trouvaient, il s'est installé auprès du château, et a fait démolir à la pioche et au pétard un grand mur derrière lequel l'ennemi s'abritait dans la journée. Il a quitté le plateau au jour, ramenant trois prisonniers saxons.

Ce matin, l'ennemi a attaqué Bondy; ses tirailleurs ont été repoussés, laissant sur le terrain une quinzaine de cadavres.

De huit heures du matin à quatre heures et demie du soir, Bondy a été bombardé, ainsi que les forts de l'est, mais sans résultat, comme d'habitude; personne n'a été atteint.

Toute la journée, le fort d'Issy, le fort de Vanves et le fort de Montrouge ont été bombardés avec la plus extrême violence par des pièces de gros et de petit calibre. On a recueilli des obus qui n'avaient pas éclaté et qui mesuraient 22 centimètres de diamètre et 55 centimètres de hauteur.

Malgré tout cet appareil formidable mis en action avec acharnement, les dégâts matériels ne sont pas proportionnés à l'effort de l'ennemi, et le gouverneur, qui a passé une partie de la journée dans les forts d'Issy et de Vanves, a pu constater la belle humeur de leur garnison, dont le moral est très solide.

Les redoutes des Hautes-Bruyères et du Moulin-Saquet ont également eu à supporter un véritable bombardement.

Quelques obus sont parvenus jusque dans le quartier

Saint-Jacques, sans jeter aucun trouble dans la population.

Sur toute la ligne, nous avons riposté, soit des forts, soit des batteries intérieures construites sur le périmètre, dont le feu a été vif et efficace, soit même de l'enceinte.

Le feu, qui s'était affaibli à la chute du jour, a repris quelque vivacité à neuf heures du soir.

Nos pertes sur tout cet immense développement ne s'élèvent qu'à neuf tués, dont un capitaine, et une quarantaine de blessés, dont quatre officiers, parmi lesquels nous avons le regret de citer le capitaine d'artillerie Vilbert, du fort de Vanves.

Les commandants de tous nos forts se montrent, dans les rudes épreuves auxquelles ils sont soumis, à la hauteur de la mission qui leur est confiée, et le Gouvernement les félicite ici de leur rare énergie.

Le général chef d'état-major général,
SCHMITZ.

PROCLAMATION DU GOUVERNEMENT

Jeudi soir, 5 janvier.

Le bombardement de Paris est commencé.

L'ennemi ne se contente pas de tirer sur nos forts, il lance ses projectiles sur nos maisons, il menace nos foyers et nos familles.

Sa violence redoublera la résolution de la cité, qui veut combattre et vaincre.

Les défenseurs des forts, couverts de feux incessants, ne perdent rien de leur calme, et sauront infliger à l'assaillant de terribles représailles.

La population de Paris accepte vaillamment cette nouvelle épreuve. L'ennemi croit l'intimider, il ne fera que rendre son élan plus vigoureux. Elle se montrera digne de l'armée de la Loire, qui a fait reculer l'ennemi; de l'armée du Nord, qui marche à notre secours.

Vive la France! vive la République!

Général TROCHU, JULES FAVRE, EMMANUEL ARAGO, JULES FERRY, GARNIER-PAGÈS, EUGÈNE PELLETAN, ERNEST PICARD, JULES SIMON.

On a affiché ce soir sur les murs de Paris la proclamation suivante :

AUX CITOYENS DE PARIS

Au moment où l'ennemi redouble ses efforts d'intimidation, on cherche à égarer les citoyens de Paris par la tromperie et la calomnie. On exploite contre la défense nos souffrances et nos sacrifices.

Rien ne fera tomber les armes de nos mains. Courage, confiance, patriotisme! le gouverneur de Paris ne capitulera pas.

6 janvier 1871.

Le gouverneur de Paris,
Général TROCHU.

CENT ONZIÈME JOURNÉE

6 janvier.

« Le gouverneur de Paris ne capitulera pas. » Fière parole à laquelle répond l'ardent patriotisme de Paris. Mais, pour éviter une capitulation, il faut agir, il faut combattre et ne pas nous laisser tuer dans nos maisons par les obus. « Confiance, courage, patriotisme, » sont des mots, et au point où nous en sommes, les mots sont usés ; on veut des actes. Une effervescence extraordinaire règne dans certains quartiers ; les partisans de la Commune s'agitent ; ils ont dressé l'acte d'accusation des membres du Gouvernement dans une grande affiche rouge qui a été lacérée et à laquelle répond indirectement la proclamation du général Trochu. Voici l'affiche :

AU PEUPLE DE PARIS

Les délégués des vingt arrondissements de Paris

Le Gouvernement qui, le 4 septembre, s'est chargé de la défense nationale, a-t-il rempli sa mission ? — Non.

Nous sommes 500,000 combattants, et 200,000 Prussiens nous étreignent ! A qui la responsabilité, sinon à ceux qui nous gouvernent ? Ils n'ont pensé qu'à négocier, au lieu de fondre des canons et de fabriquer des armes.

Ils se sont refusés à la levée en masse.

Ils ont laissé en place les bonapartistes et mis en prison les républicains.

Ils ne se sont décidés à agir enfin contre les Prussiens qu'après deux mois, au lendemain du 31 octobre.

Par leur lenteur, leur indécision, leur inertie, ils nous ont conduits jusqu'au bord de l'abîme : ils n'ont su ni administrer ni combattre, alors qu'ils avaient sous la main toutes les ressources, les denrées et les hommes.

Ils n'ont pas su comprendre que, dans une ville assiégée, tout ce qui soutient la lutte pour sauver la patrie possède un droit égal à recevoir d'elle la subsistance ; ils n'ont su rien prévoir : là où pouvait exister l'abondance, ils ont fait la misère. On meurt de froid, déjà presque de faim ; les femmes souffrent, les enfants languissent et succombent.

La direction militaire est plus déplorable encore : sorties sans but, luttes meurtrières sans résultat, insuccès répétés qui pouvaient décourager les plus braves, Paris bombardé.

Le gouvernement a donné sa mesure. Il nous tue.

Le salut de Paris exige une décision rapide. Le Gouvernement ne répond que par la menace aux reproches de l'opinion. Il déclare qu'il maintiendra l'ORDRE, comme Bonaparte avant Sedan.

Si les hommes de l'Hôtel de Ville ont encore quelque patriotisme, leur devoir est de se retirer, de laisser le peuple de Paris prendre lui-même le soin de sa délivrance. La Municipalité ou la Commune, de quelque nom qu'on l'appelle, est l'unique salut du peuple, son seul recours contre la mort.

Toute adjonction ou immixtion au pouvoir actuel ne serait rien qu'un replâtrage perpétuant les mêmes errements, les mêmes désastres.

Or, la perpétuation de ce régime c'est la capitulation, et Metz et Rouen nous apprennent que la capitulation n'est pas seulement encore et toujours la famine, mais la ruine de tous, la ruine et la honte. C'est l'armée et la garde nationale transportées prisonnières en Allemagne, et défilant dans les villes sous les insultes de l'étranger ; le commerce détruit, l'industrie morte, les contributions de guerre écrasant Paris : voilà ce que nous prépare l'impéritie ou la trahison.

Le grand peuple de 89, qui détruit les Bastilles et renverse les trônes, attendra-t-il, dans un désespoir inerte, que le froid et la famine aient glacé dans son cœur, dont l'ennemi compte les battements, sa dernière goutte de sang ? — Non.

La population de Paris ne voudra jamais accepter ces misères et cette honte. Elle sait qu'il en est temps encore, que des mesures décisives permettront aux travailleurs de vivre, à tous de combattre.

Réquisionnement général. — Rationnement gratuit. — Attaque en masse.

La politique, la stratégie, l'administration du 4 septembre, continuées de l'Empire, sont jugées.

Place au peuple ! Place à la commune !

Le bombardement redouble d'intensité. Aucune frayeur dans les quartiers atteints ; on se retire dans les caves. Des projectiles tombent rue Lalande, au Petit Montrouge, aux Gobelins, boulevard Saint-Michel, rue Saint-Jacques, rue Gay-Lussac, rue des Ursulines, rue d'Ulm, à l'École normale, au jardin du Luxembourg, au boulevard d'Enfer, au cimetière Montparnasse, à la chaussée du Maine, etc. Le nombre de personnes tuées ou blessées est presque insignifiant. Aucun incendie.

CENT DOUZIÈME JOURNÉE

7 janvier.

On lit dans le *Journal officiel* :

« Depuis quelques jours certains clubs avaient multiplié les insultes et les menaces, comme pour prêter leur appui à l'ennemi. Hier, une affiche provoquait les citoyens à la guerre civile. Ces tentatives criminelles ont soulevé l'indignation et le mépris de la population. Elles ne peuvent cependant rester impunies. Les principaux auteurs de ces actes inqualifiables ont été arrêtés et seront traduits devant les conseils de guerre, conformément aux lois. »

RAPPORT MILITAIRE

Pendant une partie de la nuit et dans le cours de la journée, l'ennemi a lancé sans résultat des obus contre la redoute de Saint-Maur et contre les bâtiments qui avoisinent le pont de Champigny.

Sur les forts de Nogent et Rosny, faible canonnade qui a causé très peu de dommages et n'a atteint personne.

Le fort de Noisy, de son côté, a ouvert le feu sur toutes les batteries prussiennes par trois formidables bordées et entretenu un tir soutenu dont l'efficacité a été confirmée par le chef du poste télégraphique de Bondy, qui a vu, à deux reprises différentes, le transport des morts et blessés. Nos obus ont en effet éclaté en pleins retranchements.

L'ennemi a repris ce matin, à 8 heures, le feu sur la Courneuve, feu intermittent qui a blessé trois hommes et tué un fusilier marin.

Les forts d'Issy, Vanves et Montrouge ont continué à subir toute la journée un bombardement qui, à certains moments, a été d'une violence extrême. Peu de dégâts aux ouvrages. Quatre hommes tués et quelques blessés.

Le feu a été moins nourri qu'hier sur les redoutes des Hautes-Bruyères et du Moulin-Saquet. Cinq blessés, dont le capitaine du génie Cugnin. Quelques obus sont arrivés dans le fort de Bicêtre sans toucher personne.

Les batteries prussiennes, établies à Thiais, ont également tiré sans résultat sur nos batteries établies près de Vitry, et sur les bords de la rive gauche de la Seine.

Les batteries de Meudon ont continué à tirer sur les 6e et 7e secteurs. La population civile seule paraît avoir été éprouvée. Quelques personnes ont été blessées au Point-du-Jour et à Boulogne, et le commandant du secteur a dû prendre les précautions nécessaires pour éloigner de toute atteinte les personnes étrangères au service.

Tous les rapports des avant-postes du sud ont signalé qu'une concentration considérable de troupes s'était faite cette nuit sur le plateau de Châtillon.

Un millier de personnes massées sur la place du Château-d'Eau se sont formées en colonne et ont commencé une promenade à travers certains quartiers de Paris, en faveur de la Commune. La manifestation a échoué; toutes les pensées sont au bombardement et à l'espérance que le général Trochu va se décider à frapper un grand coup; le malaise moral de la population est arrivé à un degré d'acuité qui n'est que trop justifié par de longues souffrances et par l'espoir toujours déçu d'en sortir.

Les obus continuent à tomber sur les quartiers déjà signalés; mais on peut remarquer que les batteries de Châtillon ont étendu la portée de leur tir. Le Luxembourg, Saint-Sulpice, le boulevard Saint-Michel, le Val-de-Grâce et les abords du Panthéon reçoivent les projectiles en abondance. Le bombardement commence ordinairement à dix heures du soir pour se terminer au matin.

CENT TREIZIÈME JOURNÉE.

8 janvier.

Hier, à partir de sept heures du soir, les projectiles ont recommencé à tomber dans l'intérieur de Paris. Les batteries de Châtillon dirigeaient leur feu sur le Panthéon, et celles de Meudon sur le quartier de Grenelle. Aux abords des Invalides et de l'École militaire, il est tombé une centaine d'obus, et un grand nombre d'autres près de l'Observatoire, dans le jardin du Luxembourg, rue de Fleurus, rue de Madame, boulevard Saint-Michel, rue du Bac ; puis, d'un autre côté, à Grenelle et à Auteuil. De sept à neuf heures et demie du soir, on a compté cent vingt coups de canon par heure. Beaucoup de propriétés ont été endommagées, et il y a eu dans la nuit quinze victimes, dont deux morts.

Un pigeon apporte les dépêches suivantes :

Lyon, 23 décembre.

Gambetta à Trochu.

J'ai reçu le 22 décembre au matin, par M. d'Alméida, votre dépêche écrite le 16 décembre. L'appréciation que vous avez faite de l'armée de la Loire et des éléments qui la composent est parfaitement juste, et trouve dans les faits qui s'accomplissent tous les jours une nouvelle confirmation.

Les Prussiens, sans avoir éprouvé rien qui ressemble à une défaite, paraissent cependant démoralisés. Ils commencent à éprouver une grande lassitude, et on leur tue beaucoup de monde de tous les côtés. Sur divers points du cercle qu'ils occupent, ils rencontrent de vigoureuses résistances. Belfort est approvisionné pour huit mois. Toute la ligne, de Montbéliard à Dôle, est bien gardée par les forces de Besançon; de Dôle à Autun, par les forces de Garibaldi et du général Bressolles. Il en est de même du Morvan et du Nivernais jusqu'à Bourges.

D'un autre côté, l'armée de Bourbaki est dans une excellente situation. Elle effectue en ce moment une manœuvre dont on attend les meilleurs résultats.

Chanzy, grâce à son admirable ténacité, a fait lâcher prise aux Prussiens et, depuis le 16, il s'occupe à refaire ses troupes, fatiguées par tant et de si honorables combats. Aussitôt remises, ce qui ne demande que quelques jours, rééquipées et munitionnées, vous pouvez être assuré que Chanzy reprendra l'offensive.

Le Havre est tout à fait dégagé; les Prussiens ont même abandonné Rouen après l'avoir pillé et dirigé leur butin sur Amiens, direction que paraissent avoir prise les forces de Manteuffel pour barrer le passage aux troupes de Faidherbe. Nous augmentons tous les jours notre effectif.

A mesure que les forces s'accroissent, les gardes nationaux mobilisés qui ont déjà vu le feu s'en tirent à merveille, et en peu de temps ce seront d'excellents soldats. Le pays est comme nous résolu à la lutte à outrance. Il sent tous les jours davantage que les Prussiens s'épuisent par leur occupation même, et qu'en résistant jusqu'au bout la France sortira plus grande et plus glorieuse de cette guerre maudite.

Salut fraternel.

LÉON GAMBETTA.

Bordeaux, 4 janvier.

Nous recevons à l'instant la dépêche que voici :

Le général Faidherbe au ministre de la guerre.

Aujourd'hui 3 janvier, bataille sous Bapaume, de huit heures du matin à six heures du soir. Nous avons chassé les Prussiens de toutes les positions et de tous les villages. Ils ont fait des pertes énormes, et nous des pertes sérieuses.

Avesne-Bapaume, 3 janvier.

J. Faidherbe.

CENT QUATORZIÈME JOURNÉE

9 janvier.

Dans la nuit du 8 au 9 et la matinée du 9 janvier, les projectiles sont tombés en très grand nombre sur la rive gauche. Les guetteurs de nuit ont compté, point à point, neuf cents coups de canon partis des batteries ennemies, de neuf heures du soir à cinq heures du matin, dont les projectiles ont atteint principalement les 5e arrondissement (Panthéon), 6e (Odéon), 7e (Invalides), 14e (Observatoire), 15e (Vaugirard). Des dégâts ont été constatés dans soixante immeubles particuliers. Parmi les édifices publics atteints, on cite le Val-de-Grâce, la Sorbonne, la bibliothèque Sainte-Geneviève, les églises Saint-Étienne-du-Mont, Sainte-Geneviève, Saint-Sulpice et de Vaugirard, la prison de la Santé, la caserne du Vieux-Colombier, le dépôt de la Compagnie des Omnibus ; enfin des projectiles sont arrivés dans le jardin du Luxembourg et jusqu'à la rue Clément, à 550 mètres du pont Neuf.

Il y a eu dans la nuit cinquante-neuf victimes : vingt-deux morts et trente-sept blessés.

On lit dans le *Journal officiel :*

« Après un investissement de plus de trois mois, l'ennemi a commencé le bombardement de nos forts le 30 décembre, et, six jours après, celui de la ville. Une pluie de projectiles, dont quelques-uns pesant quatre-vingt-quatorze kilogrammes, apparaissant pour la première fois dans l'histoire des siéges, a été lancée sur la partie de Paris qui s'étend depuis les Invalides jusqu'au Muséum. Le feu a continué jour et nuit, sans interruption, avec une telle violence que, dans la nuit du 8 au 9 janvier, la partie de la ville située entre Saint-Sulpice et l'Odéon recevait un obus par chaque intervalle de deux minutes.

« Tout a été atteint : nos hôpitaux regorgeant de blessés, nos ambulances, nos écoles, les musées et les bibliothèques, les prisons, l'église de Saint-Sulpice, celles de la Sorbonne et du Val-de-Grâce, un certain nombre de maisons particulières. Des femmes ont été tuées dans la rue, d'autres dans leur lit ; des enfants ont été saisis par des boulets dans les bras de leurs mères. Une école de la rue de Vaugirard a eu quatre enfants tués et cinq blessés par un seul projectile.

« Le musée du Luxembourg, qui contient les chefs-d'œuvre de l'art moderne, et le jardin, où se trouvait une ambulance qu'il a fallu évacuer à la hâte, ont reçu vingt obus dans l'espace de quelques heures. Les fameuses serres du Muséum, qui n'avaient point de rivales dans le monde, sont détruites. Au Val-de-Grâce, pendant la nuit, deux blessés, dont un garde national, ont été tués dans leur lit. Cet hôpital, reconnaissable à la distance de plusieurs lieues par son dôme que tout le monde connaît, porte les traces du bombardement dans ses cours, dans ses salles de malades, dans son église, dont la corniche a été enlevée.

« Aucun avertissement n'a précédé cette furieuse attaque. Paris s'est trouvé tout à coup transformé en champ de bataille, et nous déclarons avec orgueil que les femmes s'y sont montrées aussi intrépides que les citoyens. Tout le monde a été envahi par la colère, mais personne n'a senti la peur.

« Tels sont les actes de l'armée prussienne et de son roi, présent au milieu d'elle. Le Gouvernement les constate pour la France, pour l'Europe et pour l'histoire. »

Le ministre des affaires étrangères a envoyé aux agents diplomatiques de la France une protestation du Gouvernement contre le bombardement.

Les obus prussiens sont dirigés avec une préférence bien marquée sur les établissements hospitaliers. Le pieux roi Guillaume espère frapper plus vivement les esprits d'épouvante en massacrant les enfants, les malades et les blessés. Le bombardement des hôpitaux a provoqué la protestation suivante :

« Au nom de l'humanité, de la science, du droit des gens et de la convention internationale de Genève, méconnus par les armées allemandes, les médecins soussignés de l'hôpital des Enfants-Malades (Enfant-Jésus) protestent contre le bombardement dont cet hôpital, atteint par cinq obus, a été l'objet pendant la nuit dernière.

« Ils ne peuvent manifester assez hautement leur indignation contre cet attentat prémédité à la vie de six cents enfants que la maladie a rassemblés dans cet asile de la douleur.

Docteurs ARCHAMBAULT, JULES SIMON, LABRIC, HENRI ROGER, BOUCHUT, GIRALDÈS. »

RAPPORT MILITAIRE

9 janvier, soir.

Du côté de la Malmaison, il y a eu dans l'après-midi d'hier plusieurs engagements. Ce matin, en plein jour, l'ennemi a renouvelé une attaque qu'il avait déjà faite de nuit contre la maison Crochard et sur le poste des carrières, à gauche de Rueil. C'est la quatrième tentative qu'il fait sur cette position. Les francs-tireurs de la mobile de la Loire-Inférieure et les tirailleurs de l'Aisne ont laissé approcher l'ennemi et l'ont repoussé après lui avoir fait éprouver des pertes.

Les abords du Panthéon et le 9ᵉ secteur ont reçu beaucoup d'obus ; plus de trente de ces projectiles du plus gros calibre ont porté sur l'hospice de la Pitié : une femme y a été tuée, et les malades d'une salle ont dû être évacués dans les caves ; le Val-de-Grâce a été bombardé également. L'ennemi semble prendre pour objectif les établissements hospitaliers de Paris. Par ces procédés odieux, il montre une fois de plus son mépris des lois de la guerre et de l'humanité.

Le contre-amiral de Montagnac fait connaître que pendant la nuit les Prussiens ont tiré à toute volée sur la ville ; les obus, passant par-dessus les remparts, sont allés tomber dans les quartiers éloignés de l'enceinte.

Le bombardement a continué sur les forts du Sud pendant la journée avec moins de violence que les jours précédents.

CENT QUINZIÈME JOURNÉE

10 janvier.

On lit dans le *Journal officiel* :

« Pendant la nuit du 8 au 9 janvier, l'hôpital de la Pitié a été criblé d'obus. Le bâtiment de l'administration et les divers bâtiments qui contiennent des malades ont été gravement atteints.

« Dans une salle de médecine affectée au traitement des femmes, les projectiles prussiens ont fait une morte et deux blessées : les dames Morin, tuée sur place ; Mirault, qui a eu le bras droit emporté ; Archambault, atteinte au bras et à la cuisse (fracture) et grièvement blessée au bas-ventre.

« L'hôpital de la Pitié se trouvant placé à l'extrême limite du tir de l'ennemi, on n'avait pas supposé, dès le premier jour, qu'il eût d'intention particulièrement hostile à l'établissement ; mais, la nuit dernière, les obus envoyés exactement dans la même direction, sont venus tomber et éclater sur les mêmes points ; et, s'ils n'ont pas occasionné de nouveaux malheurs, c'est que les précautions avaient été prises pour mettre les malades en sûreté.

« Cet acharnement semblerait démontrer qu'il ne s'agit plus d'un bombardement ordinaire, mais d'une cruauté sauvage qui s'attaque de préférence aux établissements hospitaliers, dans la pensée d'atteindre plus profondément la population et de lui occasionner les plus dures et les plus poignantes émotions.

« Il devient utile de publier de tels faits qui ajoutent une page odieuse à l'histoire de nos ennemis, et de protester, au nom du droit, de la civilisation, de l'humanité, contre cet attentat prémédité, qui n'a eu de précédent dans aucune guerre. »

Le bombardement a redoublé d'intensité pendant la nuit du 9 au 10. On a compté plus de trois cents obus qui sont venus tomber dans les quartiers Saint-Victor, Jardin-des-Plantes, du Val-de-Grâce, Notre-Dame-des-Champs, de l'Ecole-Militaire, de la Maison-Blanche, de Montparnasse et de Plaisance. En deux heures, il en est tombé cinquante aux abords du Panthéon, et ils ont causé sur plusieurs points des dommages importants. Un incendie qui a éclaté dans un chantier de bois du quartier de la Gare, a pu être circonscrit promptement. Diverses maisons de refuge et des ambulances ont été atteintes, notamment l'hôpital de la Pitié, la maison de Sainte-Pélagie, la maison des Frères de la doctrine chrétienne. Le nombre des victimes s'est élevé cette nuit à quarante-huit : douze morts et trente-six blessés.

RAPPORT MILITAIRE

10 janvier.

La nuit dernière, deux opérations ont été faites contre les avant-postes prussiens.

La première, au nord, avait pour but de reconnaitre les forces de l'ennemi, sur les positions occupées par lui le long du chemin de fer de Strasbourg, et de détruire les maisons qui abritent ses troupes.

Le colonel Comte, avec les francs-tireurs Poulizac, trente cavaliers de la République, les francs-tireurs de la division Faron, et la compagnie de volontaires du capitaine de Luxer, quittant nos lignes à onze heures du soir, tournaient silencieusement la position par la droite et par la gauche.

Assailli par une vive fusillade à 150 mètres, le colonel Comte fit charger à la baïonnette l'ennemi qui lâcha pied devant cette vigoureuse attaque.

Les maisons furent immédiatement minées, et quelques Prussiens qui refusèrent de se rendre et continuaient à tirer sur nous du toit de l'une des maisons, sautèrent avec elles.

La colonne rentra dans nos lignes, l'opération terminée, ramenant deux prisonniers, un grand nombre de casques, de fusils, de couvertures et d'objets de campement. Nous n'avons eu que sept blessés, dont un seul grièvement.

La seconde opération, au sud, avait pour but la destruction des ouvrages entrepris par l'ennemi au Moulin-de-Pierre, en avant du fort d'Issy.

Le colonel Porion, avec un détachement de marins, cent cinquante gardes nationaux mobilisés, des détachements de gardiens de la paix, de mobiles du 5e bataillon de la Somme, du 5e bataillon de la Seine, et une compagnie du génie, quittant nos lignes à trois heures du matin, abordait la position sans tirer un coup de fusil, et surprenait les postes prussiens chargés de défendre les travailleurs.

Le capitaine Saint-Vincent et ses sapeurs s'occupèrent immédiatement de détruire les travaux existants, pendant que les marins, poussant en avant, découvraient une batterie en construction, mais peu avancée.

Les postes ennemis de Clamart ouvrirent un feu nourri sur nos marins que les troupes de soutien vinrent appuyer. Les travaux de destruction n'en ont pas moins continué; et la colonne du colonel Porion, l'opération terminée, rentrait dans nos lignes, avant le jour, ramenant vingt et un prisonniers.

Nous n'avons eu qu'un homme tué et trois blessés, dont un officier, le capitaine Picault, des gardiens de la paix.

La nuit dernière, une compagnie du 4e bataillon de la garde nationale mobilisée a fait une reconnaissance très bien conduite par le capitaine de Vresse, en avant de nos lignes de Vitry. Un garde a été blessé.

Dans la presqu'île de Gennevilliers, les Prussiens ont renouvelé des tentatives de conversations avec nos troupes; ils ont été reçus, comme ils auraient dû l'être toujours, par des coups de fusil.

Le bombardement des forts de Vanves et de Montrouge a continué aujourd'hui avec moins de vivacité que d'habitude; mais l'ennemi a concentré ses efforts sur le fort d'Issy, qui a été canonné violemment.

Les 6e, 7e, 8e et 9e secteurs ont reçu également un assez grand nombre d'obus.

Partout nos batteries ripostent avec une égale vigueur.

CENT SEIZIÈME JOURNÉE

11 janvier.

Pendant la nuit du 10 au 11, le bombardement de la rive gauche a été très intense. Les obus ont principalement atteint les quartiers des Invalides, du Panthéon, de Saint-Sulpice, de la Sorbonne, du Jardin-des-Plantes. Ceux de Vaugirard et de Grenelle en ont été littéralement criblés, ainsi que le constate le rapport des guetteurs de nuit (postes des Invalides) qui ont compté, de neuf heures du soir à trois heures du matin, trois cent trente-sept coups tirés par les batteries prussiennes, quatre-vingt-neuf obus ayant éclaté sur Vaugirard, trente-huit sur Grenelle et le faubourg Saint-Germain, jusqu'au haut du quartier Mouffetard. Les objectifs semblaient être le palais du Luxembourg, le Panthéon et le Val-de-Grâce, en raison du grand nombre de projectiles tombés dans le jardin (vingt-trois obus) et dans les rues avoisinantes de Fleurus, de Madame, d'Enfer, de l'École-de-Médecine, du Val-de-Grâce, des Feuillantines.

Les édifices atteints sont l'École polytechnique, l'École pratique de médecine, le couvent du Sacré-Cœur, l'hospice de la Salpêtrière, le bâtiment principal de l'Assistance publique, l'usine Cail, la maison du docteur Blanche. Enfin huit incendies se sont déclarés, et cinquante propriétés particulières ont été plus ou moins sérieusement dégradées.

Le Gouvernement de la défense nationale,
Considérant que les devoirs de la République sont les

mêmes à l'égard des victimes du bombardement de Paris qu'à l'égard de ceux qui succombent les armes à la main pour la défense de la patrie,

DÉCRÈTE :

Tout Français atteint par les bombes prussiennes est assimilé au soldat frappé par l'ennemi.

Les veuves de ceux qui auront péri par l'effet du bombardement de Paris, les orphelins de pères ou de mères qui auront péri de même, sont assimilés aux veuves et aux orphelins des soldats tués à l'ennemi.

RAPPORT MILITAIRE

11 janvier, soir.

Pendant la nuit, l'ennemi a continué à bombarder Paris. Comme les jours précédents, nous n'avons eu que peu de blessés. Quant aux dégâts matériels, ils sont presque insignifiants. Aucun incendie ne s'est déclaré.

Dans la journée, le feu a repris avec une violence extrême contre le fort d'Issy, qui paraît être le principal objectif des batteries prussiennes. Des dispositions considérables d'artillerie sont en voie d'exécution pour combattre efficacement les nouvelles batteries démasquées par l'ennemi.

Du côté des Hautes-Bruyères, du Moulin-Saquet et de Créteil, canonnade peu importante et sans résultat.

Serons-nous représentés à la conférence de Londres où la Russie va dénoncer le traité de 1856 ? Le Gouvernement est encore hésitant ; on assure que M. Gambetta prie vivement M. Jules Favre de s'y rendre.

CENT DIX-SEPTIÈME JOURNÉE

12 janvier.

Le bombardement a continué pendant la nuit du 11 au 12; deux cent cinquante coups de canon ont été tirés par les batteries prussiennes, et cent vingt-cinq obus ont éclaté sur divers points de la rive gauche, notamment dans les quartiers du Val-de-Grâce, Notre-Dame-des-Champs, Ecole-Militaire, Montparnasse, Plaisance; rues Mouffetard, Monge, Port-Royal, Notre-Dame-des-Champs, boulevard des Invalides, rue Nationale, avenue d'Italie, chaussée du Maine.

Les édifices atteints sont l'Ecole normale, l'église Saint-Nicolas, l'institution des Jeunes-Aveugles (cinq victimes), les hospices de l'Enfant-Jésus et de la Maternité (cinq élèves sages-femmes blessées), la boulangerie des hospices; trois incendies, éteints grâce à la promptitude des secours, se sont déclarés, et on a compté quarante-cinq immeubles dégradés.

Le Val-de-Grâce a reçu, pour sa part, treize obus la nuit dernière. L'hôpital de la Pitié en a reçu quatre; il en est tombé un dans la salle des malades, à l'ambulance de l'Ecole normale.

Les veilleurs de nuit, institués depuis le commencement du siége, rendent, en ce moment, de précieux services dans les quartiers bombardés. Les uns occupent des postes élevés, où ils sont en vigie; les autres font des rondes de nuit dans les quartiers soumis au bombardement. De la sorte, ils peuvent signaler, dès le début, les incendies allumés par les projectiles ennemis, et préviennent immédiatement les pompiers du poste le plus voisin du lieu du sinistre.

CENT DIX-HUITIÈME JOURNÉE

13 janvier.

Dans la nuit du 12 au 13, malgré un épais brouillard, qui n'a pas permis de constater tous les effets du bombardement, on a compté deux cent cinquante obus, qui ont éclaté sur Paris, et dont les quartiers du Jardin-des-Plantes, Notre-Dame-des-Champs et Croullebarbe ont principalement subi les effets.

Beaucoup d'obus sont tombés dans le Jardin-des-Plantes, ainsi que sur la Boulangerie centrale rue Scipion; divers établissements publics ont été atteints: l'institution des Jeunes-Aveugles, l'hôpital de Lourcine, l'ambulance de Sainte-Périne, celle des Dames-Augustines, la Compagnie des Petites Voitures; cinquante-huit maisons particulières ont été fortement endommagées, notamment rue de Lourcine et boulevard Arago. Enfin, on compte treize victimes : deux tués et onze blessés.

Depuis que le bombardement est commencé, les obus ont été dirigés, avec un soin tout particulier, sur les établissements hospitaliers et les ambulances. Massacrer des blessés dans leurs lits, tuer des malades, des vieillards et des enfants, quoi de plus propre à démoraliser une ville par l'épouvante ? Le roi de Prusse fait lâchement assassiner des gens à l'agonie, au milieu de la nuit; c'est une infamie de plus qui s'attache à sa mémoire; c'est une honte pour cette armée de brigands qui déshonorent leurs victoires; mais Paris, en proie à une sourde rage, est inaccessible à la peur.

Voici encore de ces protestations qui suivront la Prusse à travers l'histoire et qui la marquent du fer rouge devant la postérité.

« Paris, le 13 janvier 1871.

« Nous soussignés, médecins et chirurgiens de l'hôpital Necker, ne pouvons contenir les sentiments d'indignation que nous inspirent les procédés infâmes d'un bombardement qui s'attaque avec une préméditation de plus en plus évidente à tous les grands établissements hospitaliers de la capitale. Cette nuit, des obus sont venus éclater sur la chapelle de l'hôpital Necker, remplie momentanément de malades; c'est le point central et le plus élevé de ce grand hôpital, qui sert ainsi de point de mire aux projectiles de l'ennemi. Ce n'est plus là de la guerre : ce sont les destructions d'une barbarie raffinée qui ne respecte rien de ce que les nations ont appris à vénérer. Nous protestons au nom et pour l'honneur de la civilisation moderne et chrétienne.

» Désormeaux, Guyon, Potain, Delpech, Laboulbène, Chauffard.

Paris, le 13 janvier 1871.

« L'institution nationale des Jeunes Aveugles, sise boulevard des Invalides, est un vaste bâtiment isolé, parfaitement visible à l'œil nu des hauteurs de Châtillon et de Meudon. Ce bâtiment, hospitalisant deux cents blessés et malades militaires, et surmonté du drapeau de la convention de Genève, a été hier, 12 janvier, vers trois heures de l'après-midi, par un temps clair, visé et atteint par les canons prussiens. Plusieurs projectiles ont d'abord sifflé sur l'édifice et dans le voisinage; puis, le tir ayant été rectifié, deux obus ont, coup sur coup, effondré l'aile gauche du bâtiment en blessant trois malades et deux infirmiers. Des malheureux atteints de fluxion de poitrine et de fièvre typhoïde ont dû être transportés dans les caves.

« Le personnel médical de l'institution proteste, au nom de l'humanité, contre ces actes de barbarie, accomplis systématiquement par un ennemi qui ose invoquer Dieu dans tous ses manifestes.

« Drs Romand, inspecteur général des établissements de bienfaisance, directeur de l'institution; Lombard, médecin en chef de l'institution; Desormeaux, chirurgien en chef; Mène, médecin traitant; Hardy, médecin traitant; Claisse, médecin traitant et médecin adjoint de l'institution; Bachelet, aide-major. »

Un avis de la mairie de Paris interdit aux boulangers de vendre du pain aux personnes qui n'appartiennent pas à leur clientèle ordinaire, ou qui ne sont pas munies d'une carte d'alimentation attestant qu'elles habitent le quartier.

ORDRE DU JOUR

Les boulangers ne cuisant chaque jour que des quantités de pain proportionnelles au nombre des habitants de leur circonscription, les gardes nationaux qui prennent le service aux remparts et dans des postes éloignés, doivent faire leur provision de pain dans leurs quartiers respectifs. L'oubli de cette précaution les exposerait à ne pas trouver ailleurs les ressources nécessaires, ou à en priver ceux de leurs concitoyens auxquels elles sont destinées.

Le général commandant supérieur,
Clément Thomas.

CENT DIX-HUITIÈME JOURNÉE

14 janvier.

Dès huit heures du soir, le bombardement a recommencé avec une extrême vigueur, et a d'abord frappé les quartiers de la Gare et du Panthéon. Il s'est un peu ralenti lors de l'action engagée du côté d'Issy, puis il a continué toute la nuit et pendant la journée du 14. Plus de cinq cents obus sont tombés sur les quartiers du Val-de-Grâce, de la Sorbonne, du Jardin-des-Plantes, Necker, de l'Ecole-Militaire, Croullebarbe et Javel. D'autres en ont également reçu, entre autres celui de Saint-Thomas-d'Aquin, qui n'avait pas été éprouvé jusqu'à présent. De deux à cinq heures du matin, les batteries ennemies tiraient cent obus à l'heure.

Les édifices et établissements publics atteints sont : la Boulangerie centrale, rue Scipion, qui semble servir de point de mire ; la prison de Sainte-Pélagie, l'hôpital de la Pitié, l'école des Sœurs, rue de Blainville, le jardin du Luxembourg, les ambulances des Sœurs Bénédictines de la rue de Varennes, de la rue Blomet, des Dames Augustines, la maison des religieuses de Saint-Vincent-de-Paul et le dôme des Invalides, frappé d'un éclat de projectile.

On a constaté des dégâts à cent trois immeubles particuliers. Quelques incendies causés par des obus ont été éteints, grâce à la promptitude des secours.

RAPPORT MILITAIRE

Le bombardement de la ville s'est étendu dans les quartiers de la rue Monge, Saint-Sulpice et de la rue de Varennes, pendant la journée du 14.

Il a été beaucoup moins vif contre les forts du Sud et les avancées.

Les mesures de surveillance les plus rigoureuses ont été ordonnées pour repousser toute attaque de l'ennemi pendant la nuit.

C'est vraiment admirable, le bombardement s'étend, les vivres s'épuisent, la nécessité nous étreint, et le général Trochu constate avec une placidité toute olympienne les ravages des obus. Ses précautions sont prises, dit-il, pour repousser toute attaque nocturne de l'ennemi; mais notre armée, mais notre artillerie, mais toute cette garde nationale qui ne demande qu'à se ruer sur l'ennemi, que veut-on en faire? Pourquoi a-t-on formé une armée dans Paris? Pourquoi, dans ces proclamations que tout le monde sait par cœur, a-t-on parlé de briser les lignes ennemies et de tendre la main à nos frères de province? Où allons-nous donc? A quel dénoûment nous mène cette inertie irritante?

CENT DIX-NEUVIÈME JOURNÉE

15 janvier.

Pendant la nuit du 14 au 15, la canonnade ennemie a été dirigée avec la plus grande vigueur tant sur nos forts que sur la ville de Paris, qui a reçu, de huit heures du soir à sept heures du matin, plus de cinq cents obus, dirigés sur les quartiers de l'Observatoire, du Jardin des Plantes, de l'École militaire, du Val-de-Grâce, de l'Odéon, de Saint-Victor, de la Gare, de Grenelle et du Point-du-Jour. Un grand nombre de projectiles sont tombés sur les rues Daguerre, Lecourbe, Mouffetard, Monge, Poliveau. Soixante-quinze immeubles ont été endommagés.

Les édifices et établissements atteints sont : le Muséum du Jardin des Plantes, le Luxembourg, la prison de Sainte-Pélagie, l'hôpital de la Pitié, les casernes

Mouffetard et de Lourcine, l'hôpital du Val-de-Grâce, les dômes du Panthéon et de la Sorbonne, le presbytère de l'ég'ise Saint-Étienne-du-Mont, le collége Henri IV, l'église Saint-Sulpice, l'hôtel des Invalides, la manufacture des Gobelins, les ambulances de Sainte-Périne et de la rue de la Gaîté, le marché Saint-Germain, l'abattoir de Grenelle. Quatre incendies se sont déclarés : rues de Poliveau, de Lourmel, de Notre-Dame-des-Champs et boulevard de l'Hôpital ; ils ont été promptement éteints. Le bombardement a continué avec une véritable fureur pendant la journée du 15.

Hier, on signalait trente-trois victimes en tués ou blessés; il y en a aujourd'hui trente et une, dont quatre enfants tués, deux blessés ; une femme tuée, six blessées ; neuf hommes tués, neuf blessés.

Un des journaux allemands saisis sur des prisonniers contient la pièce suivante :

Le général Faidherbe au préfet Testelin.

J'espérais que les Prussiens ne nous refuseraient pas notre victoire de Bapaume ; mais, par leurs rapports, je vois que nous avons été anéantis pour la seconde fois par le corps d'armée de Manteuffel, que commande le prince Albert.

Je maintiens les termes de mon rapport et me contente de relever les principales inexactitudes renfermées dans les dépêches prussiennes. Celles-ci affirment que l'armée du Nord, après avoir été défaite, aurait, la nuit même, battu en retraite.

Moi, j'affirme que l'armée a passé la nuit dans les villages de Grevilliers, Biefvillers, Favreuil, Sapignies, Behagnies et Achiet, qu'elle avait pris aux Prussiens ; elle a occupé le lendemain matin les cantonnements où nous nous trouvons, sans que l'ennemi ait donné signe de vie.

Pour ce qui concerne la charge de cavalerie, voilà la vérité :

Le 4 janvier, à neuf heures du matin, deux escadrons de cuirassiers blancs chargèrent l'arrière-garde des chasseurs à pied ; les chasseurs formèrent le cercle, firent feu à cinquante pas et détruisirent presque entièrement l'un des escadrons, dont hommes et chevaux restèrent sur le carreau, tandis que l'autre escadron s'enfuyait à bride abattue.

Les chasseurs n'eurent que trois hommes blessés.

L'armée est pleine de confiance et ne doute pas de sa supériorité sur les Prussiens.

FAIDHERBE.

Les représentants du corps diplomatique présents à Paris ont adressé à M. de Bismark la protestation que voici :

A Son Excellence M. le comte de Bismark-Schonhausen, chancelier de la Confédération de l'Allemagne du Nord, à Versailles.

Monsieur le comte,

Depuis plusieurs jours, des obus en grand nombre, partant des localités occupées par les troupes belligérantes, ont pénétré jusque dans l'intérieur de Paris. Des femmes, des enfants, des malades, ont été frappés. Parmi les victimes, plusieurs appartiennent aux États neutres. La vie et la propriété des personnes de toute nationalité établies à Paris se trouvent continuellement mises en péril.

Ces faits sont survenus sans que les soussignés, dont la plupart n'ont en ce moment d'autre mission à Paris que de veiller à la sécurité et aux intérêts de leurs nationaux, aient été, par une dénonciation préalable, mis en mesure de prémunir ceux-ci contre les dangers dont ils sont menacés, et auxquels des motifs de force majeure, notamment les difficultés opposées à leur départ par les belligérants, les ont empêchés de se soustraire.

En présence d'événements d'un caractère aussi grave, les membres du corps diplomatique présents à Paris, auxquels se sont joints, en l'absence de leurs ambassades et légations respectives, les membres soussignés du corps consulaire, ont jugé nécessaire, dans le sentiment de leur responsabilité envers leurs gouvernements, et pénétrés des devoirs qui leur incombent envers leurs nationaux, de se concerter sur les résolutions à prendre.

Ces délibérations ont amené les soussignés à la résolution unanime de demander que, conformément aux principes et aux usages reconnus du droit des gens, des mesures soient prises pour permettre à leurs nationaux de se mettre à l'abri, eux et leurs propriétés.

En exprimant avec confiance l'espoir que Votre Excellence voudra bien intervenir auprès des autorités militaires dans le sens de leur demande, les soussignés saisissent cette occasion pour vous prier d'agréer, monsieur le comte, les assurances de leur très haute considération.

Paris, le 13 janvier 1871.

RAPPORT MILITAIRE

15 janvier, matin.

Depuis ce matin, la canonnade est extrêmement violente sur toutes les positions du sud. Elle n'avait pas encore atteint ce degré d'intensité depuis le commencement du bombardement.

Les forts, l'enceinte et toutes les batteries extérieures répondent avec une égale vigueur et tiennent en échec certaines batteries de l'ennemi.

Cette nuit, le général Ducrot a fait une sortie et a rasé les maisons et les murs qui restaient encore au parc de Beauséjour. Quelques prisonniers sont restés entre nos mains.

CENT VINGTIÈME JOURNÉE

16 janvier.

Une canonnade très vive a été dirigée pendant la nuit du 15 au 16, sur nos forts, ainsi que sur les 5e, 6e, 13e, 15e et 16e arrondissements, notamment sur le Point-du-Jour, la route de Versailles, le boulevard de Grenelle, les rues du Commerce et Letellier. De sept heures du soir à neuf heures du matin, on a constaté la projection de trois cents obus, dont deux sont tombés sur les quartiers de l'île Saint-Louis et de la Monnaie, qui n'avaient pas encore été atteints.

Les édifices et principaux établissements qui ont reçu des projectiles, sont : l'Hôtel des Invalides, le collége Rollin, le couvent des Religieuses, la rue de Vaugirard, le pont Notre-Dame, dont une des arches a été touchée; l'Entrepôt général des vins, la Boulangerie centrale, le Jardin des Plantes, la caserne de la rue Mouffetard, le Dépôt des omnibus, rue d'Ulm, la

Compagnie des petites voitures, la gare de l'Ouest et l'usine Cail. Cinq obus sont tombés dans ce dernier établissement, sans causer ni accident, ni dégâts importants.

Vingt et une victimes sont signalées : un enfant tué, deux blessés ; une femme tuée, sept blessées ; quatre hommes tués, six blessés.

Beaucoup de bruits favorables aux opérations militaires du général Bourbaki dans l'Est, mais rien de positif et d'officiel. Par contre, le roi de Prusse mande à Berlin que l'avant-garde du général Chanzy a été repoussée près de Vendôme.

La nuit dernière, l'ennemi a fait une tentative sur le fort d'Issy ; accueilli par des mitrailleuses, il a dû se retirer ; mais comme pour se venger de cet échec, les batteries de siège ont ouvert, à six heures du matin, un feu si terrible, si nourri, si pressé, qu'il ne soutient aucune comparaison avec la canonnade des jours précédents. Aux pièces postées sur les hauteurs de Châtillon, de nouvelles batteries, au nombre de deux, avaient été démasquées sur la terrasse du château de Meudon, ces batteries devaient se composer en majeure partie de pièces de 27, entremêlées de krupps.

Les coups d'embrasure arrivaient furieux ; les projectiles s'abattaient avec rage sur ce qui restait encore des casernements et des bâtiments accessoires, pratiquant partout de larges trouées, mais s'ébréchant sur les voûtes des casemates.

Peu à peu, la canonnade gagnait en intensité et en extension.

Vanves était assailli de projectiles, et les remparts du Point-du-Jour, de la porte de Vaugirard littéralement criblés. Jamais le feu de l'ennemi n'avait eu ce caractère furieux; on eût dit qu'il jouait son va-tout sur cette terrible canonnade; il faut ajouter que cette fois ils avaient fait des progrès ; leur tir était relativement très précis, et il fallait que les hommes en garnison au fort prissent toutes les précautions pour se mettre à l'abri des éclats qui voltigeaient dans les cours des casernes. Les troupes stationnées dans les divers cantonnements situés sous le feu de l'ennemi sont descendues dans les caves.

Les villages d'Issy et de Montrouge ont beaucoup souffert; il y a eu quelques commencements d'incendie. Malgré ce feu serré, les batteries de nos forts du Sud et d'autres ouvrages construits dans le but de contrebattre les krupps, ont tonné toute la journée avec la plus grande violence. Le feu ne s'est relâché sur toute la ligne qu'à partir de quatre heures du soir; mais il continuait toujours sur le Point-du-Jour et sur le fort de Vanves.

Nous avons vu quelques blessés, peu nombreux, d'ailleurs, que les ambulances ramenaient des forts et des bastions.

Le bombardement a repris aujourd'hui avec une intensité toute nouvelle sur la Courneuve et Saint-Denis. Quelques obus seraient tombés sur la ville, mais sans causer de dommages sérieux.

CENT VINGT-UNIÈME JOURNÉE

17 janvier.

Le bombardement a été un peu moins violent pendant la nuit du 16 au 17 ; 189 obus ont éclaté sur la ville, tandis que la nuit précédente on avait constaté 294 projections. Les arrondissements qui ont le plus souffert sont le cinquième, le sixième, et surtout le treizième. Le tir de l'ennemi n'a pas subi de variation sensible, puisqu'il continue à agir dans un rayon déterminé et à frapper les mêmes quartiers du Jardin-des-Plantes, de la Salpêtrière, des Gobelins, de Necker, de Montrouge, de Grenelle et du Point-du-Jour. Cependant un projectile est tombé pour la première fois dans le quartier de l'Arsenal, près la place de la Bastille, et un autre dans le quartier Saint-Germain-des-Prés.

Malgré le ralentissement du feu, plusieurs édifices et un grand nombre d'établissements publics ont été atteints. On cite notamment : l'hôtel des Invalides, les hôpitaux de la Salpêtrière et de la Pitié, le collége Rollin, le presbytère de l'église Saint-Germain-des-Prés, les casernes de Lourcine, Dupleix et Babylone ; la halle aux cuirs, les abattoirs de Grenelle, l'usine Cail.

Trente-cinq propriétés particulières ont été endommagées, quelques-unes assez fortement. Un seul incendie s'est déclaré ; il a été promptement éteint.

Quatorze victimes : femmes blessées, quatre ; hommes tués, un ; blessés, neuf.

Une députation des quartiers soumis au bombardement s'est rendue auprès de M. Jules Favre pour le presser de se rendre à la conférence de Londres.

RAPPORT MILITAIRE.

17 janvier, midi.

Le feu ennemi, qui s'était ralenti cette nuit, a repris ce matin avec une nouvelle violence.

Ce matin, à huit heures, le fort de Vanves a ouvert le feu sur la batterie de la Plâtrière, qui n'a répondu que par quelques coups; les batteries de Châtillon ont alors recommencé à tirer sans causer jusqu'à cette heure un dommage réel.

L'enceinte a repris son tir ce matin, et le combat d'artillerie continue sur tous les points.

L'ennemi a tenté une attaque contre Bondy, pendant la nuit; il a été repoussé. Il avait massé des troupes en avant de Créteil; mais la pluie ayant rendu la plaine impraticable, il n'y a pas eu d'attaque contre nos tranchées.

Contre Montrouge, le feu n'a pas été très vif, cette nuit; nous avons eu cependant un officier de marine tué : M. Saisset, fils du vice-amiral.

Le gouverneur croit être l'interprète de la population et de l'armée en adressant ici, à ce vaillant officier général, l'expression de toutes ses sympathies et de ses regrets.

—

17 janvier 1871, soir.

Le bombardement des forts du Sud s'est ralenti un peu aujourd'hui.

Le tir sur les Hautes-Bruyères a été assez vif. La redoute du Moulin-Saquet a été canonnée par une batterie de campagne à laquelle notre artillerie de position a fait éprouver, en hommes et en chevaux, des pertes tellement sérieuses, que le feu a été éteint en quelques instants et la batterie démontée, laissant hommes et chevaux sur le terrain.

L'ennemi a continué à tirer lentement sur Nogent et sur le fort, mais sans aucun résultat.

La ville a reçu également un grand nombre d'obus, qui ont atteint les mêmes quartiers que les jours précédents. La tenue des forts est toujours excellente ; une communication télégraphique, interrompue, a été rétablie en quelques heures, malgré le feu persistant de l'ennemi.

Hier soir, réunion des maires à l'Hôtel de Ville. La boulangerie était la question à l'ordre du jour. Il n'y a plus à en douter, le rationnement du pain est devenu nécessaire ; on le reconnaît maintenant ; c'est bien tard.

CENT VINGT-DEUXIÈME JOURNÉE

18 janvier.

On annonce que M. Jules Favre ne se rendra pas à la conférence de Londres.

Il devient de plus en plus certain que le rationnement du pain va être l'objet d'une mesure administrative. La ration sera, dit-on, abaissée à trois cents grammes par tête.

Une agitation peu commune règne dans Paris. Le clairon sonne à tous les coins de rue ; des gardes nationaux en armes se rendent au lieu de rendez-vous habituel, avec armes et bagages. Des pièces d'artillerie traversent au galop la rue de Lafayette, allant dans la direction de l'Ouest. Toute la garde nationale est convoquée pour l'après-midi ou pour la nuit. Une grande sortie se prépare pour demain.

CENT VINGT-TROISIÈME JOURNÉE

19 janvier.

Combats de Buzenval et de Montretout. — Dès l'aube, le canon du Mont-Valérien a donné le signal de l'attaque sur Buzenval et Montretout. La garde nationale de Paris est au premier rang ; elle se fait bravement tuer devant les murs du parc de Buzenval, qu'il aurait fallu démolir à coups de canons ; — mais il n'y avait pas de canons, — elle enlève la redoute de Montretout après une vive fusillade de deux heures, et fait une cinquantaine de prisonniers dans l'intérieur de la redoute. Saint-Cloud est emporté ; la bataille s'étend jusqu'à Saint-Denis. L'aigre roulement des mitrailleuses se mêle aux sourdes détonations du canon et au crépitement de la fusillade. Sur tous les points de la lutte, la garde nationale a noblement accompli son devoir.

RAPPORTS MILITAIRES

Mont-Valérien, 10 h. 50 matin.

Gouverneur au ministre de la guerre et au général Schmitz.

Un épais brouillard me dérobe absolument les phases de la bataille. Les officiers porteurs d'ordres ont de la peine à trouver les troupes. C'est très regrettable, et il me devient difficile de centraliser l'action, comme je l'avais fait jusqu'ici. Nous combattons dans la nuit.

—

Amiral commandant 6ᵉ secteur à général Le Flô.

A la tombée du jour, nos troupes, en vue du 6ᵉ secteur, occupent Montretout avec de l'artillerie, les hauteurs au-dessus de Garches et une partie à droite dans Saint-Cloud.

De fortes réserves sont au repos depuis midi sur les contreforts de Garches et de la Fouilleuse, vers la Seine.

Les derniers ordres du gouverneur, qui était au Mont-Valérien avec le général Vinoy, pour le tir de nos bastions, sont de tirer énergiquement sur le parc de Saint-Cloud et la vallée de Sèvres, au-dessus de laquelle s'élève une fumée continue depuis deux heures.

—

6 heures du soir.

La bataille engagée en avant du Mont-Valérien dure depuis ce matin. L'action s'étend depuis Montretout, à gauche, jusqu'à la Celle-Saint-Cloud, à droite.

Trois corps d'armée, formant plus de cent mille hommes et pourvus d'une puissante artillerie, sont aux prises avec l'ennemi. Le général Vinoy, à gauche, tient Montretout et se bat à Garches ; le général de Bellemare et le général Ducrot ont attaqué le plateau de la Bergerie et se battent depuis plusieurs heures au château de Buzenval.

Les troupes ont déployé la plus brillante bravoure, et la garde nationale mobilisée a montré autant de solidité que de patriotique ardeur.

Le gouverneur, commandant en chef, n'a pu faire connaître encore les résultats définitifs de la journée. Aussitôt que le gouvernement les aura reçus, il les communiquera à la population de Paris.

—

Commandant supérieur des gardes nationales à chef d'état-major général.

La nuit seule a pu mettre fin à la sanglante et honorable bataille d'aujourd'hui. L'attitude de la garde nationale a été excellente. Elle honore Paris.

Général CLÉMENT THOMAS.

—

9 h. 50, soir.

Notre journée, heureusement commencée, n'a pas eu l'issue que nous pouvions espérer.

L'ennemi, que nous avions surpris le matin, par la soudaineté de l'entreprise, a, vers la fin du jour, fait converger sur nous des masses d'artillerie énormes avec ses réserves d'infanterie.

Vers trois heures, la gauche très vivement attaquée a fléchi. J'ai dû, après avoir partout ordonné de tenir ferme, me porter à cette gauche; et, à l'entrée de la nuit, un retour offensif des nôtres a pu se prononcer. Mais, la nuit venue, et le feu de l'ennemi continuant avec une violence extrême, nos colonnes ont dû se retirer des hauteurs qu'elles avaient gravies le matin.

Le meilleur esprit n'a cessé d'animer la garde nationale et la troupe, qui ont fait preuve de courage et d'énergie dans cette lutte longue et acharnée.

Je ne puis savoir encore quelles sont nos pertes. Par les prisonniers, j'ai appris que celles de l'ennemi étaient fort considérables.

Général Trochu.

Ce soir, toutes les positions conquises le matin sont abandonnées. Sur cent mille gardes nationaux, c'est à peine si trente mille ont été mis en ligne; l'artillerie a manqué à Montretout; le général Ducrot est arrivé avec deux heures de retard sur le champ de bataille. Le général Trochu s'en prend au brouillard, qui existe apparemment pour l'ennemi comme pour nous. Quoi donc! c'est pour nous amener à cette incompréhensible et désespérante retraite que tant de braves cœurs ont répandu leur sang? Est-ce bien possible? Voilà donc tout ce qu'on voulait faire? C'en est fait: l'espérance croule. Ah! Paris méritait mieux que ces chefs incapables! Quelle stupeur et quelle douleur!

CENT VINGT-QUATRIÈME JOURNÉE

20 janvier.

Mont-Valérien, 20 janvier,
9 heures 30 minutes du matin.

Gouverneur à général Schmitz, au Louvre.

Le brouillard est épais. L'ennemi n'attaque pas. J'ai reporté en arrière la plupart des masses qui pouvaient être canonnées des hauteurs, quelques-unes dans leurs léurs anciens cantonnements.

Il faut à présent parlementer d'urgence à Sèvres pour un armistice de deux jours, qui permettra l'enlèvement des blessés et l'enterrement des morts.

Il faudra pour cela du temps, des efforts, des voitures très solidement attelées et beaucoup de brancardiers. Ne perdez pas de temps pour agir dans ce sens.

La stupéfaction redouble à la lecture de cette dépêche où l'on demande « deux jours pour enlever les blessés et enterrer les morts. » Le bruit court que la raison du général Trochu s'est égarée. Du reste, la dépêche, qui cause une grande frayeur à toutes les familles, n'étant pas destinée à la publicité, on ne sait pourquoi elle a été insérée au *Journal officiel*. Il semble que tout le monde ait perdu la tête.

On cite parmi les morts le peintre Henri Regnault, déjà célèbre à vingt-huit ans ; le vieux marquis de Coriolis, engagé volontaire, malgré ses soixante-sept ans, et le colonel Rochebrune, un brave qui s'était illustré dans la dernière insurrection de la Pologne. Le vaillant colonel Langlois est grièvement blessé.

Voici le rapport militaire sur cette néfaste journée :

RAPPORT MILITAIRE

Les rapports des commandants de colonne sur la journée d'hier ne sont pas encore tous parvenus au gouverneur ; il croit cependant devoir donner dès à présent un aperçu général des opérations qui se sont accomplies le 19 janvier.

L'armée était partagée en trois colonnes principales,

composées de troupes de ligne, de garde mobile et de garde nationale mobilisée incorporée dans les brigades.

Celle de gauche, sous les ordres du général Vinoy, devait enlever la redoute de Montretout, les maisons de Béarn, Pozzo di Borgo, Armengaud et Zimmermann.

Celle du centre, général de Bellemare, avait pour objectif la partie est du château de la Bergerie.

Celle de droite, commandée par le général Ducrot, devait opérer sur la partie ouest du parc de Buzenval, en même temps qn'elle devait attaquer Longboyau, pour se porter sur le haras Lupin.

Toutes les voies de communication ayant accès dans la presqu'île de Gennevilliers, y compris les chemins de fer, ont été employées pour la concentration de ces forces considérables ; et, comme l'attaque devait avoir lieu dès le matin, la droite, qui avait un chemin extrêmement long (12 kilomètres) à parcourir au milieu de la nuit, sur une voie ferrée qui se trouva obstruée, et sur une route qu'occupait une colonne d'artillerie égarée, ne put parvenir à son point de réunion qu'après l'attaque commencée à gauche et au centre.

Dès onze heures du matin, la redoute de Montretout et les maisons indiquées précédemment avaient été conquises sur l'ennemi, qui laissa entre nos mains soixante prisonniers.

Le général de Bellemare était parvenu sur la crête de la Bergerie, après s'être emparé de la maison dite du Curé ; mais en attendant que sa droite fût appuyée, il dut employer une partie de sa réserve pour se maintenir sur les positions dont il s'était emparé.

Pendant ce temps, la colonne du général Ducrot entrait en ligne. Sa droite, établie à Rueil, fut canonnée de l'autre côté de la Seine par des batteries formidables contre-battues par l'artillerie qu'elle avait à sa disposition et par le Mont-Valérien.

L'action s'engagea vivement sur la porte de Longboyau, où elle rencontra une résistance acharnée en arrière de murs et de maisons crénelés qui bordent le parc. Plusieurs fois de suite le général Ducrot ramena à l'attaque les troupes de ligne et la garde nationale, sans pouvoir gagner du terrain de ce côté.

Vers quatre heures, un retour offensif de l'ennemi entre le centre et la gauche de nos positions, exécuté avec une violence extrême, fit reculer nos troupes, qui, cependant, se reportèrent en avant vers la fin de la journée. La crête fut encore une fois reconquise; mais la nuit arrivait, et l'impossibilité d'amener de l'artillerie pour constituer un établissement solide sur des terrains déformés, arrêta nos efforts.

Dans cette situation, il devenait dangereux d'attendre, sur ces positions si chèrement conquises, une attaque de l'ennemi, qui, amenant des forces de toutes parts, ne devait pas manquer de se produire dès le lendemain matin. Les troupes étaient harassées par douze heures de combat et par les marches des nuits précédentes employées à dérober les mouvements de concentration. On se retira alors en arrière, dans les tranchées, entre les maisons Crochard et le Mont-Valérien.

Nos pertes sont sérieuses, mais d'après le récit des prisonniers prussiens, l'ennemi en a subi de considérables. Il ne pouvait en être autrement après une lutte acharnée qui, commencée au point du jour, n'était pas encore terminée à la nuit close.

C'est la première fois que l'on a pu voir, réunis sur un même champ de bataille, en rase campagne, des groupes de citoyens unis à des troupes de ligne, marchant contre un ennemi retranché dans des positions aussi difficiles.

La garde nationale de Paris partage avec l'armée l'honneur de les avoir abordées avec courage, au prix de sacrifices dont le pays leur sera profondément reconnaissant.

Si la bataille du 19 janvier n'a pas donné les résultats que Paris en pouvait attendre, il est l'un des événements les plus considérables du siège, l'un de ceux qui témoignent le plus hautement de la virilité des défenseurs de la capitale.

La bataille n'a pas arrêté le bombardement. La canonnade ennemie dirigée sur Paris a subi depuis hier de notables variations. Très faible pendant la soirée du 19, elle s'est accentuée à partir de minuit, a continué assez vive ce matin, puis s'est de nouveau ralentie cette après-midi. Les projectiles, dont un grand nombre n'ont pas éclaté, ont frappé comme d'ordinaire les quartiers de la rive gauche, et ils sont tombés, à peu d'exceptions près, dans la plupart des rues et sur les édifices ou établissements déjà atteints, entre autres : l'Entrepôt des vins, l'École polytechnique, la Pitié, l'hospice des Incurables, le chemin de fer de l'Ouest (rive gauche), la caserne Babylone, le Luxembourg et le Jardin-des-Plantes. Ce dernier a reçu dix-huit obus, et l'un d'eux a causé des dégâts assez sérieux dans les galeries du Musée zoologique.

Quarante-quatre propriétés particulières ont été endommagées. On ne signale depuis hier qu'un incendie causé par la projection d'un obus qui, en pénétrant dans une cave, a fait éclater trois tonneaux de pétrole. On n'a pas eu d'accidents à déplorer, et le feu a été éteint au bout de quelques heures.

La dépêche suivante vient combler la mesure :

Extrait d'une dépêche de M. de Chaudordy au ministre des affaires étrangères

Bordeaux, 14 janvier 1871.

Le général Chanzy, après deux jours de brillantes batailles près du Mans, a dû se replier derrière la Mayenne. Il croit qu'il a eu à faire à cent quatre-vingt mille combattants, commandés par Frédéric-Charles et Mecklembourg en personne. Il n'est pas découragé, ni la France non plus, et le général annonce que sous peu de jours il reprendra ses opérations offensives. Il a perdu une douzaine de canons et environ dix mille prisonniers, mais les ennemis ont eu de leur côté de grandes pertes.

Le général Bourbaki est tout près de Belfort. Il a gagné une première bataille à Villersexel et une seconde avant-hier. Vesoul et Lure sont évacués. Il a grande confiance et se loue beaucoup des troupes et des officiers.

Le général Faidherbe a eu encore quelques succès.

Pour copie conforme :
Le ministre de l'intérieur par intérim,
JULES FAVRE.

CENT VINGT-CINQUIÈME JOURNÉE

21 janvier.

Pendant la nuit du 20 au 21, plus de deux cents obus, partant presque exclusivement des batteries de Châtillon, ont été lancés sur la ville, et le matin le bombardement a encore redoublé d'intensité, frappant surtout les régions qui touchent aux remparts. Il a été constaté qu'un grand nombre de projectiles tombaient sans éclater ; toutefois, soixante-treize immeubles ont été atteints, ainsi que la plupart des établissements publics signalés les jours précédents. Les quartiers les plus éprouvés ont été ceux de Montparnasse et de Plaisance ; quant aux autres circonscriptions de la rive gauche, elles ont moins souffert qu'à l'ordinaire.

On n'avait signalé depuis la veille qu'un seul incendie, rue Masseran (7e arrondissement) ; il a été presque aussitôt éteint.

Orage dans l'air.

L'ALLIANCE RÉPUBLICAINE AU PEUPLE DE PARIS

Les revers continus de l'armée de Paris, le défaut de mesures décisives, l'action mal dirigée succédant à l'inertie, un rationnement insuffisant, tout semble calculé pour lasser la patience.

Et cependant le peuple veut combattre et vaincre.

S'y opposer serait provoquer la guerre civile que les républicains entendent éviter.

En face de l'ennemi, devant le danger de la patrie, Paris assiégé, isolé, devient l'unique arbitre de son sort.

A Paris de choisir les citoyens qui dirigeront à la fois son administration et sa défense.

A Paris de les élire, — non par voie plébiscitaire ou tumultuaire, mais par scrutin régulier.

L'*Alliance républicaine* s'adresse à l'ensemble des citoyens ;

Invoque le péril public ;

Demande que dans les quarante-huit heures les électeurs de Paris soient convoqués afin de nommer une assemblée souveraine de deux cents représentants élus proportionnellement à la population ;

Demande encore que le citoyen Dorian constitue la commission chargée de faire les élections.

Vive la République une et indivisible!

La question du commandement en chef a été agitée dans le sein du Gouvernement. La majorité aurait été d'avis de procéder à un changement dans la direction militaire. Le général Trochu a assumé une immense responsabilité. S'il se retirait en ce moment critique, il commettrait une lâcheté. Ce que l'opinion publique lui demande, c'est de se débarrasser des généraux incapables qui l'entourent, de confier le commandement de l'armée à des chefs plus jeunes, plus hardis, plus confiants, et de tenter quelque chose de sérieux.

Le soir, agitation sur plusieurs points de Paris. Groupes rue Drouot, groupes devant les mairies; groupes plus nombreux sur la place de l'Hôtel-de-Ville.

Vers dix heures du soir, une colonne se forme sur la place de l'Hôtel-de-Ville. Des gardes nationaux en armes, ayant à leur tête un tambour, remontent la rue de Rivoli, vers la place de la Bastille, en criant « A bas Trochu! »

RAPPORTS MILITAIRES

21 janvier, deux heures.

Ce matin, à huit heures quarante-cinq minutes, le bombardement a commencé sur les forts et sur la ville de Saint-Denis. Il y a également une vive canonnade dans le Sud. Le gouverneur est parti pour Saint-Denis.

—

21 janvier, soir.

La canonnade entre les forts du sud, les secteurs 6, 7 et 8 et les batteries prussiennes de Châtillon, Clamart, Bagneux, Meudon et Breteuil a été très vive de part et d'autre dans la journée. Un de nos obus a fait sauter une poudrière ennemie au Moulin-de-Pierre. L'explosion a été violente, et les dégâts qu'elle a dû occasionner des plus sérieux.

Le bombardement de Saint-Denis et des forts qui couvrent la ville a commencé ce matin, à huit heures quarante-cinq minutes. Le feu, très vif pendant la journée, a redoublé contre la ville, depuis la tombée de la nuit. Plusieurs commencements d'incendie ont été promptement éteints. Les forts n'ont eu que des dégâts matériels insignifiants.

L'ennemi a continué à canonner Nogent, lentement, comme d'habitude, et sans résultat.

Le gouverneur de Paris.
P. O. Le général chef d'état-major général,
Schmitz.

CENT VINGT-SIXIÈME JOURNÉE

22 janvier.

On lit dans le *Journal officiel* :

« Le Gouvernement de la défense nationale a décidé que le commandement en chef de l'armée de Paris serait désormais séparé de la présidence du Gouvernement.

« M. le général de division Vinoy est nommé commandant en chef de l'armée de Paris.

« Le titre et les fonctions de gouverneur de Paris sont supprimées.

« M. le général Trochu conserve la présidence du Gouvernement. »

Cette mesure est une dérision. Le général Trochu cesse d'être gouverneur de Paris; ainsi « le gouverneur de Paris ne capitulera pas, » suivant une phrase qui est dans toutes les bouches. C'est une plaisanterie sinistre. Mais remplacer le général Trochu par le général Vinoy, c'est jouer sur les mots et se moquer des réclamations de l'opinion publique. M. Trochu se décharge de la responsabilité, mais il garde la présidence du Gouvernement, c'est-à-dire tout le pouvoir. Quant au général Vinoy, il n'a rien fait pour inspirer une grande confiance dans ses capacités militaires. Un immense accablement, une irritation sourde, quelque chose qui ressemble au dégoût pèse sur les esprits. Que pouvons-nous espérer? Que n'avons-nous pas à craindre?

Paris est sombre; des groupes se forment; une effervescence peu ordinaire se manifeste dans certains quartiers. Un sujet de conversation est l'évasion de M. Flourens, délivré de Sainte-Pélagie par des gardes nationaux, en vue sans doute de quelque manifestation. Pendant qu'on discute sur les circonstances de cette évasion, l'appel suivant du commandant des gardes nationales est affiché sur les murs :

Cette nuit, une poignée d'agitateurs a forcé la prison de Mazas et délivré plusieurs prévenus, parmi lesquels M. Flourens.

Ces mêmes hommes ont tenté d'occuper la mairie du vingtième arrondissement et d'y installer l'insurrection ; votre commandant en chef compte sur votre patriotisme pour réprimer cette coupable sédition.

Il y va du salut de la cité.

Tandis que l'ennemi la bombarde, les factieux s'unissent à lui pour anéantir la défense.

Au nom du salut commun, au nom des lois, au nom du devoir sacré qui nous ordonne de nous unir tous pour défendre Paris, soyons prêts à en finir avec cette criminelle entreprise ; qu'au premier appel la garde nationale se lève tout entière, et les perturbateurs seront frappés d'impuissance.

Le commandant supérieur des gardes nationales,
CLÉMENT THOMAS.

Vers midi, un bataillon de garde nationale en armes descend de Montmartre, tambours en tête, et d'un pas résolu se dirige vers l'Hôtel de Ville. De temps en temps, on crie : « Aux armes ! Vive la Commune ! » Arrivée devant la grande porte de l'Hôtel de Ville, la colonne trouve la grille fermée. Un ou deux délégués pénètrent cependant dans l'intérieur ; la foule, composée d'un millier de personnes, attend en poussant le cri : « Vive la Commune ! »

Les délégués reviennent et expliquent le résultat de leur mission. On leur a promis de porter leurs réclamations à la connaissance du Gouvernement. Les délégués ajoutent qu'aucun des membres du Gouvernement n'étant dans l'Hôtel de Ville, il est inutile de songer à y pénétrer. Tout va bien finir, semble-t-il, quand un coup de feu part de la foule et va atteindre un officier de mobiles, qui tombe baigné dans son sang. Les mobiles font feu de l'intérieur de l'édifice ; une quinzaine de personnes tombent, des cris déchirants s'élèvent de la place, où la panique produit une confusion inexprimable.

D'où est venu le premier coup de fusil ? On l'ignore ; mais voilà près de trente personnes tuées ou blessées. Un feu de peloton est dirigé sur la façade de l'Hôtel de Ville. Des gardes nationaux s'enfuient en criant : « Aux armes ! on assassine nos frères ! » Le rappel est battu dans tous les quartiers. Paris prend un aspect sinistre.

Dans la soirée, on affiche la proclamation suivante :

Citoyens,

Un crime odieux vient d'être commis contre la patrie et contre la République.

Il est l'œuvre d'un petit nombre d'hommes qui servent la cause de l'étranger.

Pendant que l'ennemi nous bombarde, ils ont fait couler le sang de la garde nationale et de l'armée, sur lesquelles ils ont tiré.

Que ce sang retombe sur ceux qui le répandent pour satisfaire leurs criminelles passions !

Le Gouvernement a le mandat de maintenir l'ordre, l'une de nos principales forces en face de la Prusse.

C'est la cité tout entière qui réclame la répression

sévère de cet attentat odieux et la ferme exécution des lois.

Le Gouvernement ne faillira pas à son devoir.

Paris, le 22 janvier 1871.

Les membres du Gouvernement de la défense nationale,

Général Trochu, Jules Favre, Emmanuel Arago, Jules Ferry, Garnier-Pagès, Eugène Pelletan, Ernest Picard, Jules Simon.

Les ministres,

Général Le Flô, Dorian, Magnin.

Les secrétaires du Gouvernement,

André Lavertujon, Hérold, Durier, Dréo.

Comme hier, le bombardement a subi des intermittences assez marquées pendant la nuit du 21 au 22, et il s'est sensiblement ralenti à partir de cinq heures du matin ; mais il a repris avec violence, et le 16e arrondissement particulièrement a reçu un grand nombre d'obus. Les projectiles, lancés des batteries de Châtillon, Bagneux et Meudon, sont venus frapper les quartiers de Montrouge, de Grenelle, de Vaugirard, du Jardin-des-Plantes, du Panthéon, du Luxembourg, de Saint-Germain et du Val-de-Grâce ; ce dernier surtout a beaucoup souffert. Il est aussi tombé une certaine quantité d'obus dans les quartiers d'Auteuil et de la Muette ; la plupart atteignaient le viaduc du Point-du-Jour, la gare d'Auteuil, les abords de Sainte-Périne, et l'un d'eux est arrivé pour la première fois dans la rue du Ranelagh.

Il n'y a eu dans cette nuit que deux commencements d'incendie promptement éteints.

CENT VINGT-SEPTIÈME JOURNÉE

23 janvier.

On lit dans le *Journal officiel :*

« La nuit dernière, au moment même où le Gouvernement de la défense nationale achevait de délibérer sur les nouvelles mesures dont le *Journal officiel* a, ce matin, informé le public, on apprenait que la prison de Mazas venait d'être forcée par une poignée d'agitateurs. Plusieurs prévenus politiques, parmi lesquels M. Flourens, avaient été mis de vive force en liberté.

« Après ce premier acte de violence, les émeutiers, en assez petit nombre, se sont portés sur la mairie du 20e arrondissement, dans le but d'y installer le quartier général de l'insurrection. Leur entreprise n'a pas obtenu un succès de longue durée. Néanmoins, elle s'est assez prolongée pour qu'ils aient pu commettre les actes les plus blâmables. Les insurgés, en effet, au risque de livrer au supplice de la faim toute la population indigente de Belleville, se sont emparés de deux mille rations de pain. Ils ont en outre bu une barrique de vin réservée aux nécessiteux, et dévalisé un épicier du voisinage.

« M. Flourens s'est retiré, en déclarant qu'on n'était point en nombre et qu'on reviendrait.

« Le commandant du 2e secteur, aussitôt qu'il a été avisé de l'envahissement de la mairie, a envoyé quelques compagnies de garde nationale, et la mairie a été évacuée sans effusion de sang. A six heures et demie, l'ordre était complètement rétabli à Belleville.

« Pendant la matinée, la ville semblait calme, tout danger de tumulte paraissait écarté. Le conseil de Gouvernement, constitué en permanence, délibérait avec le nouveau commandant en chef, dont on venait d'afficher la proclamation.

« Une autre réunion avait lieu au ministère de l'instruction publique ; elle se composait de MM. Dorian et Jules Simon, membres du Gouvernement ; — de MM. François Favre, Henri Martin, Arnaud de l'Ariége, Clémenceau, Bonvalet, Tirard et Hérisson, maires de divers arrondissements de Paris ; enfin, de neuf officiers, parmi lesquels on comptait un général, huit colonels et trois chefs d'escadron. Deux des colonels présents appartenaient à la garde nationale. Cette réunion a donné lieu à une discussion des plus intéressantes, et tous les assistants, tour à tour consultés, ont apporté au débat le tribut de leur expérience et de leur patriotisme.

« A l'heure même de cette réunion, les émeutiers, vaincus le matin à la mairie de Belleville, reprenaient courage. La place de l'Hôtel-de-Ville se garnissait de groupes nombreux et animés, sans qu'il y eût pourtant à prévoir aucune tentative de violence. Deux députations avaient été successivement introduites auprès des membres de la municipalité ; le colonel Vabre, commandant militaire, les reconduisait jusqu'à la grille, lorsque cent ou cent cinquante gardes nationaux, appartenant pour la plupart au 101e bataillon de marche, avec officiers et tambours, débouchèrent sur la place de l'Hôtel-de-Ville.

« Il n'y avait à ce moment aucune troupe au dehors, on avait même retiré les factionnaires de l'extérieur. Seuls, le commandant de l'Hôtel de Ville et les officiers du bataillon du Finistère étaient sur le trottoir, entre la grille et la façade, parlant à la foule et l'exhortant au calme. Tout à coup, les gardes nationaux qui venaient d'arriver et qui s'étaient disposés non en masse, mais par petits groupes répandus, selon un certain ordre, sur toute l'étendue de la place, mirent le genou en terre et firent feu sur trois ou quatre officiers de la garde mobile placés auprès de la porte de la mairie, sans les atteindre. Le colonel Vabre, qui était devant l'autre porte, celle du Gouvernement, les interpelle avec indignation. Un individu en bourgeois, qui paraissait donner des ordres aux gardes nationaux, et qui se vantait d'être un commandant révoqué, donna l'ordre de faire feu, cette fois sur le colonel. Une centaine de coups sont tirés. Un des officiers de la garde mobile, l'adjudant-major Bernard, est grièvement blessé aux deux bras et à la tête. C'est seulement en le voyant tomber que les gardes mobiles font feu à leur tour, et la place se trouve instantanément vidée.

« Néanmoins, tout n'était pas terminé.

« La fusillade recommença. Elle partait des encoignures des rues qui font face à la place, des angles du quai et de la rue de Rivoli ; elle partait surtout des fenêtres de deux maisons voisines du bâtiment de l'Assistance publique. Le feu des assaillants était dirigé contre les fenêtres du premier étage de l'Hôtel de Ville, dont tous les carreaux furent brisés. Malgré l'emploi de balles explosibles et de petites bombes fulminantes qu'on a ramassées en grand nombre au dedans et au dehors de l'Hôtel de Ville, nul n'a été blessé à l'intérieur.

« Au bout de quelques minutes, l'arrivée des gardes républicains mettait en fuite les émeutiers.

« Une vingtaine d'individus ont été faits prisonniers dans les maisons d'où la fusillade était partie.

« Ce triste combat, engagé au bruit des obus prussiens qui pleuvaient sur la rive gauche et sur la ville de Saint-Denis, n'a pas duré plus de vingt minutes. Le capitaine du 101e a été arrêté. D'après les renseignements recueillis jusqu'à présent, il y aurait cinq morts et dix-huit blessés. »

Le Gouvernement de la défense nationale,

Considérant que, à la suite d'excitations criminelles dont certains clubs ont été le foyer, la guerre civile a été engagée par quelques agitateurs, désavoués par la population tout entière ;

Qu'il importe d'en finir avec ces détestables manœuvres qui, dans les circonstances actuelles, sont un danger pour la patrie et qui, si elles se renouvelaient, entacheraient l'honneur, irréprochable jusqu'ici, de la défense de Paris.

DÉCRÈTE :

Art. 1er. Les clubs sont supprimés jusqu'à la fin du siége. Les locaux où ils tiennent leurs séances seront immédiatement fermés.

Les contrevenants seront punis conformément aux lois.

Art. 2. Le préfet de police est chargé de l'exécution du présent décret.

—

Le Gouvernement de la défense nationale,

Considérant que les journaux le *Réveil* et le *Combat* contiennent chaque jour des excitations à la guerre civile ;

Que leur publication devient, en présence des crimes qui viennent d'être commis contre la sûreté de l'État, un danger public auquel la cité et la défense ne peuvent plus être exposées ;

Que la situation actuelle de Paris fait au Gouvernement un devoir de recourir aux mesures que l'état de siége comporte :

DÉCRÈTE :

Art. 1er. Le journal le *Réveil* et le journal le *Combat* sont supprimés.

Art. 2. Le préfet de police est chargé de l'exécution du présent décret.

Fait à Paris, le 22 janvier 1871.

  Général Trochu, Jules Favre, Emmanuel Arago, Jules Ferry, Garnier-Pagès, Eugène Pelletan, Ernest Picard, Jules Simon.

—

ORDRE DU JOUR DU GÉNÉRAL VINOY A L'ARMÉE DE PARIS

Le Gouvernement de la défense nationale vient de me placer à votre tête ; il fait appel à mon patriotisme et à mon dévouement ; je n'ai pas le droit de me soustraire. C'est une charge bien lourde, je n'en veux accepter que le péril, et il ne faut pas se faire d'illusions.

Après un siége de plus de quatre mois, glorieusement soutenu par l'armée et par la garde nationale, virilement supporté par la population de Paris, nous voici arrivés au moment critique.

Refuser le dangereux honneur du commandement dans une semblable circonstance, serait ne pas répondre à la confiance qu'on a mise en moi. Je suis soldat et ne sais pas reculer devant les dangers que peut entraîner cette grande responsabilité.

A l'intérieur, le parti du désordre s'agite et cependant le canon gronde. Je veux être soldat jusqu'au bout, j'accepte ce danger, bien convaincu que le concours des bons citoyens, celui de l'armée et de la garde nationale ne me feront pas défaut pour le maintien de l'ordre et le salut commun.

Général VINOY.

La canonnade dirigée sur Paris s'est un peu ralentie hier, et les 5e et 16e arrondissements seuls ont reçu beaucoup de projectiles. Quoique plusieurs édifices et vingt-trois immeubles privés aient été atteints, les dégats matériels sont relativement peu importants. Il n'y a eu qu'une seule personne blessée, et l'on n'a pas eu de mort à déplorer.

A Saint-Denis, au contraire, le bombardement sévit avec une extrême violence. Cette nuit, dans l'espace d'une heure, cent vingt obus sont tombés sur la ville, surtout aux abords de la cathédrale, qui sert principalement de point de mire aux feux convergents des batteries prussiennes. La prison, en partie démolie, a dû être évacuée; un grand nombre de maisons particulières sont atteintes, et plusieurs se sont effondrées. Bien que les habitants se soient en partie réfugiés dans les caves, quinze personnes ont été tuées du 21 au 22, et le nombre des blessés, qui n'est pas encore exactement connu, est au moins égal.

Dans la nuit du 21, deux incendies ont été causés à Saint-Denis par le bombardement; l'un, très grave, a complètement anéanti une fabrique de carton, l'autre s'est déclaré rue des Ursulines, dans une maison particulière qui est en partie détruite.

CENT VINGT-HUITIÈME JOURNÉE

24 janvier.

Le calme est rétabli dans les rues, mais il est bien loin de l'être dans les esprits, où, au contraire, l'inquiétude grandit, et dans des proportions dont il est impossible qu'on ne soit pas frappé. Cette inquiétude a deux causes, également sérieuses : l'ignorance absolue de ce qui se passe dans les départements, après les mauvaises nouvelles que le dernier pigeon en a apportées, l'insuffisance chaque jour plus grande du rationnement et les souffrances presque intolérables qui en résultent pour les trois quarts au moins de la population. Le remplacement du général Trochu par le général Vinoy continue à soulever les plus vives inquiétudes. C'est le système de défense, moins encore que les hommes qu'on voudrait voir modifier. Le général Vinoy n'est pas homme à répondre à ce désir.

CENT VINGT-NEUVIÈME JOURNÉE

25 janvier.

Les plus graves nouvelles circulent par le *Moniteur officiel de Versailles* :

Faidherbe a été complètement battu. Chanzy a éprouvé une défaite non peut-être irréparable, mais pour la réparer il lui faut plus de temps que nous ne pouvons lui en donner. Quant à Bourbaki, il n'a pas pu débloquer Belfort, et c'est à peine s'il peut se tenir sur la défensive. Si ces nouvelles sont vraies, Paris est donc plus que jamais réduit à ses propres forces, et Paris, d'après les membres les plus optimistes du Gouvernement, a tout au plus des vivres pour quinze jours.

Voilà ce qui se dit nettement, tout haut, non dans les groupes qui encombrent les rues, non dans les cafés, mais à l'Hôtel de Ville et dans les ministères.

Tous les journaux posent les mêmes questions au Gouvernement :

Est-il vrai qu'un vent de capitulation souffle sur Paris ?

Que les derniers rapports militaires, au ton sinistre que l'on sait, étaient conçus dans cette forme pour alarmer la population ?

Que l'opération militaire du 19 janvier n'a été faite que pour donner satisfaction à l'opinion et lui prouver l'impuissance d'une armée assiégée de cinq cent mille hommes ?

Peut-il être vrai que les anomalies, les erreurs, les irrégularités signalées dans certains quartiers, à propos de la distribution des rations, soient considérées par quelques esprits comme des moyens favorables au découragement de la population parisienne ?

Est-il vrai que l'échauffourée du 22 janvier ait admirablement servi la cause des partisans de la capitulation, en rendant nécessaire la suppression de deux journaux défenseurs de la lutte à outrance, et la fermeture des clubs où de coupables excitations ont eu le tort de dénaturer le sentiment patriotique des masses ?

Voilà des questions qui se trouvent sur toutes les lèvres, et auxquelles nous devons tous répondre : « Non ! »

RAPPORTS MILITAIRES

25 janvier.

Le tir de l'ennemi s'est beaucoup ralenti pendant la nuit, mais il a persisté à longs intervalles sur toute l'étendue de nos lignes.

Au sud, l'ennemi continue à organiser chaque jour de nouveaux emplacements de batteries, déplaçant celles qui sont battues par nos pièces : on signale des travaux au viaduc de Fleury. Un sapeur blessé à Vanves. Deux incendies ont éclaté cette nuit, par suite du bombardement, dans le 8ᵉ secteur.

A l'est, nuit calme. Nombreux convois du côté de Valenton. Deux blessés pendant la nuit au fort de Nogent. Reprise du feu assez vive entre ces forts à sept heures du matin ; deux hommes légèrement atteints

Au nord, trois blessés au fort d'Aubervilliers ; peu de dégâts matériels ; cinq cents obus atteignent le fort de la Briche ; aucun homme atteint. Trois tués, cinq blessés à la Double-Couronne. Trois blessés légèrement au fort de l'Est, malgré un bombardement violent.

Nouvelle batterie ouverte à Villetaneuse. Le fort de la Briche continue à se défendre avec vigueur; mais le feu qui le couvre depuis deux jours déjà rend inutile d'exposer trop le personnel pendant qu'il est l'objectif principal des batteries allemandes.

A l'ouest, rien à signaler, si ce n'est la mise en batterie de quelques pièces volantes entre la maison Crochard et nos avant-postes, en face de Longboyau. Les brèches des parcs ont été réparées en partie par les avant-postes prussiens.

—

25 janvier, soir.

Le feu de l'ennemi a été moins vif ce soir. Dans la la journée, il a été très violent contre le fort d'Issy, les ouvrages de Vincennes et les ouvrages de Saint-Denis. La lutte d'artillerie a été sérieuse entre les ouvrages de Champigny et Villiers. L'activité des travaux Prussiens à Montmesly, au Bourget, à Villetaneuse et au viaduc de Meudon, s'est fait encore remarquer aujourd'hui. De nombreux convois sont toujours entendus à l'est, et au nord surtout.

Nos blessés sont peu nombreux : un à Issy, quatre à Montrouge, cinq au 8ᵉ secteur, deux à la Faisanderie, sept à Vincennes et batteries annexes, un à Nogent, deux à la Double-Couronne, sept au fort de l'Est et trois à la Briche.

La population de Saint-Denis, mal protégée contre les effets des projectiles, a dû en grande partie se replier vers l'enceinte de la ville, et a rencontré quelques difficultés sérieuses, inévitables dans les conditions où elle se déplaçait.

Le fort de Rosny a reçu quarante-cinq obus pour sa

trentième journée de bombardement; il ne se produit heureusement plus ni dégâts ni blessures sur ceux qui continuent à l'occuper et à le défendre.

Nous continuons ce soir de tous côtés la réparation des dégâts matériels éprouvés dans nos ouvrages; leur importance est naturellement plus grande dans les ouvrages du nord, où le bombardement est très violent et n'est encore commencé que depuis peu de jours.

Les incendies du village de Saint-Cloud brûlent toujours.

P. O. Le général chef d'état-major général,
De Valdan.

Le bruit court que des négociations sont ouvertes. On affirme que des pourparlers entamés par le ministre des affaires étrangères à Versailles seraient sur le point d'aboutir à un armistice de trois semaines, avec ravitaillement. L'armistice aurait pour objet de permettre l'élection d'une Assemblée nationale, chargée de discuter les conditions de la paix.

Les régions au sud de Paris ont eu relativement moins à souffrir la nuit dernière, et le bombardement a subi, de ce côté, une décroissance, ou, au moins, des intermittences assez marquées. Les quartiers atteints sont ceux de Grenelle, de Vaugirard, du Luxembourg, de la Glacière et de Montparnasse. Celui du Petit-Montrouge a été exceptionnellement éprouvé, sans doute à cause de sa proximité des forts; soixante-neuf obus sont tombés sur un seul établissement, l'asile Sainte-Anne, et la rue Darreau en a reçu vingt-cinq.

Rue de la Glacière, un projectile a provoqué, dans

une fabrique de carton et de papier, un incendie qui s'est propagé rapidement et qui l'a complètement anéantie au bout de quelques heures. Un autre incendie s'est déclaré rue Clisson, 58, mais il a été promptement éteint.

Quarante-neuf propriétés particulières ont été endommagées ; les édifices publics ont peu souffert.

La grêle meurtrière qui pleuvait sur Auteuil ces jours derniers, a subitement cessé depuis hier, et, de ce côté, le tir de l'ennemi est limité au rayon du mur d'enceinte.

A Saint-Denis, au contraire, le bombardement redouble de violence, et il est peu de maisons qui ne soient détériorées. Une partie de la population, entassée dans les caves, n'y est même pas toujours en sûreté. Les habitants ne peuvent se risquer sans danger hors de leurs retraites. Un grand nombre de ces infortunés, sans asile et sans ressources, ont dû venir chercher un refuge à Paris.

Les victimes sont nombreuses ; plusieurs d'entre elles, frappées dans les étages supérieurs des maisons, restent sans sépulture, et le cimetière qui touche à l'église est lui-même tellement criblé d'obus, que l'on ne peut y pénétrer.

Aujourd'hui, surtout à partir de onze heures du matin, la canonnade a recommencé furieuse, incessante ; aussi la situation de la malheureuse ville s'est-elle encore aggravée. La cathédrale a reçu cette après-midi un grand nombre de projectiles, et sa flèche est assez sérieusement endommagée.

CENT TRENTIÈME JOURNÉE

26 janvier.

On lit dans le *Journal officiel :*

« Tant que le Gouvernement a pu compter sur l'arrivée d'une armée de secours, il était de son devoir de ne rien négliger pour prolonger la défense de Paris.

« En ce moment, quoique nos armées soient encore debout, les chances de la guerre les ont refoulées, l'une sous les murs de Lille, l'autre au delà de Laval; la troisième opère sur les frontières de l'Est. Nous avons dès lors perdu tout espoir qu'elles puissent se rapprocher de nous, et l'état de nos subsistances ne nous permet plus d'attendre.

« Dans cette situation, le Gouvernement avait le devoir absolu de négocier. Les négociations ont lieu en ce moment. Tout le monde comprendra que nous ne pouvons en indiquer les détails sans de graves inconvénients. Nous espérons pouvoir les publier demain. Nous pouvons cependant dire dès aujourd'hui que le principe de la souveraineté nationale sera sauvegardé par la réunion immédiate d'une Assemblée; que l'armistice a pour but la convocation de cette Assemblée; que, pendant cet armistice, l'armée allemande occupera les forts, mais n'entrera pas dans l'enceinte dans Paris; que nous conserverons notre garde nationale intacte et une division de l'armée, et qu'aucun de nos soldats ne sera emmené hors du territoire. »

Adieu la confiance, l'espérance ! Malgré tant de

privations, tant de dévouement, tant de souffrances noblement supportées, nous marchons à la capitulation. La montagne d'illusions s'écroule et il ne reste dans les esprits qu'une stupeur extraordinaire. Le pain était immangeable, noir et gluant; on s'y résignait cependant, on espérait toujours; le Gouvernement à maintes et maintes fois annoncé que le succès était infaillible, et Paris capitule !

On a constaté la nuit dernière une certaine recrudescence dans le bombardement, et le nombre des projectiles qui ont éclaté sur la rive gauche s'est élevé d'un jour à l'autre de soixante-dix-neuf à cent trente-sept. Quinze obus sont tombés sur l'hôpital du Val-de-Grâce, ainsi que sur l'asile Sainte-Anne, et, pour la première fois, l'usine à gaz de la Villette (quartier de la Chapelle) a reçu des projectiles.

Quarante-sept maisons particulières ont été plus ou moins endommagées, trois incendies se sont déclarés : l'un au Val-de-Grâce, l'autre rue Brézin, le troisième rue Thiboumèry. Ils ont été promptement éteints, et pendant l'organisation des secours personne n'a été blessé.

L'ennemi a de nouveau dirigé le tir de ses batteries sur Auteuil et sur le Point-du-Jour. Rue Lafontaine, quelques maisons déjà ébranlées se sont totalement effondrées; d'autres, situées villa Montmorency, ont beaucoup souffert.

A Saint-Denis, la nuit du 25 au 26 a été assez calme. Il est tombé sur la ville quelques obus et des boulets pleins, qui ont produit des dommages peu importants, mais malheureusement trois personnes ont été mortellement atteintes dans la soirée d'hier. La gare du chemin de fer a été plus sérieusement éprouvée : une dizaine de projectiles, en éclatant principalement sur les salles des marchandises, y ont causé des dégâts assez sérieux.

CENT TRENTE-UNIÈME JOURNÉE

27 janvier.

On lit dans le *Journal officiel :*

CITOYENS,

La convention qui met fin à la résistance de Paris n'est pas encore signée, mais ce n'est qu'un retard de quelques heures.

Les bases en demeurent fixées telles que nous les avons annoncées hier.

L'ennemi n'entrera pas dans l'enceinte de Paris.

La garde nationale conservera son organisation et ses armes.

Une division de douze mille hommes demeure intacte ; quant aux autres troupes, elles resteront dans Paris, au milieu de nous, au lieu d'être, comme on l'avait d'abord proposé, cantonnées dans la banlieue. Les officiers garderont leur épée.

Nous publierons les articles de la convention aussitôt que les signatures auront été échangées, et nous ferons en même temps connaître l'état exact de nos subsistances.

Paris veut être sûr que la résistance a duré jusqu'aux

dernières limites du possible. Les chiffres que nous donnerons en seront la preuve irréfragable, et nous mettrons qui que ce soit au défi de les contester.

Nous montrerons qu'il nous reste tout juste assez de pain pour attendre le ravitaillement, et que nous ne pouvions prolonger la lutte sans condamner à une mort certaine deux millions d'hommes, de femmes et d'enfants.

Le siége de Paris a duré quatre mois et douze jours ; le bombardement, un mois entier. Depuis le 15 janvier, la ration de pain est réduite à 300 grammes ; la ration de viande de cheval, depuis le 15 décembre, n'est que de 30 grammes. La mortalité a plus que triplé. Au milieu de tant de désastres, il n'y a pas eu un seul jour de découragement.

L'ennemi est le premier à rendre hommage à l'énergie morale et au courage dont la population parisienne tout entière vient de donner l'exemple. Paris a beaucoup souffert; mais la République profitera de ses longues souffrances, si noblement supportées. Nous sortons de la lutte qui finit, retrempés pour la lutte à venir. Nous en sortons avec tout notre honneur, avec toutes nos espérances; malgré les douleurs de l'heure présente, plus que jamais nous avons foi dans les destinées de la patrie.

Paris, 28 janvier 1871.

Les membres du Gouvernement :

Général TROCHU, JULES FAVRE, EMMANUEL ARAGO, JULES FERRY, GARNIER-PAGÈS, EUGÈNE PELLETAN, ERNEST PICARD, JULES SIMON. — LE FLÔ, ministre de la guerre; DORIAN, ministre des travaux publics; MAGNIN, ministre de l'agriculture et du commerce.

Une grande émotion a régné toute la journée dans la population parisienne à la suite de la lecture de cette communication. Sur les boulevards, sur les places publiques, dans toutes les rues, on se rassemble, on discute, on s'échauffe ; aux abords de l'Hôtel de Ville, la foule est très considérable. Des officiers de la garde nationale vont protester contre la convention qui met fin à la résistance de Paris avant que la garde nationale ait fait tout ce qu'elle pouvait. Les cris de : Vive la république ! se mêlent aux imprécations contre le général Trochu. On parle de trahison, l'irritation s'accroît ; des orateurs prêchent la guerre à outrance ; des députations de gardes nationaux parlent dans tous les sens. Cette vaillante population ne peut souffrir la pensée qu'elle a enduré de si cruelles souffrances pour aboutir à la capitulation de Paris. Dans les conversations, sur les visages, on voit tour à tour l'abattement, la colère, l'indignation ; colère contre le Gouvernement, indignation et rage contre cette force brutale qui bombarde et qui écrase, abattement quand on songe à tant d'efforts avortés. Mais si le courage est toujours le même, les subsistances s'épuisent, le pain va manquer.

La note suivante, toute pleine d'aigreur, émanée du Gouvernement, répond à certaines assertions relatives aux subsistances :

« Plusieurs journaux se livrent à des attaques violentes contre le Gouvernement et répandent les nouvelles les plus étrangement fausses, notamment en ce qui concerne les subsistances. Le Gouvernement, depuis le commencement du siége, a laissé la plus entière liberté à la presse, et il n'entend pas changer de conduite à la veille des élections pour l'Assemblée nationale.

« On peut donc discuter les actes du Gouvernement et même les calomnier en pleine liberté. Mais si les journalistes s'oublient jusqu'à provoquer à des actes proscrits par la loi, et qui peuvent amener la guerre civile, le Gouvernement, chargé de maintenir l'ordre, et résolu à remplir son mandat, n'hésitera pas à sévir avec la dernière rigueur. »

A minuit, suspension d'armes sur toute l'enceinte.

CENT TRENTE-DEUXIÈME JOURNÉE

28 janvier.

On s'arrache ce matin le *Journal officiel* et on lit :

C'est le cœur brisé de douleur que nous déposons les armes. Ni les souffrances ni la mort dans le combat n'aurait pu contraindre Paris à ce cruel sacrifice ; il ne cède qu'à la faim, il s'arrête quand il n'a plus de pain. Dans cette cruelle situation, le Gouvernement a fait tous ses efforts pour adoucir l'amertume d'un sacrifice imposé par la nécessité. Depuis lundi soir il négocie ; ce soir a été signé un traité qui garantit à la garde nationale tout entière son organisation et ses armes ; l'armée, déclarée prisonnière de guerre, ne quittera point Paris. Les officiers garderont leur épée. Une Assemblée nationale est convoquée. La France est malheureuse, mais elle n'est pas abattue. Elle a fait son devoir, elle reste maîtresse d'elle-même.

Voici le texte de la Convention signée ce soir à huit heures, et rapportée par le ministre des affaires étrangères.

CONVENTION

Entre M. le comte de Bismark, chancelier de la Confédération germanique, stipulant au nom de S. M. l'empereur d'Allemagne, roi de Prusse, et M. Jules Favre, ministre des affaires étrangères du Gouvernement de la défense nationale, munis de pouvoirs réguliers,

Ont été arrêtées les conventions suivantes :

Article premier. Un armistice général, sur toute la ligne des opérations militaires en cours d'exécution entre les armées allemandes et les armées françaises, commencera pour Paris aujourd'hui même; pour les départements dans un délai de trois jours. La durée de l'armistice sera de vingt et un jours à dater d'aujourd'hui, de manière que, sauf le cas où il serait renouvelé, l'armistice se terminera partout le dix-neuf février, à midi.

Les armées belligérantes conserveront leurs positions respectives, qui seront séparées par une ligne de démarcation.

Cette ligne partira de Pont-l'Évêque, sur les côtes du département du Calvados, se dirigera sur Lignières, dans le nord-est du département de la Mayenne, en passant entre Briouze et Fromentet; en touchant au département de la Mayenne, elle suivra la limite qui sépare ce département de celui de l'Orne et de la Sarthe, jusqu'au nord de Morannes, et sera continuée de manière à laisser à l'occupation allemande les départements de la Sarthe, Indre-et-Loir, Loir-et-Cher, du Loiret, de l'Yonne, jusqu'au point où, à l'est de Quarré-les-Tombes, se touchent les départements de la Côte-d'Or, de la Nièvre et de l'Yonne. A partir de ce point, le tracé de la ligne sera réservé à une entente qui aura lieu aussitôt que les parties contractantes seront renseignées sur la situation actuelle des opérations militaires en exécution de la Côte-d'Or, du Doubs et du Jura. Dans tous les cas, elle traversera le territoire composé de ces trois départements, en laissant à l'occupation allemande les départements situés au nord, à l'armée française ceux situés au midi de ce territoire.

Les départements du Nord et du Pas-de-Calais, les forteresses de Givet et de Langres, avec le terrain qui les entoure à une distance de dix kilomètres, et la péninsule du Havre, jusqu'à une ligne à tirer d'Étretat, dans la direction de Saint-Romain, resteront en dehors de l'occupation allemande.

Les deux armées belligérantes et leurs avant-postes de part et d'autre se tiendront à une distance de dix kilomètres au moins des lignes tracées pour séparer leurs positions.

Chacune des deux armées se réserve le droit de maintenir son autorité dans le territoire qu'elle occupe, et d'employer les moyens que ses commandements jugeront nécessaires pour arriver à ce but,

L'armistice s'applique également aux forces navales des deux pays, en adoptant le méridien de Dunkerque comme ligne de démarcation, à l'ouest de laquelle se tiendra la flotte française, et à l'est de laquelle se retireront, aussitôt qu'ils pourront être avertis, les bâtiments de guerre allemands qui se trouvent dans les eaux occidentales. Les captures qui seraient faites après la conclusion et avant la notification de l'armistice, seront restituées, de même que les prisonniers qui pourraient être faits de part et d'autre, dans des engagements qui auraient eu lieu dans l'intervalle indiqué.

Les opérations militaires sur le terrain des départements du Doubs, du Jura et de la Côte-d'Or, ainsi que le siège de Belfort, se continueront indépendamment de l'armistice, jusqu'au moment où on se sera mis d'accord sur la ligne de démarcation dont le tracé à travers les trois départements mentionnés a été réservé à une entente ultérieure.

Art. 2. L'armistice ainsi convenu a pour but de permettre au Gouvernement de la défense nationale de convoquer une Assemblée librement élue qui se prononcera sur la question de savoir : si la guerre doit être continuée, ou à quelles conditions la paix doit être faite.

L'Assemblée se réunira dans la ville de Bordeaux.

.Toutes les facilités seront données par les commandants des armées allemandes pour l'élection et la réunion des députés qui la composeront.

Art. 3. Il sera fait immédiatement remise à l'armée allemande, par l'autorité militaire française, de tous les forts formant le périmètre de la défense extérieure de Paris, ainsi que de leur matériel de guerre. Les communes et les maisons situées en dehors de ce périmètre ou entre les forts pourront être occupées par les troupes allemandes, jusqu'à une ligne à tracer par des commissaires militaires. Le terrain restant entre cette ligne et l'enceinte fortifiée de la ville de Paris sera interdit aux forces armées des deux parties. La manière de rendre les forts, et le tracé de la ligne mentionnée formeront l'objet d'un protocole à annexer à la présente convention.

Art. 4. Pendant la durée de l'armistice, l'armée allemande n'entrera pas dans la ville de Paris.

Art. 5. L'enceinte sera désarmée de ses canons, dont les affûts seront transportés dans les forts à désigner par un commissaire de l'armée allemande (1).

Art. 6. Les garnisons (armée de ligne, garde mobile et marins) des forts et de Paris seront prisonnières de guerre, sauf une division de douze mille hommes que l'autorité militaire dans Paris conservera pour le service intérieur.

Les troupes prisonnières de guerre déposeront leurs armes, qui seront réunies dans des lieux désignés et livrées suivant règlement par commissaires, suivant l'usage ; ces troupes resteront dans l'intérieur de la ville, dont elles ne pourront pas franchir l'enceinte pendant l'armistice. Les autorités françaises s'engagent à veiller à ce que tout individu appartenant à l'armée et à la garde mobile reste consigné dans l'intérieur de la ville. Les officiers des troupes prisonnières seront désignés par une liste à remettre aux autorités allemandes.

A l'expiration de l'armistice, tous les militaires appartenant à l'armée consignée dans Paris auront à se consti-

---

(1) Dans le protocole, cette condition du transport des affûts dans les forts a été abandonnée par les commissaires allemands, sur la demande des commissaires français.

tuer prisonniers de guerre de l'armée allemande, si la paix n'est pas conclue jusque-là.

Les officiers prisonniers conserveront leurs armes.

Art. 7. La garde nationale conservera ses armes; elle sera chargée de la garde de Paris et du maintien de l'ordre. Il en sera de même de la gendarmerie et des troupes assimilées, employées dans le service municipal telles que garde républicaine, douaniers et pompiers; la totalité de cette catégorie n'excédera pas trois mille cinq cents hommes.

Tous les corps de francs-tireurs seront dissous par une ordonnance du Gouvernement français.

Art. 8. Aussitôt après la signature des présentes et avant la prise de possession des forts, le commandant en chef des armées allemandes donnera toutes facilités aux commissaires que le Gouvernement enverra, tant dans les départements qu'à l'étranger, pour préparer le ravitaillement et faire approcher de la ville les marchandises qui y sont destinées.

Art. 9. Après la remise des forts et après le désarmement de l'enceinte et de la garnison stipulés dans les articles 5 et 6, le ravitaillement de Paris s'opérera librement par la circulation sur les voies ferrées et fluviales. Les provisions destinées à ce ravitaillement ne pourront être puisées dans le terrain occupé par les troupes allemandes, et le Gouvernement français s'engage à en faire l'acquisition en dehors de la ligne de démarcation qui entoure les positions des armées allemandes, à moins d'autorisation contraire donnée par les commandants de ces dernières.

Art. 10. Toute personne qui voudra quitter la ville de Paris devra être munie de permis réguliers délivrés par l'autorité militaire française, et soumis au visa des avant-postes allemands. Ces permis et visas seront accordés de droit aux candidats à la députation en province et aux députés à l'Assemblée.

La circulation des personnes qui auront obtenu l'autorisation indiquée, ne sera admise qu'entre six heures du matin et six heures du soir.

Art. 11. La ville de Paris paiera une contribution municipale de guerre de la somme de deux cents millions de francs. Ce paiement devra être effectué avant le quinzième jour de l'armistice. Le mode de paiement sera déterminé par une commission mixte allemande et française.

Art. 12. Pendant la durée de l'armistice, il ne sera rien distrait des valeurs publiques pouvant servir de gages au recouvrement des contributions de guerre.

Art. 13. L'importation dans Paris d'armes, de munitions ou de matières servant à leur fabrication, sera interdite pendant la durée de l'armistice.

Art. 14. Il sera procédé immédiatement à l'échange de tous les prisonniers de guerre qui ont été faits par l'armée française depuis le commencement de la guerre. Dans ce but, les autorités françaises remettront, dans le plus bref délai, des listes nominatives des prisonniers de guerre allemands, aux autorités militaires allemandes, à Amiens, au Mans, à Orléans et à Vesoul. La mise en liberté des prisonniers de guerre allemands s'effectuera sur les points les plus rapprochés de la frontière. Les autorités allemandes remettront en échange, sur les mêmes points, et dans le plus bref délai possible, un nombre pareil de prisonniers français, de grades correspondants, aux autorités françaises.

L'échange s'étendra aux prisonniers de condition bourgeoise, tels que les capitaines de navires, de la marine marchande allemande, et les prisonniers français civils qui ont été internés en Allemagne.

Art. 15. Un service postal pour les lettres non cachetées sera organisé entre Paris et les départements, par l'intermédiaire du quartier-général de Versailles.

En foi de quoi les soussignés ont revêtu de leurs signatures et de leur sceau les présentes conventions.

Fait à Versailles, le vingt-huit janvier mil huit cent soixante et onze.

Signé : Jules Favre. Bismarck.

A la suite de la convention figure la note suivante, qui exprime en chiffres les souffrances de Paris dans la dernière période de ce long siége :

« Le Gouvernement a annoncé qu'il donnerait la preuve irréfragable que Paris a poussé la résistance jusqu'aux extrêmes limites du possible. Hier encore il y avait inconvénient grave à publier des informations de ce genre. Aujourd'hui que la convention relative à l'armistice est signée, le Gouvernement peut remplir sa promesse.

« Il faut d'abord se remettre en mémoire ce que trop de personnes semblent avoir oublié : c'est qu'au début de l'investissement les plus optimistes n'osaient pas croire à un siége de plus de six ou sept semaines.

« Lorsque, le 8 septembre, le *Journal officiel* répétant une déclaration affichée sur les murailles par M. Magnin, ministre du commerce, affirmait « que les approvisionnements en viandes, liquides et objets alimentaires de toute espèce, seraient largement suffisants pour assurer l'alimentation d'une population de deux millions d'âmes pendant deux mois, » cette assertion était généralement accueillie par un sourire d'incrédulité. Or, quatre mois et vingt jours se sont écoulés depuis le 8 septembre.

« Au milieu des plus dures privations, devenues, pendant ces dernières semaines de cruelles souffrances, Paris a résisté aussi longtemps qu'il a pu raisonnablement espérer le secours des armées extérieures, aussi longtemps qu'un morceau de pain lui est resté pour nourrir ses habitants et ses défenseurs. Il ne s'est arrêté que lorsque les nouvelles venues de province lui ont arraché tout espoir, en même temps que l'état de ses subsistances lui montrait la famine imminente et inévitable.

« Le 27 janvier, — c'est-à-dire huit jours après la dernière bataille livrée sous nos murs et presqu'au moment où nous apprenions les insuccès de Chanzy et de Faidherbe, — il restait en magasin 42,000 quintaux métriques de blé, orge, seigle, riz et avoine, ce qui, réduit en farine, représente, à cause du faible rendement de l'avoine, 35,000 quintaux métriques de farine panifiable. Dans cette quantité sont compris 11,000 quintaux de blé et 6,000 quintaux de riz, cédés par l'administration de la guerre, laquelle ne possède plus que dix jours de vivres pour les troupes, si on les traite comme des troupes en campagne, savoir : 12,000 quintaux de riz, blé et farine et 20,000 quintaux d'avoine. Telle était la situation de nos approvisionnements en céréales à l'heure de l'ouverture des négociations.

« En temps ordinaire, Paris emploie à sa subsistance 8,000 quintaux de farine par jour, c'est-à-dire 2,000,000 de livres de pain ; mais, du 22 septembre au 18 janvier, sa consommation a été réduite à une moyenne de 6,300 quintaux de farine par jour, et depuis le 18 janvier, c'est-à-dire depuis le rationnement, cette consommation est descendue à 5,300 quintaux, soit un sixième de moins environ que la quantité habituelle, nous pourrions dire nécessaire.

« En partant de ce chiffre de 5,300 quintaux, le total de nos approvisionnements représente une durée de sept jours.

« A ces sept jours, on peut ajouter *un* jour d'alimentation fournie par la farine actuellement distribuée aux boulangers ; *trois* ou *quatre* jours auxquels subviendront les quantités de blé enlevées aux détenteurs par tous les moyens qu'il a été possible d'imaginer, et l'on arrive ainsi à reconnaître que nous avons du pain pour huit jours au moins, pour douze jours au plus.

« Il n'est pas inutile de dire que, depuis trois semaines, il n'existe plus de provision en farine. Nos moulins ne fournissent chaque jour que la farine nécessaire au lendemain. Il eût suffi de quelques obus, tombant sur l'usine Cail, pour mettre instantanément en danger l'alimentation de toute la ville.

« En ce qui concerne la viande, la situation peut se caractériser par un seul mot : depuis l'épuisement de nos réserves de boucherie, nous avons vécu en mangeant du cheval. Il y avait cent mille chevaux à Paris. Il n'en reste plus que 33,000, en comprenant dans ce chiffre les chevaux de la guerre.

« Ces 33,000 chevaux, d'ailleurs, ne sauraient être tous abattus sans les plus graves inconvénients. Plusieurs services, indispensables à la vie, seraient suspendus : ambulances, transport des grains, des farines et des combustibles ; services de l'éclairage et des vidanges, pompes funèbres, etc. Il nous faudra, d'autre part, beaucoup de chevaux pour le camionnage, quand le ravitaillement commencera. En réalité, une fois ces diverses nécessités satisfaites, le nombre des animaux disponibles pour la boucherie ne dépassera pas 22,000 environ.

« En ce moment, nous consommons, avec l'armée, 650 chevaux par jour, soit 25 à 30 grammes par habitant, après le prélèvement des hôpitaux, des ambulances et des fourneaux. *Vingt-cinq* grammes de viande de cheval, *trois cents* grammes de pain, voilà la nourriture dont Paris se contente à l'heure qu'il est. Dans dix jours, quand nous n'aurons plus de pain, nous aurons consommé 6,500 chevaux de plus, et il ne nous en restera que 26,500. Nous pouvons, il est vrai, y joindre 3,000 vaches réservées pour le dernier moment, parce qu'elles fournissent du lait aux malades et aux nouveau-nés. Mais, alors, comme il faudra remplacer le pain absent, la ration de viande devra être quadruplée, et nous serons obligés de tuer 3,000 chevaux par jour. Nous vivrions ainsi pendant une semaine environ.

« Mais nous n'en viendrons pas à cette extrémité, précisément parce que le Gouvernement de la défense nationale s'est décidé à négocier. On dira peut-être : « Pourquoi avoir tant tardé ? Pourquoi n'avoir pas révélé plus tôt ces vérités terribles ? » A cette question, il y a à répondre que le devoir était de prolonger la résistance jusqu'aux dernières limites, et que la révélation de semblables détails eût été la fin de toute résistance. »

APRÈS LE SIÉGE

DE LA CONCLUSION DE L'ARMISTICE AUX PRÉLIMINAIRES DE PAIX

C'en est donc fait : après cent trente jours de siége, dont un mois de bombardement ; après toutes les souffrances d'un long et rigoureux hiver, endurées avec une résignation admirable, dans l'espoir de la délivrance, dans la pensée que ce stoïcisme n'était pas seulement un sacrifice à l'honneur, mais un gage de victoire, Paris est obligé de déposer les armes. Il voit cependant ses murs encore inviolés, il sent son courage encore intact ; et ses trois cent mille hommes serrent en frémissant de colère les armes dont ils ne se sont pas servis. Mais la famine est aux portes ; le pain noir exécrable dont on distribue trois cents grammes par tête, va manquer dans quelques jours ; la viande de cheval s'épuise ; tout espoir de délivrance par les armées de province est perdu. Ni Chanzy, refoulé au-delà du Mans, ni Faidherbe, violemment rejeté de Saint-Quentin, ni Bourbaki, engagé sur les frontières de la Suisse, ne viendront débloquer Paris, et ce n'est pas au moment où la fortune de la France semble s'écrouler, que les chefs de l'armée de Paris, retrouveront l'énergie qui leur a toujours fait défaut. La situation est sans remède, l'abîme est inévitable, il est trop tard !

Paris, vaincu par la famine, plus encore que par la Prusse, peut du moins se rendre hautement le témoignage qu'il n'a pas dépendu de lui que cette grande crise eût une issue plus heureuse. Il méritait mieux que les chefs qui ont dirigé la défense.

Il se peut qu'un jour, après avoir entendu tous les témoignages contemporains et mesuré la grandeur de la tâche imposée au Gouvernement de la défense nationale, l'histoire dise que cette tâche était au-dessus des forces humaines; que la France, vaincue en quelques semaines dans ses vieilles armées, ne pouvait improviser sous les coups de l'invasion des armées nouvelles, les discipliner et les placer avec espoir de succès en présence des troupes allemandes, redoutables par le nombre, par l'organisation, et enflammées par une suite inespérée de victoires; il se peut qu'elle dise que Paris, livré à lui-même, était incapable de se sauver, et que c'est encore un grand honneur pour ses généraux de l'avoir mis en état de défier un coup de main de l'ennemi et d'avoir créé dans ses murs une véritable armée, avec des éléments fort disparates; mais elle s'étonnera de ceci : c'est que le général Trochu ait laissé l'armée d'investissement s'établir autour de l'immense ville, élever tranquillement ses batteries, occuper toutes les hauteurs, sans qu'on ait tenté de l'arrêter dans cette vaste opération; elle s'étonnera qu'en dehors de certaines attaques partielles, relativement rares, l'armée parisienne n'ait pas été utilisée à harceler l'ennemi jour et nuit; que la fabrication des canons ait souffert tant de lenteurs ; que des positions importantes, reconquises sur les Prussiens, comme le Bourget et le plateau d'Avron, aient été abandonnées ensuite, faute d'avoir pris les précautions commandées par le bon sens ; qu'on se soit subitement arrêté après des journées sanglantes comme celles de Villiers et de Champigny ; qu'on ait livré des batailles inutiles, comme celles de Montretout et de Buzenval ; qu'on n'ait rien négligé, enfin, pour déconcerter les bonnes volontés, pour démoraliser l'armée et tuer cette confiance illimitée que le peuple de Paris avait placée dans les hommes du 4 septembre, et en particulier dans le général Trochu.

On répondra peut-être que Paris s'était laissé aller dès le début sur la pente des illusions ; c'est possible, mais le Gouvernement du 4 septembre n'a jamais manqué d'entretenir ces chimériques espérances dans ses proclamations — et elles sont nombreuses. — Si l'œuvre de la délivrance était possible, il devait la mener à bonne fin, car rien ne lui manquait ; si elle était impossible, pourquoi bercer le peuple de Paris de chimères, de phrases vides, de vaines promesses ? Pourquoi surtout refuser obstinément les élections municipales ? Pourquoi garder avec un soin si jaloux une responsabilité si lourde ? Pourquoi se charger d'un fardeau qu'il sentait trop pesant pour ses épaules ?

Mais à quoi bon insister ? Le jour se fera peu à peu sur les causes de la capitulation de Paris. Nous sommes encore trop émus pour être impartiaux. Ajoutons cependant, puisque le vainqueur de Paris a été la famine, que si l'administration avait rationné le pain comme elle a rationné la viande, la résistance aurait pu être prolongée; malheureusement, les opérations administratives ne furent guère plus brillantes que les opérations militaires.

Les élections à l'Assemblée nationale devaient se ressentir du trouble profond du pays. Tandis que Paris, frémissant d'indignation et de rage, parce qu'il ne se sentait pas vaincu, envoyait à l'Assemblée de Bordeaux des représentants, adversaires déclarés, pour la plupart, des auteurs de la capitulation, la province, ravagée, écrasée de réquisitions et de contributions, lasse de la guerre et des hommes qui la voulaient encore, portait ses préférences sur les partisans de la paix, sur les ennemis déclarés de la délégation gouvernementale de Bordeaux et de la République. Etrange et douloureux effet du long silence entre Paris et les départements : les plus injustes préventions avaient cours contre la ville qui sortait noblement d'un siége héroïque de quatre mois et demi et d'un bombardement de trente jours. On en voulait presque à Paris d'avoir enduré le froid, la faim, l'épidémie, pour sauver l'honneur de la France, et tandis que Paris admirait instinctivement en M. Gambetta le patriote ardent qui appelait le pays aux armes, la province maudissait M. Gambetta, qui avait voulu l'arracher à sa torpeur.

Cet énorme malentendu entre Paris et le reste de la France n'allait pas tarder à éclater au sein de l'Assemblée nationale. Cependant la nomination de M. Thiers comme chef du pouvoir exécutif de la République française, l'élection de M. Grévy, comme président de l'Assemblée, furent une heureuse transaction et comme un symptôme d'apaisement entre les partis.

L'Assemblée s'empressa de nommer les négociateurs chargés de se rendre au quartier-général des armées allemandes, pour recevoir les préliminaires de paix. Une commission de quinze membres assista les négociateurs.

Voici ces douloureux préliminaires signés à Versailles le 26 février et votés par l'Assemblée, à la majorité de 546 voix contre 107 :

Article 1. La France renonce en faveur de l'empire allemand à tous ses droits et titres sur les territoires situés à l'est de la frontière ci-après désignée :

La ligne de démarcation commence à la frontière nord-ouest du canton de Cattenom, vers le grand-duché de Luxembourg, suit, vers le sud, les frontières occidentales des cantons de Cattenom et Thionville, passe par le canton de Briey en longeant les frontières occidentales des communes de Montois-la-Montagne et Roncourt, ainsi que les frontières orientales des communes de Marie-aux-Chênes, Saint-Ail ; atteint la frontière du canton de Gorze qu'elle traverse le long des frontières communales de Vionville, Chambley et Onville, suit la frontière sud-ouest resp. sud de l'arrondissement de Metz, la frontière occidentale de l'arrondissement de Château-Salins jusqu'à la commune de Pettoncourt, dont elle embrasse les frontières occidentale et méridionale, pour suivre la crête des montagnes entre la Seille et Moncel, jusqu'à la frontière de l'arrondissement de Sarrebourg au sud de Garde.

La démarcation coïncide ensuite avec la frontière de cet arrondissement jusqu'à la commune de Tanconville, dont elle atteint la frontière au nord ; de là elle suit la crête des montagnes entre les sources de la Sarre blanche et de la Vezouze jusqu'à la frontière du canton de Schirmeck, longe la frontière occidentale de ce canton, embrasse les communes de Saales, Bourg-Bruche, Colroy-la-Roche, Plaine, Ranrupt, Saulxures et Saint-Blaise

La Roche, du canton de Saales, et coïncide avec la frontière occidentale des départements du Bas-Rhin et du Haut-Rhin jusqu'au canton de Belfort, dont elle quitte la frontière méridionale non loin de Vourvenans, pour traverser le canton de Delle, aux limites méridionales des communes de Bourogne et Froide-Fontaine, et atteindre la frontière suisse, en longeant les frontières orientales des communes de Joncherey et de Delle.

L'empire allemand possédera ces territoires à perpétuité en toute souveraineté et propriété. Une commission internationale, composée des représentants des hautes parties contractantes, en nombre égal des deux côtés, sera chargée, immédiatement après l'échange des ratifications du présent traité, d'exécuter sur le terrain le tracé de la nouvelle frontière, conformément aux stipulations précédentes.

Cette commission présidera au partage des biens-fonds et capitaux qui jusqu'ici ont appartenu en commun à des districts ou des communes séparées par la nouvelle frontière ; en cas de désaccord sur le tracé et les mesures d'exécution, les membres de la commission en référeront à leurs gouvernements respectifs.

La frontière telle qu'elle vient d'être décrite se trouve marquée en vert sur deux exemplaires conformes de la carte du territoire formant le gouvernement général de l'Alsace, publiée à Berlin en septembre 1870, par la division géographique et statistique de l'état-major général, et dont un exemplaire sera joint à chacune des deux expéditions du présent traité.

Toutefois, le tracé indiqué a subi les modifications suivantes, de l'accord des deux parties contractantes : dans l'ancien département de la Moselle, le village de Sainte-Marie-aux-Mines, près de Saint-Privat-la-Montagne et de Vionville, à l'ouest de Rezonville, seront cédés à l'Allemagne ; par contre, la ville et les fortifications de Belfort resteront à la France avec un rayon qui sera déterminé ultérieurement.

Art. 2. La France paiera à S. M. l'empereur d'Allemagne la somme de cinq milliards de francs. Le paiement d'au moins un milliard de francs aura lieu dans le courant de l'année 1871, et celui de tout le reste de la dette dans un espace de trois années, à partir de la ratification des présentes.

Art. 3. L'évacuation des territoires français occupés par les troupes allemandes commencera après la ratification du présent traité par l'Assemblée nationale, siégeant à Bordeaux. Immédiatement après cette ratification, les troupes allemandes quitteront l'intérieur de la ville de Paris, ainsi que les forts situés sur la rive gauche de la Seine, et, dans le plus bref délai possible fixé par une entente entre les autorités militaires des deux pays, elles évacueront entièrement les départements du Calvados, de l'Orne, de la Sarthe, d'Eure-et-Loir, du Loiret, de Loir-et-Cher, d'Indre-et-Loire, de l'Yonne, et, de plus, les départements de la Seine-Inférieure, de l'Eure, de Seine-et-Oise, de Seine-et-Marne, de l'Aube et de la Côte-d'Or, jusqu'à la rive gauche de la Seine.

Les troupes françaises se retireront en même temps derrière la Loire, qu'elles ne pourront dépasser avant la signature du traité de paix définitif. Sont exceptées de cette disposition, la garnison de Paris, dont le nombre ne pourra pas dépasser quarante mille hommes, et les garnisons indispensables à la sûreté des places fortes.

L'évacuation des départements situés entre la rive droite de la Seine et la frontière de l'Est, par les troupes allemandes, s'opérera graduellement après la ratification du traité de paix définitif et le paiement du premier demi-milliard de la contribution stipulée par l'article 2, en commençant par les départements les plus rapprochés de Paris, et se continuera au fur et à mesure que les versements de la contribution seront effectués.

Après le premier versement d'un demi-milliard, cette évacuation aura lieu dans les départements suivants : Somme, Oise et les parties des départements de la Seine-Inférieure, Seine-et-Oise, Seine-et-Marne, situés sur la rive droite de la Seine, ainsi que la partie du département de la Seine et les forts situés sur la rive droite. Après le paiement de deux milliards, l'occupation allemande ne comprendra plus que les départements de la Marne, des Ardennes, de la Haute-Marne, de la Meuse, des Vosges, de la Meurthe, ainsi que la forteresse de

Belfort avec son territoire, qui serviront de gage pour les trois milliards restants, et où le nombre des troupes allemandes ne dépassera pas cinquante mille hommes. Sa Majesté l'empereur sera disposée à substituer à la garantie territoriale, consistant dans l'occupation partielle du territoire français, une garantie financière, si elle est offerte par le Gouvernement français dans des conditions reconnues suffisantes par Sa Majesté l'empereur et roi pour les intérêts de l'Allemagne. Les trois milliards, dont l'acquittement aura été différé, porteront intérêt à cinq pour cent à partir de la ratification de la présente convention.

Art. 4. Les troupes allemandes s'abstiendront de faire des réquisitions, soit en argent, soit en nature, dans les départements occupés. Par contre, l'alimentation des troupes allemandes, qui resteront en France, aura lieu aux frais du Gouvernement français, dans la mesure convenue par une entente avec l'intendance militaire allemande.

Art. 5. Les intérêts des habitants des territoires cédés par la France, en tout ce qui concerne leur commerce et leurs droits civils, seront réglés aussi favorablement que possible lorsque seront arrêtées les conditions de la paix définitive. Il sera fixé à cet effet un espace de temps pendant lequel ils jouiront de facilités particulières pour la circulation de leurs produits. Le gouvernement allemand n'apportera aucun obstacle à la libre émigration des habitants des territoires cédés, et ne pourra prendre contre eux aucune mesure atteignant leurs personnes ou leurs propriétés.

Art. 6. Les prisonniers de guerre qui n'auront pas déjà été mis en liberté par voie d'échange seront rendus immédiatement après la ratification des présents préliminaires. Afin d'accélérer le transport des prisonniers français, le Gouvernement français mettra à la disposition des autorités allemandes, à l'intérieur du territoire allemand, une partie du matériel roulant de ses chemins de fer, dans une mesure qui sera déterminée par des arrangements spéciaux, et aux prix payés en France par le Gouvernement français pour les transports militaires.

Art. 7. L'ouverture des négociations pour le traité de

paix définitif à conclure sur la base des présents préliminaires aura lieu à Bruxelles immédiatement après la ratification de ces derniers par l'Assemblée nationale et par S. M. l'empereur d'Allemagne.

Art. 8. Après la conclusion et la ratification du traité de paix définitif, l'administration des départements devant encore rester occupés par les troupes allemandes sera remises aux autorités françaises; mais ces dernières seront tenues de se conformer aux ordres que le commandant des troupes allemandes croirait devoir donner dans l'intérêt de la sûreté, de l'entretien et de la distribution des troupes.

Dans les départements occupés, la perception des impôts, après la ratification du présent traité, s'opérera pour le compte du Gouvernement français et par le moyen de ses employés.

Art. 9. Il est bien entendu que les présentes ne peuvent donner à l'autorité militaire allemande aucun droit sur les parties du territoire qu'elles n'occupent point actuellement.

Art. 10. Les présentes seront immédiatement soumises à la ratification de l'Assemblée nationale française siégeant à Bordeaux et de S. M. l'empereur d'Allemagne.

En foi de quoi les soussignés ont revêtu le présent traité préliminaire de leurs signatures et de leurs sceaux.

Fait à Versailles le 26 février 1870.

A. THIERS.
V. BISMARK. JULES FAVRE.

Les royaumes de Bavière et de Wurtemberg et le grand-duché de Bade ayant pris part à la guerre actuelle comme alliés de la Prusse et faisant partie maintenant de l'empire germanique, les soussignés adhèrent à la présente convention au nom de leurs souverains respectifs.

Versailles, 21 février 1871.

Comte DE BRAY-STEINBURG,
Baron DE WAECHTER,
MITTNACHT,
JOLLY.

Une dernière épreuve était réservée à Paris. L'armée allemande voulut entrer dans cette ville qu'elle n'avait pas vaincue ; elle se fit un point d'honneur de pénétrer dans la cité qu'elle n'avait pas osé attaquer de front, mais dont elle avait impitoyablement bombardé les asiles hospitaliers. La garde nationale étant encore armée et frémissante de colère, les Prussiens ne pouvaient se dissimuler les dangers que présenterait une marche triomphale à travers les boulevards ; ils se contentèrent donc d'une entrée modeste et étriquée ; la place de la Concorde fut la limite extrême tracée à leur défilé. Les rues qui aboutissent aux Champs-Elysées furent barrées par des planches, les maisons se fermèrent, des drapeaux noirs furent hissés sur les monuments, les journaux suspendirent leur publication. On fit le vide, le silence et la solitude autour de ces triomphateurs anxieux qui, sous les armes, avaient peur d'une explosion de haine.

Paris conserva, pendant cette occupation de quarante-huit heures, une attitude fière et digne. Le 1er mars fut un jour de deuil public, et cette date est restée en lettres de feu dans les cœurs ; elle n'ajouta rien à la gloire d'un vainqueur sans générosité et sans grandeur, mais on n'oserait pas dire qu'elle n'augmenta pas la haine de la France, car on ne blesse pas impunément la fierté d'un grand peuple, quand on profite lâchement, pour l'outrager, de l'écroulement de sa fortune.

FIN

www.ingramcontent.com/pod-product-compliance
Lightning Source LLC
Chambersburg PA
CBHW070216240426
43671CB00007B/669